U0483875

哈尔滨音乐学院
"十四五"精品教材系列

艺术学学术论文写作方法基础

李岩松　编著

黑龙江人民出版社

图书在版编目(CIP)数据

艺术学学术论文写作方法基础 / 李岩松编著. —哈尔滨:黑龙江人民出版社,2024.3
ISBN 978-7-207-13243-7

Ⅰ.①艺… Ⅱ.①李… Ⅲ.①艺术学—学位论文—写作 Ⅳ.①G642.477

中国版本图书馆 CIP 数据核字(2024)第 064799 号

责任编辑　李　珊
封面设计　霍志龙

艺术学学术论文写作方法基础

李岩松　编著

出版发行	黑龙江人民出版社
地　　址	哈尔滨市南岗区宣庆小区 1 号楼
印　　刷	哈尔滨圣铂印刷有限公司
开　　本	787 mm×1 092 mm　1 / 16
印　　张	13.5
字　　数	240 千字
版次印次	2024 年 3 月第 1 版　　2024 年 3 月第 1 次印刷
书　　号	ISBN 978-7-207-13243-7
定　　价	46.00 元

版权所有　侵权必究　　举报电话:(0451)82308054

目　　录

第一章　学术论文的概念、属性和特征 ……………………… 1
第一节　学术论文的概念 ………………………………… 1
第二节　学术论文的性质 ………………………………… 6
第三节　论文的特点 ……………………………………… 12

第二章　选题 …………………………………………………… 17
第一节　研究选题的七个原则 …………………………… 17
第二节　根据选题开展开题报告的撰写 ………………… 24
第三节　选题的途径 ……………………………………… 27

第三章　论文的标题 …………………………………………… 29
第一节　标题的分类 ……………………………………… 29
第二节　标题常用语释例 ………………………………… 31

第四章　摘要的写作 …………………………………………… 34
第一节　摘要写作中应注意的几点 ……………………… 34
第二节　摘要的写作要素 ………………………………… 36
第三节　摘要的写作类型 ………………………………… 37

第五章　关键词的写作 ………………………………………… 46
第一节　关键词写作中常见的错误 ……………………… 46
第二节　关键词的标引方法 ……………………………… 49

第六章　引言的写作 …………………………………………… 54
第一节　引言写作中存在的主要问题 …………………… 54

第二节　引言的内容 ………………………………………… 56
　　第三节　引言的写作要求 …………………………………… 66

第七章　正文的写作 ……………………………………………… 75
　　第一节　论文写作的原则 …………………………………… 75
　　第二节　合理地安排正文结构 ……………………………… 84
　　第三节　几种常见论文的写作 ……………………………… 96

第八章　结语的写作 ……………………………………………… 116
　　第一节　"结语"与"结论"的区别 ………………………… 116
　　第二节　结语的内容 ………………………………………… 119
　　第三节　结语写作中的注意事项 …………………………… 126

第九章　引文注释标注与参考文献著录 ………………………… 130
　　第一节　注释及其规范 ……………………………………… 130
　　第二节　参考文献著录规范 ………………………………… 136
　　第三节　引文注释标注与参考文献著录辨析 ……………… 145

第十章　毕业论文的答辩 ………………………………………… 147
　　第一节　论文答辩的重要性 ………………………………… 147
　　第二节　毕业论文答辩的程序及应对 ……………………… 150
　　第三节　答辩中应注意的问题 ……………………………… 153

附录一　中华人民共和国著作权法 ……………………………… 156

附录二　教育部关于加强学术道德建设的若干意见 …………… 169

附录三　中华人民共和国国家标准 GB/T 7713.2-2022
　　　　《学术论文编写规则》 …………………………………… 174

附录四　中华人民共和国国家标准 GB/T 15834-2011
　　　　标点符号用法 …………………………………………… 191

第一章 学术论文的概念、属性和特征

学术论文是学习者经过研究、斟酌以后写成的文献成果。这是学习成果的一种反映,凡是有价值的科研成果,它总是要通过学术论文的形式表达出来,这样便于传阅和保留。一般说来,它都具有直接或间接的应用价值。

学术论文的使用范畴是非常广的,它既是对学习研究成果的描述与记录,又是学者们进行学习交流的媒介与手段。因此,学术论文的写作对于检验科研水平、识别人才、培养人才,对于社会主义现代化等各方面的建设,国际的科学技术和文化交流都具有十分重要的意义。因此,撰写学术论文是每一个教育、科研工作者,大学本科生和研究生的必经历程,有必要学习好这门课程。

第一节 学术论文的概念

一、什么是学术论文

学术论文,是学术性论著的简称,是对某一学科领域中的问题进行探讨、研究,表述研究成果的文章。关于文章,有必要说明它的概念。

一般来讲,文章有广义与狭义之别。广义的文章泛指一切独立成篇的书面文字,包括哲学、历史学、音乐学、人类学、文学、医学、社会学等。狭义的文章仅指普通的应用性文字,即通常所说的记叙文、议论文以及应用文。

议论文是以解释说明和说理为主要表达方式的文章。那么,说明和说理二者之间的关系是什么呢?说理中包含着说明,说明中又蕴含着说理,关系密切。学术性文章一般属于议论文,但却不同于一般的议论文,它不仅有别于文学作品,如小说、散文、诗歌等,也有别于一般记叙文,如新闻、通讯之类。学术性文章是议论文的高级形态,它与一般议论文有着明显的区别。第一,学术论文是对某一学科领域中的问题进行探讨、研究,表述科研成果的文章,而不仅仅是对某种科学理论的"照相"或阐述,更不是对某种学科理论的畅想。第二,学术论文有一定的厚度,内容相当繁复,它与一些即兴诗、散文、短评、随笔等也截然不同。第三,一般应用文篇幅短小,有的一篇几百字,多的也只有上千字,而学术论文,比如单篇学术论文,字数一般在1万字左右;如为学术专著字数可长达数十万字。第四,学术论文同一般议论文在写作格式上也有不同的要求。

学术论文又称科学论文、研究论文,简称论文。当我们说"写论文"的时候,这个"论文"不是指一般的议论说理的文章,而是指学术论文。学术论文包括各学科领域中专业人员写的论文和学业论文,即学年论文、毕业论文、学位论文,以及报告类论文。

学术论文从研究领域、研究对象来划分,可以分为社会科学论文和自然科学论文两大类。

社会科学论文,如哲学、教育学、艺术学、文学、文艺学、语言学、音乐学等学科都属于社会科学领域。它的任务是研究并阐述各种社会现象及发展规律,要求在前人研究的基础上有所发展、有所创新。

随着"新文科"理念的提出,这类论文逐渐走向综合阐述形式,因为研究方法综合了,甚至融合借鉴了以研究自然的物质形态、结构、性质和运动规律的自然科学研究方法。如数学、物理学、化学、生物学、天文学、气象学、海洋学、地质矿产学等基础学科以及能源科学、医药学、材料科学等应用技术科学都属于自然科学领域。自然科学是人类认识社会、改造大自然的实践经验、生产斗争经验的总结。

我们知道,人们对于某种物质或知识的本质认识总有一个过程。追溯人类写作的历史,早期文体几乎都属于综合类的,其后逐渐丰富繁荣、逐渐分门别类。自20世纪以来,人类知识迅猛增长,写作对象逐年增加,文体在发展中亦逐渐分化,形成更多独立的写作科学,如从文学中分化出新闻写作、秘书学写作,等等。因此,我们可以给学术论文下一个定义:那就是指对社会科学和自然科学领域中的某些现象和问题进行比较系统的研究,以探究其本质特征及其发展规律的理论性文章。学术论文实际上是对科学研究成果的一种描述与反映,是科研活动中的一个重要环节,又是进行国际、国内学术交流的一种工具。在这里,我们可以给学术论文写作也下一个定义:

学术论文写作是在研究人类社会的科学技术发展历史、现状以及未来的基础上,探索、研讨对科学技术的规律、特点以及对研究成果进行表述的专门知识和技能。

当今，我们正面临着知识激增的时代现状，从事科学研究、进行学术论文的撰写工作应该追逐各门学科发展的激流，不懈地钻研崭新的科学理论，深入到更为广泛的知识领域，以求不断前进、不断创新。现代科学的发展，一方面知识趋向综合，另一方面又急剧不断地产生新的学科。因此，要进行科学研究、从事学术论文的撰写工作，就必须充实新知识和新理论。

一般而言，在两门学科的交叉处，进行两门学科的"边缘"融合研究。恩格斯曾经说：科学在两门学科的交界处是最有前途的。维纳说：在科学发展上可以得到最大收获的领域是在各科已经建立起来的部门之间被忽视的无人区。一位日本科学家也指出：在各学科领域都向尖端发展的时代，学科与学科之间的空隙当然就会变得越来越明显，在这空隙之中恰恰堆积着重大的课题。例如，半导体科学就是在导体物理和绝缘物理之间发展起来的一门边缘科学。再如文艺心理学、写作心理学、社会心理学、社会语言学、文艺信息学、哲学与管理等，都是"边缘"科学，而学术论文写作也是一门跨学科的学科，它要求论文撰写者既要有广博的科技知识，又要有较高的文学语言修养。它是科学技术与文学语言创作的结合。这种结合，从某种意义上来说，形成了列宁所预言的"自然科学奔向社会科学的强大潮流"。学术论文写作也正是在自然科学与社会科学相互交叉的地带，生长出来的一系列新生学科中的一种，即交叉科学中的一种专门文体，这就是科学地图上的"空隙地"，自2018年教育部提出的"新文科"研究视域与方法，这些不同学科的综合研究与论文写作，也是越来越多。

当今时代，综合发展的趋势已经成为主流，所以学术论文的写作，学科的综合交叉是写作发展的必然趋势。这种学科综合发展的新趋势，对于那些从事学术论文的写作者又提出了更高的要求，如综合的视角、综合研究的方法、综合材料的选择等，都直接与学术论文写作的综合方向与趋势有密切关系，而文化交融、思维模式的交融、不同方法论的磨合、学科不同视角的差异等又对学术论文写作提出了新的写作理论，如果不能及时地、充分地掌握和利用这些新知识，那么，就难以符合教育要求，更别提如何提高科研论文的写作水平。学术论文撰写者应该积极地认识到这些问题，与时俱进地去探索、去开拓，因为只有准确的认知，才能形成有突破并获得开创性的成果。下面，我们对学术论文的定义归纳整理成以下内容：

国家标准 GB 7713-87[①]对学术论文所作的定义是：学术论文是某一学术课题在实验性、理论性或观测性上具有新的科学研究成果或创新见解和知识的科学记录；或是某种已知原理应用于实际中取得新进展的科学总结，用以提供学术会议上宣读、交流或讨论；或在学术刊物上发表；或作其他用途的书面文件。

学术论文主要用于期刊公开发表或在学术会议上宣读。学术论文的显著特征是论文内容必须有新发现、新发明、新创造或新推进。总之，要有新的科技信息，否则就不是严格意义上的学术论文。

二、与学术论文相关的一些概念

按照国家标准委员会拟定的《科学技术报告、学位论文和学术论文编写格式》的概括，与学术论文相关的一些概念有以下几种：

（一）学术研究论文

学术研究论文，是记述创新性研究工作成果的书面文章。这种论文，是指各学科领域中专业人员表述科学研究成果；某些实验性、理论性或观测性的新知识的科学记录；某些已知原理应用于实际并取得新进展的科学总结。这种学术论文主要用于期刊公开发表或在学术会议上宣读。

这种学术论文的显著特点是内容必须有新发现、新发明、新创造或新推进。它要求反映出各学科领域中的最新学术水平。这种学术论文对促进科学事业的发展具有极其重要的作用。

（二）学业论文

学业论文主要是指在高等院校学习的大学生、研究生写的论文，它包括如下一些概念：

（1）学年论文：学年论文是高等院校各个年级学生的一种独立完成的作业。撰写学年论文要在教师指导下进行。教师指导学生写作学年论文是高等学校教学过程的重要环节之一。大学生在校学习的四年，每学年都要学习本

---

① 新标准 GB/T 7713.2-2022 于 2023 年 7 月 1 日起实施，仅在部分格式上有些许调整。基于此，本书所议学术论文的写作与教学的内容，使用原有标准 GB 7713-87、GB6447-86 等说明除新标准（GB/T 7713.2-2022）调整格式以外的问题。

专业的基础知识和专业知识,各学年都有不同的侧重点。因此,写好学年论文,能使学生在每个阶段都学会运用专业知识,并初步掌握科学研究的方法。

(2)毕业论文:毕业论文是高等院校本科或专科毕业生的独立作业。作为学生独立完成的作业,它不像平时由教师出示考题,学生被动地接受考核或技能测试,而是使学生主动地获得独立分析、解决问题的能力。因此,指导学生撰写论文是高等学校教学过程中的重要环节之一,是本、专科学生完成所学专业并完满毕业的重要标志。撰写毕业论文的目的是总结在校学习期间的成果,培养学生综合运用所学知识进行分析问题并解决问题的能力,并使他们受到科学研究的基本训练,为毕业后有效的工作奠定基础。毕业论文完成后要进行答辩,并由指导教师评定成绩,合格后给予相应的学位。

三、什么是学位论文

学位论文是用以申请授予相应学位而提出作为考核和评审的文章。《中华人民共和国学位条例》和《中华人民共和国学位条例暂行实施办法》把学位论文分为学士、硕士、博士三个等级。

学士论文:是合格的本科毕业生所写的论文。毕业论文应反映出作者能够准确地掌握大学阶段所学的专业基础知识,基本学会综合运用所学知识进行科学研究的方法,论文中能反映作者有从事科学研究的能力,对所研究的题目有一定的心得体会,论文题目的范围不宜过宽,一般选择本学科某一重要问题的一个侧面或难点,可以重复或综合前人的工作,为毕业后进行科学研究和论文写作打下一个坚实的基础。

硕士论文:是攻读硕士学位研究生所写的论文。它应能反映出作者广泛而深入地掌握专业基础知识,具有独立进行科学研究的能力,对所研究的题目有新的独立见解,论文具有较好的科学价值,对本专业学术水平的提高有积极作用。

博士论文:是攻读博士学位研究生所写的论文。它要求作者能够自己选择潜在的研究方向,开辟新的研究领域,掌握相当渊博的本学科有关领域的理论知识,具有相当熟练的科学研究能力,对本学科能够提供创造性的见解。论文具有较高的学术价值,对学科的发展具有重要的推动作用。

第二节 学术论文的性质

一、学术论文的性质

在前面一节里我们已经提出,学术论文属于议论文的一种。议论文是运用概念、判断、推理、证明或反驳等逻辑思维手段来分析研究某种问题的文章。它由论点、论据、论证构成,通过三者紧密相连、相辅相成的逻辑关系来表达思想、阐明道理,是一种独特的说理性文体。现在的学术论文都是从古代议论文继承、发展而来的。

中国古代议论文应用范围极为广泛,从礼乐、教育、政治、经济、军事、哲学,到思想、道德、修养等方面,都有许多著名的文献。各种不同的文体也相继出现,如论、辨、说、难、谏、议等。近、现代又出现了杂文、短评、文学评论、思想评论、社论、学术论文等形式。

由于科技的发展、社会的前进、时代的需要和生产的发展,特别是改革开放以后,用来描述研究成果、阐述学术观点的学术论文便从一般的议论文中脱颖而出,成为一种新型的科学文体,即科学论文。特别是当代,社会科学和自然科学成果的不断出现、研究环境的不断改善,使科学论文基本上形成了自己固有的格式。

我们认为,学术论文就其本质特性来说,就是科学论文。由于其内容的创新性和表达方式的科学性,所以被称为"科学论文"。

我们知道,科研人员(包括社会科学和自然科学)的基本能力包括以下几个方面:自学能力、思维能力、研究能力、创造能力、表达能力和组织管理能力。而其中的表达能力与其他各种能力有着密切的关系。表达能力是其他各种能力的综合反映和具体表现。

对于一个科研人员来说,学术论文写作是有效地完成本职工作必须掌握的最基本的能力之一。对于在校学习的大学本科生、研究生来说,是运用已经学到的知识对未来新知识进行探讨和研究,锻炼和培养独立分析问题、解决问题的方法。作为一个学术研究工作者,如果只懂得专业,而在表达上没有过硬的本领,那么就会束缚他的聪明才智的发挥,也会影响他对社会科学文化的传播所作出的贡献。

因此,撰写学术论文是衡量一个学术工作者能力的标准和条件之一。学术论文撰写得好坏,也是衡量一个学术工作者水平高低的标志。

前面已提及,论文是用来进行科学研究和描述科学研究成果的文章。既然是描写和研究科学成果的文章,我们就要着重把握其中两个要点:其一,论文是研究科学问题、探讨学术问题的一种工具;其二,论文又是描绘研究成果,进行学术交流的一种手段。由以上定义即可确定学术论文的性质。

许多学者都有一个共识,思考一个比较复杂的问题,往往需要通过写作来进行。写作,能用文字语言把思考的问题、过程一一记录下来,只有在纸面上通过视觉直观化了以后,才便于反复地推敲、修改,使思考更深入、更确切、更完善。科学研究是一种相当复杂的思维活动,并且又需要把这种思维活动描述出来,使它为别人所了解,所以更离不开写,人们进行科学研究、思考问题、分析问题,只凭脑子想,无法理清思维,而需要在思考的过程中,不断地记录、整理、推敲、修改,只有这样,才能使创造性的思考一层层展开,一步步深入,逐步臻于完善,达到课题的解决目的。这个研究过程离开写作无法办到。

写作,就是文章的制作,它将思想转化为语言符号,并以一定的体式表达出来的复杂操作过程。因此,写作实质上是一种生产,是一种精神产品——文章的生产。学术论文写作即学术性文章这一精神产品的生产,与物质生产的程序相似,它有着采集原料、加工制作、总体组装等生产过程,也有着原料鉴别、材料筛选、技术设计、产品检验等重要工序。与之不同,只是学术论文写作这种复杂的精神产品的生产,是以所获取的不同专业感受与认识作为原料,以无比复杂的大脑思维作为设备,以编织出的各种程序作为储备,以变幻无穷的语言文字符号作为工具,写出各种不同体式的论文,令人叹服罢了。这就是学术论文的性质。

学术论文的性质与写作学术论文的目的、意义也有着密切的联系。换句话说,在阐述学术论文的目的、意义时,也正阐述了学术论文的性质。学术论文写作的目的、意义,主要表现在科研人员能够把写作的个人意义和社会意义很好地结合起来,把国家和社会的要求转化为自己的需要,从而产生写作的社会责任感以推动自己自觉地去进行学术论文写作。我们一旦有了明确的、自觉的目的,就会以极大的热情和坚定的毅力,按既定目标去努力奋斗。

多年来,许多著名的学者曾在不同场合多次谈到要注意提高青年知识分子(包括在校的大学生和研究生)的语言、文字表达能力。他们认为这是青年知识分子必须具备的一项基本功,关系到中国科研成果能否很好地总结、交流与推广、普及,关系到科技事业能否得到整个社会的广泛支持,也关系到科技工作者自身的成长和作用的发挥。

学者们指出,作为一个科研工作者,应当会读书、教书、写书和做研究工作。他们说,做学问深入固然不易,浅出更是困难,不会说话、不会写文章,行之不远,存之不久。学科学的不学好语文,写出的东西文理不通,枯燥乏味,佶屈聱牙,让人难以看下去,这是不利于交流及科学事业的发展。培养科学工作者的老师们,要教会年轻人学会合理地表达。表达极其重要,一个只会创造、不会表达的人,不能算是一个真正合格的科学工作者。一个科学专家,如果不能把本行的专业知识通俗地表达出来,怎么能说他精通了本行的专业呢?作为一个科学工作者,应该有这样的本事,能用普通的语言向人们讲解你的专业知识。研究生在撰写论文的同时,最好再写一篇同样内容的科普文章,这应当作为考核的一项重要内容。现在国内的许多高等院校,也都在这方面展开了实践工作。

社会科学和自然科学工作者都要学些文史知识,这对提高一个人的文化、思想素养和语言、文字表达能力都大有裨益。我们培养的知识分子,不仅在中学要打好语文基础,而且,还要在大学阶段有目的、有计划地对他们进行一些必要的论文写作训练。

二、学术论文写作的目的和意义

学术论文的写作,经过一代又一代的科研工作者的不断实践、探索、再实践、再探索,已逐步总结出一些带规律性的经验和体会,有的已上升到一定的理论高度,可以用来指导学生,帮助他们少走些弯路,不用再经过很长时间的探索,就能写出符合要求的质量较高的科技学术论文。因此,早在20世纪初,国外有的大学就已开设"论文写作"这门课程,并把它作为一门科学来研究。现在美国已经发展成为一些专业,设置了学士、硕士和博士学位。有的人认为,只要学好语文作文就成了,产生了不需要系统地再学习学术论文的写作课就能写好论文的观点。这种观点的产生,其原因可能是对论文写作知识、技巧等还缺乏深入全面的了解。因此,有必要对论文写作目的和意义作一个全面的归纳,才能深入地了解论文写作的重要性,从中理解它的性质。

论文写作的目的和意义究竟有哪几个方面呢?我们大致归纳有以下

几点：

(一)体现自己的劳动价值

从事社会科学和自然科学的工作人员,要经常草拟各种研究计划、评定职称报告、设计规划、教学方案、书面总结、课件制作和培训干部、职工的讲义等等。科技管理人员要经常草拟、审定各种计划、报告、建议、条例、简报、合同、协议等科技文书。科研人员要经常撰写学术论文、实验报告、科研简报、提要、文摘等科技论文。大专院校的教师要经常编写讲义、教材和指导学生写作报告及论文等,学生(包括学士、硕士和博士三类学生)要写出有创造性的论文。科学研究是一种创造知识的活动,必须创造出前所未有的新知识。记录新的科学研究成果,这也是一种积累,将新的科研成果用语言文字记录下来,贮存在人类的科技宝库中,体现出科研水平的继承性,当全社会共享你的科研成果的同时,也就体现出科研工作者自身的劳动价值。

(二)进行学术交流和技术交流的工具

科学技术发展到20世纪,已经进入了一个日新月异的时代,全世界有数以万计的科研工作者,都在夜以继日地研究和探索,各种新的发现、发明、创造、成果在改革大潮中不断涌现,不断更新。任何一个科研工作者都不是从零开始的。科研工作者首先在前人研究成果的基础上进行研究和探索,经过不断地琢磨、思考、实践、提炼,一旦有所发现时,就能够及时地写出思路清晰、结构严谨、论证有力、文笔流畅、言简意赅的论文或报告。

一个有所成就的科研工作者,如果不能及时地、恰到好处地把他的成果发表出去,得到同行的支持,并交流传播出去,这不仅对个人是很大的损失,对国家,甚至对人类都是一个极大的损失。因为学术论文不仅有贮存信息、传递情报的功能,而且它还能使人们从中汲取知识,并在此基础上不断创造和发明,从而具有"再创造"的功能。学术论文的公开发表,能够交流与推广科研成果,促进向客观生产力转化或推动科学技术的发展。正因为学术论文的公开发表不受时间和空间的限制,所以它是国内、国际进行学术和技术交流的有力工具。

(三)促进科学研究工作的深化

作为科学研究的一个有机组成部分,学术论文必须具备科学性,这是由科学研究的任务所决定的。科学研究的任务是揭示事物发展的客观规律,探求客观真理,作为人们改造客观世界的指南。无论社会科学还是自然科学都必须根据科学研究这一总的任务,对本门学科中的研究对象进行深入探讨和揭示规律。

在科学技术的发展过程中,经常会遇到一些不同观点的论争,这种论争往往是理论上、方法上的,有时也会有技术上的、措施上的,在实际工作中还常常形成不同的方案。在这种情况下,争论的一方能否战胜对方,不仅取决于真理是否真的在你手里,还要看你是否言之有理,以理服人,提出一些无可争辩的论点和论据。否则,即使真理在你一边,你说不出道理,得不到有关的理解和支持,有时也会受到挫折,使科研工作不能深入下去,这种在科技发展史中不同观点、不同学派、不同方案的论争是屡见不鲜的。大至航天事业的运行、医药技术的开发、水利资源的调运、环境的污染等重要理论问题,小至一个学科发展方向的确定、一个学科项目的资助、一个观念的引用、一个策划案的改革和推广,许许多多的实际问题,往往都需要一番激烈的论争。这种论争,不能长期进行下去,现在国内外解决这种论争的较好的办法就是把争论双方或几方约到一起,经过几番科学的论证或者可行性研究,然后由权威部门拍板定案,就可以确定下来了。因此,这些建议、方案、措施等,能否得到承认,能否得到支持,以至通过和采纳,除了它本身是否合理、是否可行、是否完善之外,在一定程度上,有时甚至在相当程度上看你是否言之成理,论证有力,具有强大的说服力。这不仅看你的口头表达能力,更重要的是看你的文字表达能力,即论文的水平。因此,论辩能促进科研工作的深化。

通过论文写作,往往可以发现自己研究工作的不足,补充或继续深入地进行研究。这样,既能进一步提高研究水平,还能促进自己科学素质的提高,甚至开拓出新的研究领域。

(四)有益于培养和发现人才

写作学术论文,在人类社会进步、科学技术的发展中是十分必要的。我们只要回顾一下历史,无论在社会科学领域,还是在自然科学领域,许许多多卓有见识的科学论著,在人类文化历史发展的过程中都起到了非常重要的作用。许多思考和观念、创新和发现,没有学术论文这个研究手段与展示工具的帮助,是无法表达与传播出来的。因此,撰写论文水平的高低也直接反映一个科研工作者思想和学识的优劣。可见,在中国高校教学当中,写作论文的课程教学工作是一个重点环节。

进行科学研究、撰写学术论文不仅是高等学校在校学生的事情,而且也是学术工作者、各行各业科研人员的必修课。

大学生的基本任务是学习。为了适应毕业后的工作任务,在学习期间,要学好基础课和专业课,系统地掌握本专业的基础知识、基本理论,打好基础。但是,掌握理论知识不是目的,目的是为将来从事创造性的工作做好准备。为此,就要求学生在学习期间掌握已学得的理论知识和培养解决实际问题的能力。这就要求学生通过学年论文、毕业论文和学位论文的写作,运用已学的知识对未知的知识进行研究和探讨,锻炼和培养独立分析和解决问题的能力。

目前,中国有些教育专家提出:在大学教育中,尊重和提倡知识的渊博,而不培养有独创能力的人才是极大的失误。这种见解具有远见卓识。我们培养的人才应该是既能独立工作,又能发挥无限创造力、善于解决实际问题的专门人才。

撰写学术性的学年论文、毕业论文,使学生了解科学研究的过程和方法,懂得怎样搜集和整理材料、怎样利用图书馆、怎样检索文献资料,学会科学研究的基本方法。

撰写学术性学年论文、毕业论文,使学生学习了如何撰写论文,懂得了选题的重要性、选题的原则和方法,使他们运用已掌握的知识来处理某个课题,进行新的探索,在探索中提高他们的认识能力和独创精神,使他们的智力得到开发、智商得到提高,学会创造性劳动。

撰写学术性学年论文、毕业论文和其他各种论文,有助于培养青年知识分子对科学研究的热情和对"四化"的责任感。学术论文的创造性是衡量学术论文价值的根本标准。学生在撰写论文的过程中,我们可以培养人才、发现人才,各行各业的科研人员把他们的研究成果、创造发明用学术论文的形式写出来,公布于世,为社会所承认,转化为社会知识的组成部分,转化为社会生产力,这也是青年知识分子成才的标志。

(五)为业务考核、晋升学位和职称评定准备条件

中国是一个大国,需要培养千千万万科研工作者和专家,这就要通过培养和考核来选拔人才,而进行考核的主要内容就是撰写论文。

一个科研工作者所撰写的论文或发表的学术论文的数量和质量,事实上已经成为考核其业务成绩、晋升学位和职称的重要的公认的标准之一,同时也是发现人才的重要渠道。

因此,无论从个人、单位,还是从国家来说,都需要大力培养和提高科研人员写作各类科技论文的能力。国内外许多事实一再证明,一些著名科学家的社会声望,不仅取决于他们的学术成就、工作能力,在同等学识水平的条件下,一个文笔和口才出众的专家学者往往会赢得更多群众的喜爱。

作为一名知识分子,写作论文是他毕生从事的最重要的工作之一。否则就会像一句歇后语所说的,"茶壶里装饺子——肚子里有东西倒不出来",十分遗憾。日本有位研究生院院长,曾在他的一本著作里写道:有人做过一次调查,不少理工科毕业生认为,对他们最为有用且需要进一步加强的课程排列次序为:代数、物理、作文。可见写作是何等的重要。我们的大学生无论将来从事什么研究,什么职业,也无论他们的职位高低,都要经常或多或少地写些东西。科研论文的写作,除了为他们的业务考核、晋升学位和职称评定准备条件外,论文水平的提高还将给他们带来许多好处,并且受益终身。

第三节 论文的特点

学术论文必须具有学术性。学术,是指较为专门的、有系统的学问。国家标准 GB 7713-87 对学术论文所作的定义是:"学术论文是某一学术课题在实验性、理论性或观测性上具有新的科学研究成果或创新见解和知识的科学记录;或是某种已知原理应用于实际中取得新进展的科学总结,用以提供学术会议上宣读、交流或讨论;或在学术刊物上发表;或作其他用途的书面文件。"

由以上定义所确定的学术论文的性质,必然导致学术论文具有与一般性文章或创作作品不同的特点,可以归纳为以下几点:

(1)内容的科学性。

(2)论理的逻辑性。

(3)结果的创新性。

(4)表达的简明性。

下面分别进行阐述。

一、内容的科学性

学术论文必须具备科学性。科学在揭开自然与社会奥秘的同时,又为人类适应、利用规律,改变旧环境与创造新世界提供对策与措施。自然科学为人类创造了丰富的物质财富,改变了人类的衣、食、住、行;社会科学引导人类改造不合理的旧制度秩序,建立新型的理想社会,让人们过上幸福欢乐的生活。科学性,就是把在实践过程中积累起来的知识,经过系统化,然后加以探讨、研究。它可以是推翻某一学科领域中某种旧观点,提出新见解;也可以是把一些分散的材料系统化,用新观点或新方法加以论证,得出新结论;还可以在某个学科领域中,经过自己的观察、实验,有新的发现、发明和创造,陈述新的见解和主张,传播科学知识,表述科学观点。

学术论文的科学性,要求作者在立论上要客观,不得带有随意性,不得带有任何个人偏见。这与一般议论文可以任意表达作者的观点是截然不同的。

学术论文的科学性,要求作者在论据上要有说服力,不得凭空捏造,要通过作者周密的观察、调查、实验、研究,尽可能多地占有材料,以最充分的事实、确凿的论据、可靠的数据作为立论的依据。

二、论理的逻辑性

学术论文的科学性,要求作者要经过周密地思考,严谨而富有逻辑效果地论证,这一点与一般议论文可以比较自由地展开议论不相同。

我们经常说,某某学者具有较强的逻辑思辨能力,这主要是指他具有较强的文字表达和口头表达能力。文字表达能力强,主要表现在文章的逻辑性强。

培根说:"写作使人严谨。"写作学术论文的过程也就是作者思维能力得到锤炼与提高的过程。人具有理智且善思辨,一方面说理,只要说得在理,另一方面就能使人产生信服、心悦诚服。真理如春风细雨,滋润心田。

作为一名大学生或科研人员,如果你所撰写的论文具有较强的逻辑性,充满着较好的思辨力,往往会使你的论文,以至你的事业获得成功的可能性更大。

中外历史上这类成功的范例不胜枚举。

李斯就是其中的一个。秦始皇欲逐客卿,身为客卿的李斯上书力谏,秦始皇因而改变初衷,并任李斯为廷尉,对秦统一中国起了较大的作用。这上书就是名篇《谏逐客书》。这篇名作是李斯在被逐的路上写给秦王的。他把逐客放到是否能使秦国富强的高度上考察、立论，不但表明了他很有远见卓识，而且深知秦王心愿。逐客对秦王的统一大业不利，用这种利害关系来打动秦王，最有说服力，因为他知道统一正是秦始皇梦寐以求的目标和头等关心的问题。果然，当秦王接到李斯这篇上书后，不仅立即收回成命，追回李斯，而且还委以重任，让他担任了全国的最高司法官。《谏逐客书》这篇文章在论证时，几乎全是摆事实讲道理，不凭空议论。文章的说服力主要来自这里。历史上四位国君都因客卿之功得以强大，为什么现在要逐客？秦王喜爱的珍宝、美色、音乐皆可来自诸侯各国，对人才却要"非秦者去，为客者逐"，这种重物轻人的做法难道是成帝业者所应为的吗？接着才进入道理的阐发，正面指出"王者不却众庶"，反面指出如果却宾客以业诸侯，其结果必然如"藉寇兵而赍盗粮"，秦国必将没有安宁的日子。在论证中，作者始终正反并论，利害对举。正面强调纳客之利，反面推论逐客之害，反复论证，对比鲜明，让事理本身令秦王信服。

爱因斯坦也是其中一例。第二次世界大战中，美国一些科学家提出了制造原子弹的建议，但遭拒绝。爱因斯坦写信给罗斯福总统，罗斯福也未顾及此事。科学家们又求助于对罗斯福非常有影响的瑟克斯博士。博士动了一夜脑筋，最后决定用拿破仑不信科学拒造帆船，招致"特拉法加海战"惨败的故事，终于说服了罗斯福，使其当即表示同意。这一事例进一步说明了说理论证的重要性。

在使用论据上，我们必须选择使用那些确凿的、典型的事实。事实不确凿，没有广泛的代表性，不仅会使文章缺乏说服力，有时还会导致论点的片面或模糊，甚至会得出错误的结论。引用经过实践检验的理论材料作为论据时，必须注意所引理论本身的精确含义，注意材料与观点的统一，否则也会缺乏说服力，得出错误的结论。

论证，就是一个求证的过程，即用"论据"来证明"论点"的过程。论证的目的在于揭示出"论点"和"论据"之间的内在逻辑关系。这些就是论理的逻辑性。

三、结果的创新性

我们知道，科学的本质是创造，科学研究的生命是创造。学术论文的创新性，就是继承原有的、研究现代的、探索未知的以及发现那些尚未被人认识的客观规律。有价值的学术论文往往是探索某一学科领域中前人未提出过或没有解决过的问题。步前人后尘,承袭与重复他人的观点称不上学术研究。

莫泊桑曾经有过这样一句话:"一个人以学术许身,便再没有权利同普通人一样的生活。"

所谓普通人,即那种循规蹈矩的人;所谓创造者,即有些创新的人。要在前人的基础上有所突破,提出新的见解。学术论文要创新,必须做到两点:第一,要认真查阅资料,积累知识。这主要是了解他人在这个领域中已有哪些发现、成果。第二,要积极地思索。不思索怎么能有新的创见?思索必须有的放矢。要在前人已有的观点中接受启发,找出不足或不适应当今需要的东西,以此作为突破口提出自己的见解,这种见解才有创新性。

学术论文要求作者有独到的见解,有创造性。这是学术论文必须具备的一个条件。

由于科学研究的复杂和艰巨,不可能每篇学术论文都涉及发现和发明内容。因此,学术论文不是每篇都要有新发现、新发明的内容。事实上,每篇论文,只要有一点"新"的东西就称得上有独立见解了。即:①新观点(或评论他人的观点);②新证据,如调查结论、实验结果、未公开的典型资料数据等;③新研究方法;④新研究角度。

学术论文只要能满足上述任意一条,就算有新的东西了。

四、表达的简明性

语言是人们用以交流思想的工具。在一般情况下,语言的简明与否总是以逻辑分析为依据的。这是因为语言原是用以进行思维活动,并表达思维结果。思维是否合乎逻辑,决定着语言是否得当,这就是问题的实质。

写文章的首要也是最基本的要求是:要读者能看懂。有人说,一篇文章看不明白,这是最大的欠缺,这是很有道理的。写出来的文章,人家读不懂,那写它还有什么用处呢?特别是学术论文的写作,要描述相当复杂的科学道理,这就要求写得容易理解。要尽量做到不仅本学科的专家看了能懂,就是具有一定文化知识的人看了也能懂。这将有利于普及科学知识和推进学科的发展。

一般说来,思维不借助语言不可能进行,更不可能表达。但决定语言优劣的主要原因是思维。想不清,说不明;想不深,说不透。因此,从论文语言就可以鲜明地反映作者的思维水平与研究深度。

对于语言的简明性我们可以用两句成语来概括:言简意赅、深入浅出。语言精练而浅近,内容深刻而完备,这需要下一番功夫。我想有两点很重要:首先,要反复实践,多练笔,加强语文修养,提高表达能力。

法国作家司汤达说:"应该鞭策自己每天写作。"

俄国作家契诃夫说:"我们大家都应该写。写,写,写得尽量多。您得写,尽量多写,要是您完全没写好,也不要紧,日后自会好起来的。"多写不是盲目求多,而是要把它和现有的写作水平的突破结合起来,要有明确的练习目的和主攻方向。

众所周知,写作水平的提高有其阶段性。总体来说呈渐进趋势,但这中间确有不同层次、不同境界。这不同层次、境界间的每一次转换,都可以说是一次突破。即"量变"中的一次"质变"。这种突破,从训练上说,是所谓基本功关——文从字顺关;从水平上说,是粗识文笔关——明白流畅关。一篇论文的撰写者,特别是初学者,写作进步往往表现为这种阶段性的突破。我们要自觉地抓住这种突破机会,使它达到一个新境界。事情往往是这样,作者越是真正深入地掌握了写作的本质,他就越可以用浅显的语言把道理表达出来。在这种情况下,"深入"就成了"浅出"的前提。同时,"浅出"又是"深入"的标志,是一种本领、能力。这种能力要经过努力才能获得及提高,自然科学、社会科学方面的论著都可以向这个方向努力。

其次,论文的作者心中要有读者,阐明一个意思要考虑读者能不能理解。特别是在当前,"四化"建设需要发展交叉学科。不仅在大学的学科门类里,各学科间要相互交叉、渗透,就是社会科学和自然科学间在思想和方法上也在不断渗透。一些自然科学中的特定概念,日益被社会科学所吸引和运用;同样,一些社会科学的传统思想观点,则为自然科学家所借用。一篇学术论文发表之后,往往在其他学科领域中还拥有众多的读者。所以,把学术论文写得容易理解,也是科学工作者迎接发展交叉学科的新时代的需要。

综上所述,关于学术论文的写作特点所引发的它本身的特点是:内容的科学性、论理的逻辑性、结果的创新性和表达的简明性。此外,还有正确性、客观性等。作为主要特点,可以考虑的就是上述四点。

第二章 选题

第一节 研究选题的七个原则

选题是学术研究的开端,而好的开端是成功的一半。我们通常说小题大做、题中之义,又说文不对题、离题万里,其中,题就是主题、题目或题材的意思。选题是研究的起点与方向,决定着研究结果的转化速率,选题得当,往往事半功倍。因此,研究者必须将选题放在战略高度上予以重视。研究过程有两个端点:立项与发表。一个周期的研究一般以立项为始,以发表为终。研究选题是否恰当,从研究项目能否顺利立项到研究成果能否顺利发表,都有所体现。

一、学术市场

任何一个社会,有分工就会有交换,有交换就会有市场。学术研究,亦不例外。从一个客观的外部视角看,学术卖家是学者等学术生产者,而学术买家则是相关研究需求者以及社会大众。自古至今,所有的学术巨著实际上都是学术市场的畅销者,因为它们满足了学术市场的知识需求,让相关读者以及一般大众都因其学术成果而受益。伟大的学术一定是一座桥梁,而不是一个终点,它不仅能够让人们单纯到此一游、徘徊徜徉,而且能够沟通此岸与彼岸,以渡求知者。

很多研究者不愿意正视学术研究的市场问题。一方面,将学术视为市场行为,不免有些负面的道德色彩,沾染上投机的味道。但实际上,无论正视与否,学术市场都一如既往地按照其自身规律运转。更为重要的另一方面是,很多研究者并没有将自己的学术进行对象化。这是什么意思呢?简单说,对象化就是将自己的研究当成别人的研究,以一个客观的视角换位思考:假如我是读者,我看到这个研究,会不会认可。

学术市场表面上看起来纷繁无序,但并非无章可循。与其他类型的市场一样,学术市场也遵循价值规律。凡是高价值的学术产品,一定更容易在学术市场中走俏,这是亘古不变的规律。对象化自己的研究,是为了确认:自己的研究在学术市场中是否有足够的价值？如果你发现这个研究将会无人问津,那就趁早改弦更张。否则,你的学术最多只能自产自销,在立项与发表的过程中将很难脱颖而出。

二、立项与发表机制

学术市场的不同之处在于,学术交换并非直接进行,而是由学术代理人间接进行。很多研究者不熟悉学术机制和规律,往往在立项与发表的路上磕磕碰碰。社科领域的学术立项以国家社科基金项目为首,很多高校、科研院所都将它作为职称晋升的重要依据,有的单位甚至将它作为职称晋升的必要条件。

国家社科基金有两道评审程序,第一道是双向匿名评审,第二道是专家会审。匿名评审专家是从广泛的学术群体中挑选出来的,评审具有双向匿名性、专业性和随机性,这可以基本保证评审专家的意见能够大致代表学术市场对评审对象进行价值鉴定。

打铁还需自身硬,虽然一些熟悉自己研究的师长能够推进评审进程,但是归根到底,你的研究申请只有说服评审专家,让其了解你的科研项目具备一定的学术价值,才能顺利获得公共资源对你的学术支持。所以,申请人应该首先换位思考,对象化自己的研究选题,想一想,假如自己是评审人,这项研究能否说服自己。

当然,学术市场的信息并不一定充分和对称,并不是所有评审专家对于研究前沿的把握都能非常充分和及时,所以,有些学术选题尽管很新、很有价值,却也有可能在立项的进程中遇冷,这是所有市场都会存在的问题,克服的办法只能是依靠学术市场的理性化和专业化,依靠信息披露等机制,当然还有运气的成分,但是,通常来说,在立项机制公平的前提下,多做几轮申请,好的研究选题总会脱颖而出。所以,社科基金申请要做好长跑的准备。

此外,有些小众的选题可能会有些尴尬,有些非常精细化和专业分化的选题也会吃亏一些。因为,社科基金立项的评审是一般的学术专家,他们对于你的研究议题和学科知识可能有些陌生,因此,有些优秀的青年学者会很苦恼:明明自己的研究已经获得了本专业领域专家和权威期刊的认可,为什么还会在社科基金立项中遇冷？

其实,这个问题有多重原因。要想对过分专业和精细的选题进行价值鉴定,需要非常成熟和庞大的学术群体。对于中国目前的学术生态来说,要做到这一点还比较难,中国社会科学的专业性和分化程度都还不足。

但是,换个角度讲,一个好的研究选题不能满足于只打动本专业领域的专家,只获得"小圈子"的认可,它更应该能够打动一般学术专家、圈外专家甚至一般读者,在宽泛的学术市场中获得广泛认同。这样,它才具有学术的外部性溢价,才具有深厚的学术价值。

学术发表同样遵循价值规律。很多作者可能不太了解,学术发表之前有一个比较系统的发稿机制。期刊越是专业,其发稿流程就越是成熟。即使再好的文章,都要经过期刊发稿会论证。在发稿会上,编辑需要向主编及其他同人推介这篇文章,阐述这篇文章值得刊发的价值所在,这个价值并非责任编辑信口而出,而是必须能够"货真价实"地说服同人乃至学术界。

从广义上说,主编及编辑部同人也要向学术界有个交代:为什么要刊发这篇文章?它的学术价值何在?编辑部的意见是什么?匿名评审的意见又是什么?如果编辑部不顾学术公意而一意孤行,不负责任地大量刊发乏善可陈甚至突破底线的文章,那么,这个期刊的学术品牌也就差不多可以谢幕了。树立一个品牌,需要无数篇好文章,而毁掉一个品牌,有时候一篇文章就够了。

作者在投稿前,也应该对象化自己的文章:假如我是编辑,我凭什么向同人推介这篇文章?它的学术价值何在?只有高价值含量的文章才能够经得住考验,经过层层筛选,最终通过期刊的发稿程序,走向读者。

三、一以贯之

研究是一个逻辑性的存在。与其他存在类似,它需要有一个主题;否则,这个存在就不纯粹,甚至沦为琐碎。比如说,风景画,绝非原本的自然风貌,而是进行了某种主题性加工;中国传统的山水画,并非原貌的物理和地理意义上的山水,而是包含了一定社会观、宇宙观、人生观的主题性表达。

有一次,孔子问子贡:"赐也,女以予为多学而识之者与?"子贡回答说:"然,非与?"孔子说:"非也,予一以贯之。"孔子的教导言简意赅,切中要害。主题其实就是那个一以贯之的东西。因此,选题也就是寻找一个贯穿自己研究的概念、理念或议题。

在中国今天的学术市场中,很难再有百科全书式的学者,即使有的话,也是少数。与今天的机器大生产一般,我们的学术市场越来越专业化、细分化。

尽管专业细分存在诸多问题，但我们不得不承认的是，社会大众对于学者的认知越来越趋向于专家，即在某个专业领域有所专长的学者。其他国家也是如此。但是，随着"新文科"理念的提出与实践，越来越多的综合研究应该逐步生成，也许在不久会复现百科全书式的学者。

因此，在这个时代做学术，研究者需要旗帜鲜明地确立并昭示自己的研究领域及其议题。而且，一定要选择好一个议题并坚持下去，而不是频繁更换选题。研究议题就像贴在研究者身上的标签，尽管每个人都不喜欢被标签化，但是标签本身也有一定的好处，因为标签化更易于传播。比如说，当我们提到钱穆，我们想到的就是音乐学；提起李泽厚，多半会想起美学。那么，你能否想一想：读者在提到哪个标签的时候会想起你？

选题必须能够一以贯之。一以贯之有两个层面的意思：第一，从横向的角度看，你的研究选题一定能够概括和涵盖你的所有研究；第二，从纵向的角度看，这些研究在时间前后上有一个延续性、发展性，有一个系统的、逻辑的穿插线索。

优秀的研究者一般都非常"专情"，懂得对自己的选题精耕细作。有些年轻学者喜欢频繁更换选题，这其实并非上策，因为学术研究讲求积累，而这种积累是很慢的，慢到大多数时候你觉察不到进步——当然，这是好事，不然，这个世界就乱套了。频繁更换选题，而不是深耕自己的研究园地，最终会让学术市场无法给你贴上一个合适的标签，因此，也就不利于学术成果的传播与认受。

正所谓"不谋万世者，不足谋一时；不谋全局者，不足谋一域"。研究者在真正进入具体、琐碎而又忙碌的研究过程之前，应该对自己的选题深思熟虑、瞻前顾后，选择一个足以全身心投入的研究议题。唯其如此，才会有丰硕而鲜美的研究成果，奉献于世人面前。

总的来说，研究选题大致遵循七个原则。

（一）有用性原则

在学术市场中，只有富含一定价值的学术产品，才能在市场中存活下去。同其他类型的产品一样，学术产品要能够在实际生活中满足人们的社会功用，即它必须有用。具体而言，学术作品要能够帮助人们更好地认识和理解这个世界，为改变世界奠定知识基础。

论文发表固然有毕业、职称等方面的直接考虑,但是我们绝不能为了写论文而写论文,否则,即便最后论文勉强发表,也不会有理想的学术反响。选题之前,你可以问一问自己:会不会至少有一个读者因为我的研究而受益?

大家可能都读过费孝通的《江村经济》,这本书是费老的博士论文和成名作。在今天看来,这本书非常简单,为什么它当年会引起那么大的学术轰动?其有一个原因是当年英文世界的读者对于中国农村的实际状况所知甚少,这本书对中国农村的描述与分析,为海外学者了解和研究中国农村提供了不可替代的知识。这种不可替代性或者较低的替代性就是学术产品的"卖点"(sell point),这和苹果手机受果粉追捧、小米手机被发烧友热衷并无二致。

(二)公共性原则

学术,公器也。用张载的话来说,就是:"为天地立心,为生民立命,为往圣继绝学,为万世开太平。"米尔斯在《社会学的想像力》中告诫后来者:学术研究一定要区分个人困扰与公共议题。学术的生命力在于其公共性。

一个艺术学方向的个体研究者,他选题"艺术学写作模式对其个体的启示"。假如你写一篇文章来解释艺术学写作模式对这位艺术学研究者的启发与收获,尽管可以写得非常出彩,但是它最多解决了研究者的个人困扰。假如你写一篇文章来回答艺术学写作模式对艺术学管理类学生的启示,那么,它就是一篇解决公共困扰的文章了。两相比较,其学术价值不可同日而语。

历史上还有许多此类例子:项羽小时候不爱学习,学书不成,学剑亦不成。眼看着项羽文不成、武不就,项梁大怒。项羽说:"书足以记名姓而已。剑一人敌,不足学,学万人敌。"于是项梁教授项羽兵法。如果说,解决私人困扰是"一人敌",那么,解决公共困扰则是"万人敌"。研究选题最好是众人关注之事,选题越受众人关注,回答得好,则越是能够造福社会。

如何将选题做得更有公共性?可以借鉴艺术学理论的综合研究模式。它的研究对象不是一个一个的门类现象,而是为了形成普适性的艺术规律,从研究不同门类、专业的艺术现象及其社会变化入手,进而探究、生成普适性的原理、规律等。

(三)经验性原则

尽管选题必须具备公共性,但这个选题也必须具备经验性。研究者应该选择那些具有个体独特生命体验和领悟的题目,只有具备个体经验的支撑,研究才能做得新颖、深入并有价值,研究也才能够有持久的内在动力。

很多研究者试图选择一个宏大、时兴的主题——客观地说,这些选题更容易发表——但是研究者在选择它们之前必须有一个清醒的认识:自己是否有相应的经验支撑?如果没有,是否可以通过调研等方式加以补充完善?没有调查,就没有发言权。缺乏经验支撑的选题,不论大小,都易走空,最后做出来的成果也难深入、新颖,甚至连自己都不能说服。选题者不妨回顾自己的生命历程,选择那些与自身经验血脉相连的主题。这样,你的研究才会有血有肉有个性,也才能做得更深、走得更远。现在由于媒介的发达,许多的微信公众号都开设了系列专栏,其中,很多学者,如博士、硕士研究生们都分享了将选题与自身的个体经验相结合的办法。感兴趣的读者,在微信公众号直接回复相关字词,即可查看相关文章目录。

(四)传承性原则

学术研究不是从头来过,而是基于前人研究的再积累,今天的学术研究一般都有自身的学科视角,这包含了特定的研究传统和研究脉络,它们是将研究深化的前提条件,研究选题的传承性就是指必须在某种程度上继承这些积累性成果,一方面是理论的传承,另一方面是方法的传承。

有些研究生选题喜欢天马行空,结果往往被导师或其他老师痛批一顿。这是因为,每个学科都有自己关注的研究视野、遵循的研究范式等传承内容。如果你想要获得艺术学博士学位,答辩导师组肯定会问:作为一个艺术学博士,你关注的艺术学问题是什么?管理问题可以纳入艺术学研究,但是必须具有艺术学视角。于是结合相关文献进行适当的阐释。

(五)创新性原则

创新是学术研究的不竭动力,研究选题亦需要创新。文章如何创新,下面会专门有一节讲述,这里简单说一下选题的创新性。

理论上说,任何选题都有创新的可能性,因此,从哪一个角度切入选题,是一个非常重要的问题。选题的创新与传承是相辅相成的,选题的创新往往建立在传承的基础之上,很多优秀的选题往往是"旧瓶装新酒",或者是"新瓶装旧酒"。"旧"并不一定是不好的,有时候,旧的仍然有人在用,就说明它仍有其学术价值。

礼物研究是一个人类学的经典议题，从莫斯、马林诺夫斯基，到阎云翔、杨美惠，人类学对于礼物的探讨络绎不断，中山大学余成普副教授的博士论文继承了礼物研究传统，通过礼物视角来审视血液捐赠问题，将之称为生命的礼物。

（六）客观性原则

好的研究选题，往往能够观照客观。尽管选题要学会务虚，即必须从客观问题中抽象出来，进入理论层面，但是任何学术选题都必须根植社会客观，能够最终对于客观社会具有有效启发，甚至能够促使社会行动，催生社会政策。

1944年，日本败局已定，美国亦急于制定战后对日政策，但是他们发现，决策者根本不了解日本，于是委托人类学家本尼迪克特做一个关于日本的"横向研究"，这项研究的成果就是日后闻名于世的《菊与刀》。

两耳不闻窗外事，那是死读书，社会科学的最终目的在于认识社会、改变社会。好的研究选题都能够对客观有重大观照。即使有些研究表面看上去离客观有些远，比如古代文献史料研究，但是，它们最终多少也都是服务客观学术的。

（七）预见性原则

研究是滞后的，也是超前的。由于研究过程往往比较漫长，学术传播亦难一蹴而就，因此，选题最好对其研究前景进行预判，选择那些将来有可能成为主流、前沿的选题。陆学艺先生对此有一个生动的比喻：选题就像公鸡打鸣，先叫的那一个最能获得关注。因此，选题者要有一定程度的学术预见力。

研究选题最好不要扎堆热点，拾人牙慧。比如，如果现在再以嵌入性、社会资本来作为博士论文选题，基本上已经很难推陈出新了。选题者应该立足学术前沿，极目远舒，判断并选择一个将来更有可能受人关注的选题。

学术预见力的养成并非一日之功，需要多年的读书、思考、交流。作为新人，最好的办法有三条：多读书、多开会、多请教。读书是基础，开会可以让你接触到学术的最前沿，向前辈私下请教可以对症下药地深度提升自己。

总之，选题大致有以上七个基本原则，其中，有用性是最根本的，剩下六个原则基本可以组成相辅相成的三对，即公共性与经验性、传承性与创新性、客观性与预见性(见表1)。当然,这些原则只是抽象的理想类型,在具体的选题过程中要融会贯通,灵活运用。

表1 选题的七个基本原则

最根本的原则	有用性
三对相辅相成的原则	公共性与经验性
	传承性与创新性
	客观性与预见性

第二节 根据选题开展开题报告的撰写

我们讲了如何选题,接下来,我们就来讲一下如何根据选题撰写开题报告。开题是很多研究的第一步。开题其实就是项目选题的落实与研究项目的开始。经过选题的策划,你已经明确了研究目标,知道需要研究的对象是什么,这时候,你得有一个研究计划,开题报告就是你的研究计划。很多人申请去国外读博士学位,或者研究生开始论文写作,或者项目研究,都需要开题。

好的开始是成功的一半,一个好的研究,一般源于一个好的开题。选题价值实际上是非常重要的第一个要素。学生写作论文的很多痛苦来源于开题时选择了一个错误的研究题目,没有找到有价值的研究题目。在谈论如何写开题报告之前,我先讲一下开题报告的精髓。

一、开题报告就是一份投资规划书

很多人对于开题报告不是很了解,尤其是第一次开题的研究生,往往将开题报告想象得非常神秘、晦涩。其实,你只要将开题报告理解为一份投资规划书即可。

开题,说白了,就是你要获取开题专家对你的选题及其研究计划的认可。这很像是一个刚刚做出来一点眉目的小公司,向众多风险投资者进行融资。所以,你把开题的老师理解为风险投资者即可。你想让风投掏钱埋单,那就得首先说服他们,不然人家为什么把钱投资给你,而不是给其他人呢?

要想人家给你投资,你就得向他们说明三个问题:第一,你的项目是值得投资的,也就是说,你的项目是有价值的。第二,你的项目相比于其他的项目有何独创性价值？如果你的项目人家都已经做好了，比如你做一个和微信类似的项目，尽管这个项目很有价值，但是人家肯定不会投钱给你，是吧？你得说明你的研究与其他项目有何不同，也就是说，你的项目是具有独创性的，只有这样，人家才愿意投资。第三，你得进一步说明，你有办法把这个项目做出来，也就是可行性问题，不然，尽管你的很多项目都有独创性，可是没有客观操作性，人家也不会投资给你，毕竟说到底，你得有赢利手段，这样，你的项目才是值得投资的。

同样，研究开题是一个研究规划，研究不能无目的地开展，尤其是一些项目的开题，项目立项必须能够确保，你的这个研究不是在做无用功，而是一个值得做、能够做的研究。因此，你的开题报告也要向开题专家回答这三个问题。

什么叫开题报告？为什么要开题呢？开题的对象往往是这个领域的专家，开题的目标就是向这个领域的专家进行论证：你的研究是值得做的，你的研究非常有独创价值，你的研究具有可行性。

二、开题报告的三个要素

开题报告看起来似乎非常复杂，但是简单来说，也就三个要素。论文的开题表格一般包含三个部分，详见表2。

表2　开题表格

1. 论文选题的意义及创新点
2. 国内外相关文献的掌握程度和研究方法的先进性
3. 论文总体设计的科学性

其实，这三个部分也就是上文所说的三个问题的具体呈现。归纳起来，这三点就是选题介绍、研究现状和研究设计。其实，这是所有科学研究的开题报告都必须具备的三个要素。

第一，选题介绍。其实就是要回答一个问题：为什么你的这个题目值得做？当然在这其中，你得介绍你的选题是怎么来的，你是怎么想的。但是，归根到底，你得说服开题专家——一般是行业权威或者专业老师——为什么你的论文值得做。尤其是学位论文，你要投入几年的时间来完成这篇论文，那么,你得说明研究这个选题的必要性和重要性。"给我一个你准备做它的理由。"

第二,研究现状。尽管你的研究非常有进行的必要,但是,你必须进一步指出这个研究是具有独创性的,也就是说,你的研究具有边际贡献,是其他人的研究尚未涉及的部分,不然,"前人之述备矣",你又何必多此一举呢?所以,介绍研究现状就是要进行文献回顾,然后,将目前研究的进展告知你的开题专家,告诉他们这些研究在哪些方面是存在不足的、需要进一步推进的,这就是文献回顾的价值。当然,你不可能开辟一个完全新颖的选题,而必须站在前人的肩膀上,这样,你更得说明前人的研究进度,以便明确你自己的研究可能推进到哪里。其实,在这个过程中,你也就确立了自己的研究目标。

第三,研究设计。就像上述所讲的那样,在确定你的研究值得做的同时,你必须说服开题专家:你的研究能够做出来,就像你说服风险投资者你的项目能够赢利是一样的。说到底,你得将你的研究计划落实,这个落实的过程是一个非常细致的工作,你必须掌控全局,同时又能够明察秋毫。因此,你就要既有高度又有细度地进行研究设计。研究设计也就是研究计划的具体落实,它包括研究方法、研究进度、研究重点、研究难点、研究框架等,甚至包括将来论文的章节目录。

三、选题价值

在开题报告的第一部分,研究者必须交代这项研究的学理价值何在。要知道,学位论文动辄几年,你花费几年的时间去研究一个没有价值的题目,那是绝对说不过去的。

选题其实要多花些时间,你得充分想明白,这个研究是否值得做。如果你对于这个研究长期抱有兴趣,有比较深厚的思考和积累,那么,这个研究做起来就会得心应手、驾轻就熟。反过来,如果你只是觉得这个题目好,至于到底怎么个好法,你其实并不清楚,那么,这个研究做起来肯定大费周章,甚至会做出不知所云的文章。

在选择了题目之后,你必须说服开题专家:为什么你的研究非做不可?这就是所谓研究的必要性。令研究者兴趣盎然的选题,必须也能够关照到第三者,获得更宽泛意义上的学术读者的认可。尽管开题专家只是一部分学术读者,但是他们是否认可是一个重要的判断指标。这就是研究的客观性,即研不仅要获得自己的兴趣,同时要获得他人的认可。研究必须是一个"公认的"好研究,因为你的研究不是做给自己玩的,而是为了增进学术知识。既然如此,你就得听听大家是怎么看的,不然,学术研究就变成独角戏了。

所以,在这一部分,首先就要交代选题的价值,具体包括:选题的来源是什么,它有什么背景,它的理论意义和实用价值都是什么,等等。也就是说,为什么要研究它? 研究它有何价值? 为此,需要把研究背景、研究根据提出来。

第三节　选题的途径

在音乐学研究中,选题的途径很多,对初学者而言,有意识地掌握最有效的选题途径,便能更好地选定论文的题目。

一、从兴趣出发选题

论文写作中所说的兴趣,并非日常生活中对某一事物的爱好,而是在音乐学研究领域内对某个问题有着极强的热爱,而产生强烈的追求与探索真相的冲动。兴趣是最好的老师,只有对某个学术问题有极强的兴趣,才有继续研究的动力,心甘情愿地为之付出更多的精力。一个人对某一个问题兴趣越浓厚,平时关注的相关资料也就会越多,更会认真思考、仔细发掘,找到他人不关注的材料,写作时思路也会开阔,并发挥自己的特长,把平时的感悟用音乐学的语言表述出来,从而论述深刻,论证有力。

二、在读书学习中选题

在读书学习中选题,要求初学者在平时的学习中广泛地阅读资料,勤于思考,善做笔记,随时记录所学所思。在阅读他人的研究成果时,反思作者为什么会形成这种看法,他的研究是否深入,有没有再进一步研究的必要,有哪些研究的不足。这样的思考可以激发科学研究的兴趣和创新的灵感。

三、结合客观选题

从客观生活中选择那些直接影响社会发展和人类生活的问题。结合客观选题并不是跟风或人云亦云,而是之前就有大量相关历史知识的积累,等到客观问题出现后,再结合相关的背景知识,用历史的眼光去分析,发人之所未发。

四、从听讲中选题

学生很多的时间是在课堂上,只要留心听讲,或许就能在教师的讲课中发现论文的题目。同时,要积极主动地听学术报告,因为专家的讲座一般是有关学术前沿问题的研究,从中可以了解最新观点和研究动态,也许能够发现问题。

五、向师长寻求帮助

对初学者而言,选题的难度较大,最好的方法之一就是诚恳地向师长请教。师长对材料的掌握、对学术前沿动态的把握都相对熟悉,说不定手头就有已经想好但没有进一步去做的题目,顺着师长的思路选题,就会在资料的搜集、研究方向的把握上省去不少麻烦。尤其是导师,如果学生及时请教,都会从各个方面提供良好的建议。

当然,选题的途径还有很多,初学者可从自己的实际情况出发,从多种途径选定自己的论文题目。不管从哪个途径选题,题目一定要有学术性和创新性。

思考题

1. 论文选题一般遵循哪些原则?
2. 论文的创新性体现在哪几个方面?
3. 结合自己的论文写作,谈谈你对选题还有哪些看法?
4. 除了教程中提到的选题途径以外,你认为还应如何选题?

第三章　论文的标题

标题是文章的眼睛,是体现论文价值和功能的有机组成部分。它用精练的语言高度概括文章的主要内容。一个好的标题,能使读者对作者所做的研究,业已取得的成果,有何创新之处等一目了然,亦能吸引读者继续往下阅读。因此,如何拟出一个好的标题就显得尤为重要。

第一节　标题的分类

论文的标题不仅要求具有专业性,能够明确表达出作者想要论述的内容,还应注意做到用词严谨,逻辑通顺。要拟好论文的标题,必须注意做到以下几点:

第一,标题要求短小精悍、简单明了,易读易懂。"全国高等学校社会科学学报编排规范"对学术论文标题的创制有明确的规定,要求最多不要超过20个字。据此,标题在准确反映论文所表述内容的前提下,字数越少越好,可以使用音乐学专业范围内人所共知的缩写。

第二,标题不能出现歧义,句式搭配要得当,成分无多余或残缺。标题的用词应仔细选取,各种概念应统一,要恰如其分搭配用词。要避免标题标题过大,而正文中讨论的只是标题所涵盖的一部分;标题过小,而论文内容拓展得太宽;标题含义模糊。

第三,标题要求新颖而又庄重。新颖的学术论文标题能让读者产生好奇感,能让读者眼前一亮,引发读者的好奇心理,激发阅读的兴趣。标题的新颖性要求语言具有时代特点,但不能随意乱造词汇,违背学术规范。

标题既有一般语言运用的共性,也有其独特的个性。只有对学术论文标题遣词造句的特点有较为全面的了解和深刻的认识,才可能在写作过程中根据自己文章的主要内容,抓住本质,游刃有余地使论文标题达到完美。要最快了解音乐学标题语言的特征,就应该知道好的论文标题的种类。

一、陈述式标题

这是最常见的一种标题拟定方法,即根据文章的内容,用简洁的语言高度概括文章所要表达的内容。如:

1. 出土熹平石经乐律残石及《乐经》流传之综合考证
　　——兼论媒介变革与艺术的历史演进①
2. 音乐考古中的宋元戏曲文化
　　——反观戏曲音乐方向的研究方法②

二、范围限定式标题

由于文章所描述的对象可能非常大,无法用一篇论文来说清楚,这类论文在标题的拟定时,就可以将全文的内容予以限定,使研究的对象更加具体。如:

1. 音乐交流与文化传播的新思路——评《互联网语境中中国音乐的国际视野》③
2. 音乐图像学与音乐考古学研究——以内蒙古为例④

三、带副标题的标题

为了更明确表述作者的写作意图,对总标题作更为详尽的解释说明,强调所要论述的侧重点,可以在论文主标题后加上限定性质的副标题。最常见的是在主标题中运用了对偶、排比等修辞手段,这使标题语言更生动、更引人注目,但同时造成表意的模糊,所以常用副标题加以界定;也有时是为了对描述的对象加以界定,以副标题加以限定,最常见的是"以……为例";还有的是商榷性文章,在标题中就很明确地表达出与某位学者就某一问题商榷。

---

① 李荣有:《出土熹平石经乐律残石及〈乐经〉流传之综合考证——兼论媒介变革与艺术的历史演进》,《艺术传播研究》2021年9月。
② 段毅强:《音乐考古中的宋元戏曲文化——反观戏曲音乐方向的研究方法》,《戏剧之家》2022年第4期。
③ 刘琰:《音乐交流与文化传播的新思路——评〈互联网语境中中国音乐的国际视野〉》,《传媒》2022年第6期。
④ 邵毅:《音乐图像学与音乐考古学研究——以内蒙古为例》,《文艺观察》2022年第11期。

四、对应性标题

有的论文标题是由对应的两部分组成,中间以冒号隔开,表示所要论述的是前后两部分相互对应的内容,往往重点突出,标题新颖。如:

中国音乐与世界青年联欢节:其对新中国音乐专业化进程的影响①

五、问题式标题

这类标题用设问的方式,以问题型标题提出,显得更为醒目。有的是在正文中对标题所提之问作出回答,有的虽然没有直接回答问题,实际上作者的观点十分明确,只不过是语气委婉而已。采用问题式标题,更易引起读者的注意。如:

农家乐,尚能再"乐"乎?②

"成于乐"何以可能? ——论儒家乐教的成人根据?③

六、带有特殊词的标题

学术论文标题语言在长期写作实践过程中形成了自身的规律和特点,有一些特殊的词,像"考""勘误""评"等就能够表达出文章的体例与大致内容。如:

网络信息时代大学生心理安全建设策略——评《网络时代大学生心理健康理论与方法》④

第二节　标题常用语释例

标题根据文章的内容可以灵活书写,并无定法。但有一些词语是学术论文标题中常用到的,由于理解和认识上的偏颇,一些初学者在拟定标题时往往会出现用词不妥、文题不符的现象。根据商务印书馆 2008 年版的《古代汉语词典》释义,本节专门就艺术学论文中经常使用的词语进行分析并举例,以防

---

① 李岩松:《中国音乐与世界青年联欢节》,上海音乐出版社 2022 年版。
② 魏生革:《农家乐,尚能再"乐"乎?》,《韶关日报》,2022 年 8 月 19 日 A08 版。
③ 魏冰娥:《"成于乐"何以可能? ——论儒家乐教的成人根据》,《西南大学学报(社会科学版)》2022 年第 2 期。
④ 吴秀华:《网络信息时代大学生心理安全建设策略》,《中国安全科学学报》2021 年第 12 期。

止此类错误的出现。

一、刍议

刍议，同于"刍言"，指草野之人的言论。用在论文标题中，是作者自谦用语。

二、初探

初探，意为对某一问题进行初步的探讨。用在论文的标题中，一方面的意思是探讨的问题是新问题，另一方面也表明作者提出的见解是初步的。

三、商榷

商榷，指商讨、斟酌。用在标题中，指就某一问题发表与别人相对立的观点，一般用于论文的副标题中，并具体指出商讨的对象。

四、考

考，即考证，是根据材料或事实进行考察、核实，通过材料的论证得出结论。

五、发凡

发凡，用于陈述某一著作或某一学科的要旨或体例。晋代杜预《春秋经传集解序》："其发凡以言例，皆经国之常制，周公之垂法，史书之旧章。"清代叶廷琯《吹网录·思辨录辑要有旧本》："目录前有发凡，每类目前复有小序。"

六、辨

辨，通"辩"，争论辩解之意，用在标题中，表达就某一问题作者自己的独特看法。

七、评介

评介，一方面介绍某个学术观点或某本论著，另一方面对其进行评价。

八、也谈

也谈，即"也是谈""同是谈"。常见于针对同一学术问题发表与某人对立的观点。

九、兼评

兼评,指一方面表述自己的观点,另一方面对某种理论或观点进行批评,因此往往用在副标题上。

十、别解

别解,即另有所解之意。针对前人提出的某一问题或某一观点,提出自己独立的见解,但并不一定或不直接否定已有的观点。

思考题

1. 论文标题写作时应注意哪些主要问题?
2. 标题一般分为哪些形式?各有什么特点?
3. 找出几篇已公开发表的论文,分析其标题的得失。

第四章 摘要的写作

摘要是体现学术论文核心和精髓的窗口,展示了论文研究的创新要点、目的、方法、结果和结论等,是学术论文的重要组成部分。读者借助论文摘要,以最少的时间获取更多的信息。读者在翻阅文章时,首先阅读论文的摘要,然后根据摘要来决定是否阅读整篇论文。这就要求作者一定要写好摘要。

第一节 摘要写作中应注意的几点

摘要,即文摘,根据国家标准 GB6447-86 的相关规定,文摘就是"以提供原文内容梗概为目的,不加评论和补充解释,简明、确切地记述文献重要内容的短文"。然而在实际的写作中,有不少人撰写的"摘要"不合规范或不得要领,从而影响了文章的质量。为了更加规范地写作摘要,一定要注意下面几个问题。

一、正确区分摘要与提要

摘要前面已述及,最常与之混淆的词是"提要"。提要指:"提出文献要点、评述文献学术成就及存在的问题,向一定范围的读者推荐等。"提要与摘要有着很大的区别:从写作目的来看,摘要的目的主要是用精练语言,客观如实地介绍论文的精华之处与创新之点,有利于读者迅速而全面地把握文献的主要内容,有利于读者获取信息,提高阅读效率。而提要的目的是向读者提示文献的主要内容,评价其学术价值和将产生的社会作用,更侧重于提示和推荐作用。除了如实浓缩原文信息之外,还有与原文无关的信息。

从写作内容的范围来看,摘要只涉及本篇文献,要忠实于原文已有的主题内容和信息,保持客观的态度,不加任何评论,也不加说明,不允许离开原文去发挥。而提要不仅是对文献的真实反映,而且能对原文献进行评价;不仅能以作者的身份进行撰写,也能以其他人的身份来撰写;不仅可以陈述原文献已有的内容,也可以超越原文献的内容。

学术期刊要求写论文摘要,参加学术会议时一般在参会之前要求写作文章的提要,应根据要求的不同规范写作。

二、摘要写作不宜用第一人称

国家标准 GB6447-86 明确规定了摘要:"要用第三人称的写法。应采用'对……进行了研究'、'报告了……现状'、'进行了……调查'等记述方法标明一次文献的性质和文献主题,不必使用'本文''作者'等作为主语。"但很多作者写摘要的时候,习惯于运用"本文首先对……进行了研究","作者认为""笔者认为"。这些都是没有任何信息价值的字样,因为读者通过阅读已经知道是谁写的什么文章,没有必要再重复。在摘要中使用具有主观色彩的第一人称代词,就会削弱摘要的客观性。也有作者会用"我们"这个第一人称复数代词,认为这样可以避免独断,但这样就犯了逻辑上指代不清的错误,因为作者的观点不能代替大家的看法。

三、摘要不宜加入解释评论

国家标准 GB6447-86 对摘要明确规定:"要客观、如实地反映一次文献,切不可加进文摘编写者的主观见解、解释或评论。"但在论文的写作中,有些作者把摘要写成了对背景知识的交代。

有部分作者为了强调自己论文的学术价值,或生怕读者不知其学术价值何在,在摘要中对文章的价值加入了主观评论,结果却适得其反。因为文章价值的大小不是作者主观的评价就能定论的,只有通过读者读完文章后才能知道,作者主观评论只能给人以一种自吹自擂感。

四、避免重复论文标题

有些"摘要"只是在文中简单地重复论文的题目,也有的摘要简单地将论文的主标题、分标题、小标题串起来,虽然看起来很简约,但其实没有提供出一点有用的信息。摘要的内容在于向读者提供有用的信息,而非简单罗列文中标题。文中的标题有主标题、分标题和小标题三部分。一般情况下,主标题是对全文的高度概括,相对而言比较宽泛。小标题论述的是文章的具体内容,相对比较细微。分标题可以作为写作摘要的参考,但摘要的写作并非对文中标题简单地罗列,而是将能反映文章主要观点和学术价值的文字与分标题有机地结合起来,使之水乳交融、浑然一体,以帮助读者在阅读了摘要之后对文章的主要观点和学术价值有初步的了解。

摘要写作中的不规范现象,究其原因,还在于作者自身。有的作者认为科研是做好论文,只要论文质量高就行了,写摘要纯属多此一举。基于这样的认识,在写作的过程中随便把文中某段或几个句子写在前面当作摘要,而没有花费精力认真思考,高度浓缩与概括全文,因而导致摘要信息不完整、不准确,逻辑混乱等问题频频出现。其实很多人忽略了摘要也是文章的一部分,摘要的重要功能就是向读者提供完整、简洁的研究信息。如果做不到摘要的独立,无论对于读者的检索还是研读都不方便,摘要也就失去了其存在的意义。

第二节 摘要的写作要素

要写出规范的论文摘要,就必须准确地理解摘要概念,了解摘要的写作规范。为此,首先要了解摘要的构成要素。根据国家标准 GB6447—86 规定,摘要由目的、方法、结果、结论四个主要要素和其他一些重要信息构成。

"目的"是研究、研制、调查等的前提、目的和任务,所涉及的主题范围。"方法"是研究所用的原理、理论、条件、对象、材料、工艺、结构、手段、装备、程序等。"结果"是指实验、研究的结果,数据,被确定的关系,观察结果,得到的效果,性能等。"结论"是对结果的分析、研究、比较、评价、应用,提出的问题,今后的课题,假设,启发,建议,预测等。其他的因素指不属于研究、研制、调查的主要目的,但就其见识和情报价值而言也是重要的信息。

但在实际写作中,目的、方法相对容易把握,可很多作者很容易把结果和结论混淆。商务印书馆 1998 年出版的《现代汉语词典》,把结果定义为:"在一定阶段,事物发展的最后状态。"而把结论定义为:"从前提推论出来的判断。"由此可见,结果重在"最后状态",而结论重在由已有的结果进行"推论"。结论不能简单地重复研究结果,必须是对研究结果的进一步认识。结论的内容应着重反映研究结果的理论价值、实用价值及其适用范围,并可提出建议或展望,也可指出有待进一步解决的问题和以后研究的设想。

结论的写作虽然没有固定的格式,但根据其内容有以下几种情况:对正文内容重点进行概括,进一步突出作者的观点;在论证的基础上,对其观点的价值进行说明;提出与本研究结果有关的有待于进一步解决的关键性问题。

明确了摘要的要素,在写作时还应注意遣词造句。摘要的写作要短小精练,篇幅要短,文字简洁,重点突出,准确地把论文的主要内容提示出来;摘要的写作还要完整,用词准确、结构严谨、逻辑性强,是一篇独立性很强、完整的短文,使读者不用阅读原文就能知道文章的内容。

第三节 摘要的写作类型

把握了摘要的写作要素,根据研究的对象,可以灵活写作摘要。总结归纳摘要的种类,最常用的可以分为报道性摘要、指示性摘要、报道指示性摘要三种类型。

一、报道性摘要

报道性摘要,又称资料性摘要或情报性摘要。它用来反映作者的主要研究成果,向读者提供论文中的全部创新内容、主要研究成果和尽可能多的文献信息。报道性摘要一般包含目的、方法、结果和结论四个部分,其中给出具体的方法以及所得出的实际结论。这种类型的摘要信息量大,参考价值高,适用于专题类研究论文。以200—300字为宜。

如题为《向纵深处开掘——2020年艺术学理论学科观察》[1]一文的摘要为:

> 2020年是艺术学理论学科升级为一级学科的第十年。十年来,艺术学理论既取得了长足的进步,但又存在诸多问题。学者们针对学科进展的回顾、学科存在的问题及其应对方法和学科特征的探讨持续进行,针对艺术学理论学科视域下艺术史研究方法论深入探寻,媒介研究成为艺术理论研究的亮点,比较艺术学受到高度关注,艺术的跨学科研究继续拓展。种种迹象表明,艺术学理论学科在2020年已开始向纵深处开掘,呈现出无限活力。

文章论述了10年来我国艺术学理论发展道路。针对学科进展的回顾、学

---

[1] 王廷信:《向纵深处开掘——2020年艺术学理论学科观察》,《艺术评论》2020年第5期。

科存在的问题及其应对方法和学科特征的探讨持续进行,针对艺术学理论学科视域下艺术史研究方法论深入探寻,媒介研究成为艺术理论研究的亮点,比较艺术学受到高度关注。

如题为《熹平石经乐律残石的相关探讨》①一文的摘要为:

> 汉以来史籍中多见《乐经》佚失,剩"五经"之说。出土的熹平石经两块乐律残石虽仅有77个汉字,结合文献材料的零星记述和历代学人对散佚《乐经》研究文献的综合考证发现,乐律残石足以看成《乐经》再现于汉代的重要证据;同时,印证了媒介变革与艺术历史演进之间有着一种相互依存、交融互补的发展关系,存在着创新模式与传统模式并存发展的稳固序列。媒介变革往往受到艺术发展的影响并为记录艺术历史提供新的平台,艺术历史的演进则因媒体变革而绽放出强大的活力和瑰丽色彩。

文章研究的是熹平石经乐律残石的相关问题,摘要中对散佚《乐经》研究文献的综合考证发现,乐律残石足以看成《乐经》再现于汉代的重要证据;同时,印证了媒介变革与艺术历史演进之间有着一种相互依存、交融互补的发展关系,存在着创新模式与传统模式并存发展的稳固序列。

如题为《两汉乐(舞)史上两大认知体系探析》②一文的摘要为:

> 两汉乐(舞)史上形成了两大认知体系,一是乐本体认知体系(含乐舞一体表演艺术认知体系、乐为统领综合艺术认知体系),二是乐文化认知体系(含兼容并包思想文化认知体系、乐图并立学术文化认知体系)。这两种高屋建瓴的认知体系相互作用长期蔓延,形成了华夏文明独立于世界文化之林的重要标志,并成为当下中华民族文化自信和文化复兴的核心思想支柱。

文章研究两汉乐(舞)史上形成了两大认知体系:一是乐本体认知体系(含乐舞一体表演艺术认知体系、乐为统领综合艺术认知体系);二是乐文化认

---

① 李荣有:《熹平石经乐律残石的相关探讨》,《音乐研究》2021年第6期。
② 李荣有:《两汉乐(舞)史上两大认知体系探析》,《艺术百家》2018年第1期。

知体系(含兼容并包思想文化认知体系、乐图并立学术文化认知体系)。在一定程度上阐释了二者关系的新局面的结论。

如题为《论新中国成立初期中国音乐文化对外交流的特点及作用》[①]一文的摘要为:

> 新中国成立初期至改革开放前的近30年里,中国通过参加"世界青年与学生和平友谊联欢节"积极开展了对外音乐文化交流。中国音乐文化的对外交流虽然经历了一些曲折,但对打破帝国主义对新中国的孤立和封锁,扩大新中国在国际舞台上的影响发挥了重要作用;也为中国社会主义建设争取到有利的和平环境;同时也增进了中国人民与世界人民的相互了解和友好情谊;对于培养、锻炼我国对外文化交流方面的人才和队伍也起到了积极推进作用。一些优秀的文学艺术作品、音乐作品和艺术曲目包括器乐演奏也是在这一时期通过对外文化交流催生和发展起来的。通过中国音乐文化的对外交流,对如何加强文化管理工作和创新文化管理体制也具有启示意义。

如题为《忆布达佩斯联欢节》[②]一文的摘要为:

> 第二届世界青年与学生和平友谊联欢节于1949年8月14日至28日在著名欧洲古城、匈牙利首都布达佩斯举办,中国青年代表团应邀参加,用精彩的演出获得世界人民的赞誉,新中国音乐文化的影响力和民间外交已初见成效。

摘要中对第二届世界青年与学生和平友谊联欢节的情况,有筹备、开展等内容的叙述,这使读者不用阅读原文,就能对文章所述及的内容作出较为全面的认识。

---

① 李岩松:《论新中国成立初期中国音乐文化对外交流的特点及作用》,《学习与探索》2012年第4期。
② 李岩松:《忆布达佩斯联欢节》,《文化月刊》2019年第4期。

二、指示性摘要

指示性摘要即概述或简介性摘要,它只是简单地表达原文的论题,或者概括地表述研究的目的。这类摘要中一般介绍论文的性质、文章涉及的研究对象、主要的论点、结果和结论等,但不解释具体的内容,只是对对象的一种客观"指示",表明有个什么样的东西,但要想了解具体内容,还得看文章的具体内容。因为摘要仅是使读者对论文的主要内容有一个概括的了解,篇幅以200字左右为宜。

指示性摘要一般采用"讨论了……""分析了……""论述了……""指出了……"等概括说明性的语言,并不列出具体的方法、结论等,综述性论文多采用这种摘要。

如题为《音乐评论家的"内功"修炼——论八项追求》[1]一文的摘要为:

> 文章基于笔者的评论实践经验,系统梳理和论述音乐评论的一些重要的方法论问题,并提出八项追求作为音乐评论从业者的内在努力目标:(1)追求严谨和踏实的音乐学数据;(2)追求清晰和懂行的风格路线观察;(3)追求饱满和丰沛的人文关怀;(4)追求适度但地道的技术描述;(5)追求鲜活而生动的个人感悟;(6)追求明确但不唐突的价值判断;(7)追求具有理想高度的思想引领;(8)追求好看与耐读的文字表述。

文章是基于笔者的评论实践经验,系统梳理和论述音乐评论的一些重要的方法论问题,并提出八项追求作为音乐评论从业者的内在努力目标,摘要中对这些问题的研究都指示性地作了说明,即:(1)追求严谨和踏实的音乐学数据;(2)追求清晰和懂行的风格路线观察;(3)追求饱满和丰沛的人文关怀;(4)追求适度但地道的技术描述;(5)追求鲜活而生动的个人感悟;(6)追求明确但不唐突的价值判断;(7)追求具有理想高度的思想引领;(8)追求好看与耐读的文字表述。

如题为《论金代流人对黑龙江艺术文化的影响》[2]一文的摘要为:

---

[1] 杨燕迪:《音乐评论家的"内功"修炼——论八项追求》,《音乐创作》2022年第4期。
[2] 马楠:《论金代流人对黑龙江艺术文化的影响》,《民族艺术研究》2021年第6期。

第四章 摘要的写作

  黑龙江地区金代流人的艺术文化是极具历史意义和区域特色的边疆文化。金代以前黑龙江的主体艺术文化由肃慎、秽貊和东胡三大族系文化构成,金代流人带动中原文化艺术集中流入黑龙江,取得的主要艺术成就体现在表演艺术、造型艺术、文学艺术等方面,并且金代流人在宫廷礼乐、儒学兴教、匠作工艺三个层面推动了黑龙江艺术发展。通过研究发现,金代流人不仅加快了金代艺术文化汉化发展的速度,提升了金代艺术文化的整体层次,更推动了黑龙江地区宋金以来艺术文化发展的总体进程。

文章是对黑龙江地区金代流人的艺术文化发展的总体进程进行了研究,得出的结论是:金代流人不仅加快了金代艺术文化汉化发展的速度,提升了金代艺术文化的整体层次,更推动了黑龙江地区宋金以来艺术文化发展的总体进程。

如题为《汉代琴乐繁荣的社会文化因素》[1]一文的摘要为:

  汉代琴乐繁荣与尚乐风气、乐舞转型、儒家统一思想,及琴本身所具备的社会功用等社会文化因素紧密关联。在汉代崇尚的礼乐和娱乐两种观念,也集中体现在琴乐实践及琴论上,其中,儒家的礼乐观为外在形式,而以俗以悲为美的道家娱乐为实践主体;这也高度契合了汉代以俗为美的乐舞转型需要和儒家统一思想的要求;汉琴融乐教、礼教和娱乐等为一体,助力了其在汉代社会的繁荣发展。

文章对汉代琴乐繁荣的社会文化因素进行了研究。摘要部分从尚乐风气、乐舞转型、儒家统一思想及琴本身所具备的社会功用等社会文化因素问题进行论述。

如题为《汉画艺术中的鼗鼓舞形象》[2]一文的摘要为:

  汉画中的鼗鼓舞形象主要出土于南阳、山东等地;其形象特征有

---

[1] 季伟:《汉代琴乐繁荣的社会文化因素》,《交响(西安音乐学院学报)》2020年第3期。
[2] 季伟:《汉画艺术中的鼗鼓舞形象》,《北京舞蹈学院学报》2016年第5期。

常人类、精干类、滑稽类和女性类；表现形式有双手播鼗站立而舞、播鼗吹箫跽坐而舞、播鼗持箫而舞、播鼗耍坛而舞、群舞等；汉画中的鼗鼓舞与建鼓舞具有渊源近，声相映舞成辉，性相近、礼仪强的特点；与巾舞盘鼓舞有世俗礼俗特征明显，华丽激越端庄幽默一体的特征；与倒立舞的合作呈现出动与静、力与美的特点。

文章研究的是汉画艺术中的鼗鼓舞形象，从形象特征、表现形式、汉画中的鼗鼓舞与建鼓舞的关系，与巾舞盘鼓舞、与倒立舞的合作效果等进行了阐述。

如题为《既问苍生也问神鬼——打击乐音响的人类学解读》[①]一文的摘要为：

> 按照中国民间分类，世界分为三层，一是世界，二是神界，三是冥界。三重世界反映了民间对"客观文化空间"和"想象文化空间"的建构。沃尔夫（Athur P. Wolf）、王斯福（Stephen Frucht wang）等西方汉学家梳理了中国民间信仰中的"神、祖先、鬼"系统，这不但启发了我们对于民间鬼神系统的认知，也启发了我们对响器使用功能的认知。响器被局内人认为是最能发挥仪式功能的法器——震慑鬼魅，驱除恐惧。这类在中国人的生活中发挥出巨大功能的"噪音"，已非物理意义上的存在，而是文化意义上的存在。

文章研究的是响器使用功能，探索运河的再认知。响器被局内人认为是最能发挥仪式功能的法器——震慑鬼魅，驱除恐惧。这类在中国人的生活中发挥出巨大功能的"噪音"，已非物理意义上的存在，而是文化意义上的存在。

三、报道指示性摘要

在实际的写作中，纯粹的报道性摘要和纯粹的指示性摘要并不多见，而常见的是二者的结合，即报道指示性摘要。这种摘要兼有报道性摘要与指示性摘要的特点，介乎二者之间。报道性部分阐述价值最高的内容，报道价值不高的部分作成指示性摘要。以300—400字为宜。

---

① 张振涛：《既问苍生也问神鬼——打击乐音响的人类学解读》，《中国音乐》2019年第2期。

第四章　摘要的写作

如题为《2021 艺术理论：致敬历史、立足当下》①一文的摘要为：

2021 年艺术理论热点可以从三个层面来观察：在国家层面，党和国家领导人多次发表关于文艺工作的重要论述，为文艺发展提供宏观指导与根本遵循；2021 年是中国共产党成立 100 周年，回顾总结百年来党领导文艺的宝贵经验、人民进行文艺创造的辉煌业绩成为学术研究的重要内容。在社会与时代层面，我国取得了抗击新冠疫情的阶段性胜利，但疫情时而反复，同时互联网、人工智能等科学技术的发展也为艺术领域带来了新机遇与新问题，基于此，中国艺术学界从关注当代艺术、探讨艺术与科技的关系等多方面推进艺术理论研究。在学科层面，2021 年是中国艺术学科升为学科门类的十周年，也是艺术学理论成为一级学科的十周年，中国特色的艺术学科体系已初具规模，艺术理论研究热点频现，理论批评硕果累累，呈现出繁荣发展的崭新局面。

摘要的前面阐明 2021 年艺术理论热点可以从三个层面来观察。接下来简要从三个方面概述。

如题为《图像与音乐史研究之关系——以〈点石斋画报〉晚清音乐生活场景为例》②一文的摘要为：

《点石斋画报》是晚清最具影响力的画报，其大量音乐图像不仅生动展现了民间器乐、歌舞、戏曲、曲艺等晚清中国音乐文化，还涉及军乐、钢琴、小提琴、机械乐器等外国音乐文化，体现了礼乐变化、西乐东渐等晚清音乐文化的历史转型。但是，视觉音乐图像不能简单等同于真实的音乐历史，音乐史研究一定要结合其他材料，来做音乐史实的最终定性。

摘要中简要交代了《点石斋画报》是晚清最具影响力的画报，视觉音乐图

---

① 李心峰、张新科：《2021 艺术理论：致敬历史、立足当下》，《中国文艺评论》2022 年第 3 期。
② 李俊、田可文：《图像与音乐史研究之关系——以〈点石斋画报〉晚清音乐生活场景为例》，《黄钟》2020 年第 2 期。

像不能简单等同于真实的音乐历史,音乐史研究一定要结合其他材料,来做音乐史实的最终定性。

如题为《音乐图像学之"乐""图"互证研究——评李荣有〈中国音乐图像学概论〉》①一文的摘要为:

> 用图像记录音乐,是音乐图像学发展的初衷。李荣有的《中国音乐图像学概论》是艺术实证学的研究成果,该书从学问角度入手,提出音乐图像学是具有考古、田野性质的艺术研究方法。文章从音乐图像学的划界、研究对象、研究方法三个方面展开论述,为音乐图像学的"乐""图"互证研究提供了参考。

摘要中简要述及了李荣有的《中国音乐图像学概论》是艺术实证学的研究成果,该书从学问角度入手,提出音乐图像学是具有考古、田野性质的艺术研究方法。

如题为《乐·图·文历史性对话——中国音乐图像学会第四届年会暨中国艺术学理论学会首届艺术史研讨会综述》②一文的摘要为:

> 2018年4月,中国音乐图像学会第四届年会暨中国艺术学理论学会首届艺术史研讨会在四川宜宾学院召开。此次会议的主题是"乐·图·文历史性对话",它所体现和彰显的是"乐·图·文"三足鼎立与交融互汇的中国独特文化传统。相关议题分别为:"乐·图·文互证"的乐舞史与艺术史方法论阐释、乐舞史与艺术史个案研究、区域乐舞文化与艺术文化记忆研究等,与会者分别从中国古代乐舞史和艺术史的不同视域分享了最新研究成果。此种类型的研讨会在国内学界尚属首次,必将在音乐图像学与艺术音乐学学科建设、学理建构、学术探讨与实践等方面产生积极影响。

如题为《谈音乐图像学与音乐考古学的关系及研究对象》③一文的摘

---

① 岳亚:《音乐图像学之"乐""图"互证研究——评李荣有〈中国音乐图像学概论〉》,《出版广角》2020年第5期。
② 丁同俊:《乐·图·文历史性对话——中国音乐图像学会第四届年会暨中国艺术学理论学会首届艺术史研讨会综述》,《中国音乐》2019年第1期。
③ 刘勇:《谈音乐图像学与音乐考古学的关系及研究对象》,《音乐研究》2018年第6期。

要为：

> 虽然音乐图像研究在我国有比较长的历史,但"音乐图像学"在中国的开展只是近三十多年的事情。这有点像中国的传统音乐研究和民族音乐学的关系：工作我们也做了(尽管不完全相同),但是没有建立学科。一般认为,民族音乐学的正式传入以1980年的"全国民族音乐学学术讨论会"为标志,而音乐图像学的传入则以1985年德国学者维尔纳·巴赫曼(Werner Bachmann)的来访为标志。1990年的《中国音乐年鉴》,载有牛龙菲撰写的《音乐图像学在中国》一文,对当时已经出现的音乐图像学研究成果做了综述,回顾了从20世纪30年代的初步探索到80年代初具规模并且成果频出的历程,讲到了从50年代冯汉骥、阴法鲁、马承源等人到"文革"后的牛龙菲、萧兴华、霍旭初、叶栋、郑汝中、庄壮、袁荃猷等人及其成果,并强调了20世纪80年代的转折。"2001年卷"又载有陈欣撰写的《1990—2000年音乐图像学研究综述》,接续上述"牛文"的时段,对音乐图像学的研究对象和方法作了简要论述,并介绍了郭晓川、王子初、方建军、辛晓峰、李玫、庄壮、林济庄等人的成果。二文中提到的人物,可以说是中国的音乐图像学的先驱,这些文章自然就是这个领域最早的一批成果。2000年以后,也陆续有成果问世。也就是说,图像研究在我国是有历史、有传统并且成果丰硕的,这与我国拥有丰富的图像资料有直接关系。

思考题

1. 摘要与提要有何不同？
2. 摘要的写作要素有哪些？
3. 摘要主要分为哪几种类型？各有什么特点？
4. 选择几种影响较大的刊物,阅读写作规范的摘要,较好地掌握摘要的写作技巧。

第五章　关键词的写作

关键词是为了文献标引工作从报告、论文中选取出来用以表示全文主题内容信息款目的单词或术语①。关键词是论文主题的高度概括,能够揭示论文的主要内容,单独标写在摘要之后、正文之前,位置醒目,能鲜明而直观地表达文献论述或表达的主题,使读者在未看摘要和正文之前便能对论文的主题一目了然,从而作出是否要继续阅读正文的判断,可以称之为摘要的摘要。在信息飞速发展的今天,关键词提供了快速检索文献的途径,成为当前互联网上最主要的检索语言,为学术期刊和文献检索工作普遍采用。因而有必要对如何规范写作关键词进行深入了解。

第一节　关键词写作中常见的错误

在实际的写作中,有很多作者对关键词不够重视,或了解不多,致使写作比较随意,所用词语不能准确地反映文章的主要内容,起不到应有的作用。

一、词性的误用

关键词主要选择名词、动名词和名词化的词组。冠词、介词、连词、助动词、某些形容词不能用为关键词,形容词只有在它们构成名词性词组时才能用为关键词,动词只有在它们名词化或的确对表达文献主题具有检索意义时才被选作关键词。

关键词的来源有叙词和自由词两大类。叙词,又称主题词,是从自然语言中精选出来,经过规范化处理以后,能与概念一一对应的受控词汇,它最大的好处是能够排除自然语言中一词多义、多词一义以及词义含糊的现象,能够合理、完整、准确地表达论文的主题内容。为了建立全国统一的联机情报检索网络,1975年,中国情报所、北京图书馆、国防科工委情报所、电子科技情报所、六

---

① 国家标准 GB/T7713-1987,科学技术报告、学位论文和学术论文的编写格式。

二八所、机械科技情报所等单位组建全国1048个单位7519人参加的《汉语主题词表》研究编辑工作,于1980年正式出版。该表分为社会科学、自然科学和附表3卷,共10个分册,共收录主题词108 568个,在写关键词时最好参考这一成果。

自由词是不受主题词表限制的,直接从文章题名、摘要、层次标题或文章内容中挑选出来,能够简练明确地反映文章研究主题,是汉语主题词表中的上位词、下位词、替代词等非正式主题词和词表中找不到的词。

在关键词的写作中应尽可能使用叙词,无法用叙词的部分则要根据文章的内容灵活提取反映主题的自由词。

二、数量不规范

有的作者认为关键词越多越能表达出写作主题,一篇论文提供的关键词有十几个之多。也有的作者认为关键词越精越好,于是只选一两个关键词。

关键词的过多或过少,都会影响论文主题的表现。通过关键词,一般可以看出文章的主题。如果关键词数量太少,就会难以准确、全面地提示主题内容;如果太多,提示文献主题就越深、越详细,但所反映的问题的范围也就更为宽泛,不能准确地反映主题内容。

根据 GB/T7713-1987,关键词的选用为3—8个。作者在选取关键词时,应在文献的检全率与检准率之间达到某种平衡,既要把文献定位于某种特定的类别,又要充分揭示文献的主题,一般可考虑选取3—5个最能概括文章主题的词语。

三、遗漏关键词

作者是文章的创作者,在对主题进行分析的基础上,总结出所论述的主要内容,并将其概括为若干个主题概念,然后将主题概念转化为一组"关键词"这一检索标志,便于读者对文章内容的判断。很多研究者是在标题和摘要中挑选关键词,而有些论文题目并不能反映关键的主题信息,如果从中选择的话就会漏掉最主要的成分。

四、误用泛义词

关键词是用来反映文章研究核心主题的词汇,但很多作者在选词不够的

情况下,将表示论文研究重点、属性、性质的词语拿来当作关键词,这些词多来源于题目中的最后几个词。最常见的有:

论述、探讨、简介、性质、特色、巨大、价值、问题、方法、启示、意义、研究、分析、影响、措施、对策、现象、差异、原则、一般规律、历史趋势、客观意义、指导思想,等等。

这些词语在任何研究领域、任何不同问题上都可以使用,缺乏特指,失去了关键词的价值,对检索没有多大意义。

关键词可以选择表示时间的名词,如"秦汉""明代"等具体表述某个时间段的词,可以将文章定义为对这个特定的时间段内某一历史问题的研究。但切忌使用宽泛的时间概念,如:

古代、现代、远古时期、新中国成立后、新时期、历史时期、改革时期、19世纪、1912年后,等等。

上述词语界定的时间太宽,用在文章正文的写作中本无可厚非,但用作关键词,则无太大的实际意义。

五、关键词的其他误写

有的作者为了在写作时表述准确,将关键词写成了关键句,如有一篇题名为《论建国初期的土地政策》的文章,关键词为:"建国初期的土地政策;农民;土地;耕者有其田"。第一个关键词"建国初期的土地政策"确切地说应该是个关键句。其实,此篇文章的关键词应该改为:"建国初期;土地政策;耕者有其田"。

有一些固定的历史称谓,是不能再进行拆分的。如"十月革命",就不能再拆分为"十月"和"革命"。类似的还有"七七事变""八一起义""双十二事变"等。

此外,在论文写作中还应注意因时代的变化和人们语言习惯的变化而引起的词义改变或语义更新。如"入世"在古代就经常用作儒家思想的"入世哲学",这与佛教的"出世"相对应。而现在又被用作"加入世界贸易组织"的简称而出现在大量的文章中。

第二节 关键词的标引方法

关键词的标引,就是指从论文的题名、正文等内容中,抽取反映全文主题概念的词语,在一篇文章中最好选取3—8个关键词,最多不超过11个,关键词的标引方法主要有:

一、确定文章的主题

主题是文献所具体论述与研究的对象或问题。[①] 选取关键词时,首先应界定论文所研究的主要对象。根据文章的中心内容和研究的对象,分析文献是单一主题还是多个主题。经过主题分析确定了主题概念后,还要对它作进一步的分解,从中找出最能表达主题内容针对性强、最具检索意义的词作为主题信息词。特别注意在主体信息中表达作者的新观点、新方法、新成果,尤其是对一些不常为音乐学工作者所重视的研究对象,尽可能要将其选为关键词。

如题为《气势震寰宇 歌声穿云霄——中国空军抗战歌曲回顾与研究》[②]一文的摘要为:

> 中国空军曾在抗日战争中奋勇杀敌、誓死报国,展现了非凡的抗战气魄与民族精神,为中国抗战的胜利乃至世界反法西斯战争的胜利都作出了卓越贡献,而中国空军抗战歌曲在特殊的历史时期也是层出不穷、声势浩荡,形象地反映了中国空军的伟大形象。文章回顾与分析不同类型与风格的中国空军抗战歌曲,进而阐述其重大影响与历史意义。

通过对标题和摘要的分析可知这篇文章的主题为"中国空军抗战歌曲回顾与研究",因此可以选用"抗战"作为关键词。读完摘要,又了解到,2015年是中国抗日战争暨世界反法西斯战争胜利70周年,在这样一个历史节点,我们缅怀先烈,铭记历史,珍视和平,全国上下开展了一系列活动来纪念这一伟

---

① 国家标准 GB/T3860-1995,文献叙词标引规则。
② 宋一平:《气势震寰宇 歌声穿云霄——中国空军抗战歌曲回顾与研究》,《星海音乐学院学报》2017年第1期。

大胜利,音乐界也曾先后多次举办抗战专题音乐会并出版了多部抗战歌集,但笔者发现在众多纪念抗战的相关音乐活动中,人们很少关注到中国的空军抗战歌曲这一领域。经过对相关材料的查阅与考证后,发现在新中国成立前大部分的抗战歌集中都包含中国空军抗战歌曲,而在解放后的抗战歌集中却很少出现。

出现这种现象,可能是由于在抗战中的中国空军曾隶属国民政府军,而新中国成立以后国内的政治环境复杂多变,先后经历了"反右""文革"等重大政治历史事件,令人们对空军抗战歌曲这一领域的关注也有所淡化。如今,在中国抗战胜利70周年之际,我们缅怀抗战先烈、重唱抗战歌曲的同时,笔者认为应该让这些被历史所淹没的空军抗战歌曲重见天日,被人们了解与认可。

二、找出与主题相关的信息

确定了文章的主题之后,顺藤摸瓜,在文章中找出论述较多的与主题相关的内容,提取出次要关键词。与主题相关的信息,可能与主题是影响与被影响关系,也可能是因果关系,总之与主题词紧紧相联,密不可分。

如题为《郑樵:中国音乐图像研究不该忘记的人》[①]一文的摘要为:

> 郑樵是南宋初年一位十分重要的布衣文人,他的创新精神和务实的学术理念在中国古代学术史上可谓独树一帜,留给后人无尽的财富。纵观古今,人们从没有停止过对郑樵的研究,尤其是20世纪以来,对郑樵的研究更成为了"新音乐学体系中的样板"。在中国音乐图像史上郑樵是一个绕不开的人物,但是至今还没有专文探讨这一课题。文章通过对郑樵《图谱略》和《金石略》中的音乐图像与器物的记载,以及对其图谱学思想理论的分析,进而探讨郑樵在中国音乐图像史上的地位与影响。

文章的主题是研究郑樵与中国音乐图像的密切联系,在中国音乐图像史上郑樵是一个绕不开的人物,但是至今还没有专文探讨这一课题。

---

① 丁同俊:《郑樵:中国音乐图像研究不该忘记的人》,《交响》2018年第2期。

如题为:《基于教育视角的川渝地区民族音乐文化传承与创新》①一文的摘要为:

> 民族音乐是我国的艺术瑰宝,流传历史悠久、内容丰富多彩、表现形式多元化是民族音乐的显著特点。但在传统音乐的发展中,随着全球经济化的发展,我国传统民族音乐备受外来音乐的影响而越来越不被重视,尤其以年轻人更甚。本文以川渝地区民族音乐文化为例,分析在教育视角下传统音乐文化在传承过程中出现的问题,并对此提出关于川渝地区民族音乐文化的传承和创新建议,以期为中国传统音乐文化的传承与创新提供一些理论依据。

文章的主题是研究"川渝地区民族音乐文化传承与创新",可以摘出两个关键词,"川渝地区","民族音乐",与主题相联系的是"教育视角"。作者所给出的关键词为:"教育视角;川渝地区;民族音乐;传承与创新"。

在分析主题时还要注意对文献虽有详细论述但无检索价值的内容,如众所周知的知识点和回溯性的内容不应提取为关键词。对没有进行的研究、研究对象不具有的性质或作用、被比较的内容也不应提取为关键词。

选择关键词,贵在选全、选准。选全,就是选取的关键词有能够覆盖论文的主题内容。一般来说,单主题论文的关键词数量可能少一些,多主题论文则应多些。选准,就是要选择历史专业词汇作为关键词,不用口语化和容易产生歧义的词汇。

三、对关键词各条目进行排序

选出一组关键词是写好关键词的基础,选择完成后还应在各条目之间进行一定的排序,以便反映出词与词之间的逻辑关系,更清晰、深入地反映文献主题。因为即使选准、选全了关键词,如果词序颠倒或层次不清,往往会引起逻辑混乱,对准确理解文章造成影响。一般而言,学术论文关键词的标引顺序应为研究的目的、研究的类别、研究的方法和研究的结果。因为历史学科的学

---

① 朱玉洁、赵彬:《基于教育视角的川渝地区民族音乐文化传承与创新》,《四川戏剧》2022年第4期。

科特征,很多情况下标引为时间界定(如"唐朝")、研究对象(如"科举")、研究结论、其他相关词汇。

如题为《历史分期与音乐断代史研究——〈近现代武汉的音乐生活〉撰写的前提思考》①一文的摘要为:

> 中国近现代史分期是历史研究中的重要话题。音乐史著作(尤其是断代史)的撰写,首先就是要界定著作历史叙事的时间方位。中国近现代音乐史(包括地域音乐史)更是需要我们认识"近代""现代"与"当代"的时间断代划分。除此以外,地域音乐史研究更依赖对地域音乐材料的发掘、整理与利用,也离不开对这些材料的理性认识。

通过文章的标题就可以得知,文章主题是"断代史",时间是"近现代时期",地点是"武汉"。看完摘要,就知道文章论述的是近现代时期武汉地区在音乐生活方面的相关问题的思考与研究。

如题为《从延安到哈尔滨的红色之路——纪念红军革命音乐家沙青先生》②一文的摘要为:

> 2012年正值《延安文艺座谈讲话》发表70周年和第31届"哈尔滨之夏"音乐会之际,而这两件事都与一位黑土地上的红军音乐家有着很大的关联,他就是沙青先生。文章在材料的基础上着重介绍了沙青在各个时期的主要贡献和艺术成就,讲述了他从延安一直到哈尔滨的艺术之路。

本文在对纪念红军革命音乐家沙青先生的研究基础上指出,值此毛泽东同志《在延安文艺座谈会上的讲话》发表70周年和第31届"哈尔滨之夏"音乐会的举行之际。在这里,让我们不免再一次想起了刚刚离开我们的音乐家沙

---

① 田可文:《历史分期与音乐断代史研究——〈近现代武汉的音乐生活〉撰写的前提思考》,《中国音乐》2021年第6期。
② 宋一平:《从延安到哈尔滨的红色之路——纪念红军革命音乐家沙青先生》,《星海音乐学院学报》2012年第4期。

青先生,他从延安一路走来,并按照"讲话"的指示和精神砥砺前行。从红色的延安一直到现今的音乐之城哈尔滨,沙青先生所走的每一步都深深地印在了共和国的土地上,祖国将永远记住他、哈尔滨的人民更会永远记住他,他为我国音乐文艺事业所作出的贡献也将铭记人心、永载史册。

思考题

1. 撰写关键词应注意哪些问题?
2. 关键词应从哪些方面提取?
4. 找出几篇公开发表的论文,评析其关键词写作是否规范。

第六章　引言的写作

引言又称前言、序言、绪论或概论,是论文的开端,位于文章的开头,其目的是向读者说明文章研究的缘起、重点和创新之处,重在使读者了解研究的背景,产生继续阅读的兴趣。好的引言能够简明扼要地引出研究对象,起到提纲挈领的作用,但有些论文并没有注意到这一点,或是过多地介绍与研究对象相关的背景知识,或是加上过多的自我评价,夸大其研究的重要性,错误层出。因此,在引言中如何用最少的文字反映最全面的问题,是写作的关键。

第一节　引言写作中存在的主要问题

引言不像摘要和关键词那样位置明显且写法独特,即使是初学者也会注意到,能够照猫画虎地写作。很多学生写完了一篇论文,也不知道引言在什么地方,其写作效果自然可想而知。引言是文章的开头部分,如果有小标题,一般是第一个小标题之前的部分,如果没有小标题,一般是文章开头的前一二段。

有些同学也注意到引言部分的存在,但并不知道引言部分应该怎样写,经常可以看到的案例就是摘要、引言、结论为相同的语句,只是从不同的侧面换一种说法表述,现就引言写作中常见的问题作分析说明。

一、没有引言或引言过短

没有引言的文章常见于短篇的论文中,在标题之后,就直接是层次标题,中间缺少引言部分。这时读者就不明白文章写作的相关背景,论文的结构显得不完整。引言重在引出前人已有的研究成果,抓住前人没有解决的问题,提出作者所要解决的问题(这也就是文章的创新之点),也可以加入作者的研究思路与主要研究方法。没有引言,读者就不会了解到前人已有的研究成果,文章内容的展开就会显得突兀和生硬,行文因缺乏过渡而不够流畅。

有的文章虽有引言,但是引言过于简短,没有交代清楚一些必要的问题,甚至对第一次出现的专有名词都未作任何解释,让读者不知所云。由于没有对文章主题作出必要的说明,引言也就失去了其应有的价值。

二、引言过长

引言过长表现为篇幅冗长,洋洋洒洒数千言,并未触及核心问题,内容过于庞杂,把许多本应该放在正文或结论部分的内容放到了引言里。阅读这样的引言浪费了读者大量的时间,因为重点不突出,对主要问题很难把握,给人以重复多余的感觉。

论文写作,最重要的是要明白文章写给谁看。很多作者在写文章的时候过多地介绍专业基本知识,但学术论文并不是科普读物,其读者不是中小学生,而是业内人士交流学术观点之用,因此根本没有必要在引言里介绍专业人士所共知的基础知识,这在引言写作中尤其要注意。

三、已有研究成果缺失

有的文章,明明前人对这一问题已有很多的研究,但写作中并没有列出相关的成果,只是就自己的观点展开论述,这样就难以反映作者吸收和利用的已有成果,把握最新学术前沿的能力,难以让读者认同作者研究的深度与广度,不能体现出本研究与前人的不同与创新之处。

研究成果缺失是针对研究对象已有成果,文章的作者并没有将之写出来的现象而言的。但如果研究是首创性的,前人很少涉猎或根本没有研究到,或即使有所研究但不成系统,可以在引言中不加参考文献,但最好在引言中对此加以说明。

四、加入夸大评论

引言是为了引导读者阅读文章,但有的作者却为了引导读者继续阅读下去,采用夸张的修辞手法,来博取读者对文章的认可。学术论文贵在真实,应避免使用"从未见过报道""前人没有研究过""填补了一项学术空白""达到了国内外先进水平"等炫耀性的词语。学术论文贵在客观真实地阐述某一研究对象,切忌过分地夸大研究对象的作用。不仅仅是在引言中,正文中也完全没有必要过分夸大。

最常见的是在一些书评型的文章中,为了引起读者的注意,能使读者接受其所评价的书目,有些作者过分地夸大该书的作用。如果对所评之作过分地夸大,反倒影响文章的质量和读者对所评之作的看法。

五、引言不规范

引言不规范主要表现为:引言的内容不恰当,把引言部分写成摘要或结论;引言的内容与正文关系不密切,长篇论述与正文无关的材料,把所研究的范围界定得过于宽泛等问题;更多的情形是作者在写引言时常常将论文采用的研究方法和所得出的结论以及摘要的内容几乎不变样地重复一遍。其实读者在看完摘要之后,已大致了解了论文的梗概,再无必要重复。

第二节　引言的内容

之所以在引言的写作中出现诸多的问题,就是因为作者对引言中究竟要写什么东西知之不多或知之不详。要明白引言中究竟写什么东西,首先要明确"为什么要引言"。引言所要解决的问题,就是"为什么要做这项研究"。要回答这个问题,就要说明作者所做研究的价值,首先是当前研究中的不足之处,然后在不足中找到自己的切入点,运用适当的方法解决这一问题,再对自己所取得的成果作以分析。具体地说,一篇完整的引言应包括以下几个方面:

一、研究的背景

研究的背景包括研究对象的基本特征,前人对这一问题做过哪些工作以及在已有研究中存在的不足,自己的研究是站在一个什么样的起点上。由此得出写作本篇论文的目的和理由,即希望解决什么问题。

如题为《中国音乐史学研究中的"点—线—面"问题的思考》[①]一文的引言部分对背景知识的陈述为:

> 中国音乐史学是一门正在建设中的学科,不仅因为其年轻而尚未完善,而且也更由于其本身的复杂性带给我们很多需要思考的问题。作者指出,从学科整体的宏观角度来看,中国音乐史学有三个层

---

① 洛秦:《中国音乐史学研究中的"点—线—面"问题的思考》,《中国音乐》2022年第2期。

第六章　引言的写作

面的问题值得思考,即:一个关键"点"——"音乐"观念及其属性的理解;一条重要的"线"——断代分期及学科的"一统性";多个层级的"面"——与相关各种学科领域的关系。文章围绕上述三个方面问题展开讨论。

如题为《民族音乐学作用于历史研究的理论思考和实践尝试》①一文的引言部分对背景知识的陈述为:

> 在查理斯·利基的《人类的起源》(Origin of Humankind)一书中读到这样一段文字:
>> 每一个人类学家都梦想能发掘出人类远古祖先的一副完整的骨架。可是,对我们大多数人来说,这个梦想还没有实现。死亡、掩埋和石化等变幻莫测的因素导致了人类史前时代记录的贫乏和破碎。离体的牙齿、单块的骨骼、破碎的头骨片成了重建人类史前时代故事的主要线索。尽管这些线索的不完整使人灰心丧气,但是我并不否认它们的重要性。如果没有这些线索,我们就无法叙述人类史前时代的故事了。

> 这段文字给了我不少启示。人类起源研究的情况是这样,人类社会历史的研究不也是这样?!
> 音乐历史的研究也是如此。音乐历史学家都希望能再现过去音乐历史的完整面貌。可是,对我们来说,这只是个梦想。许许多多的因素导致了许多人类音乐历史记录的贫乏、破碎和消失。就像人类学家那样,这些"离体的牙齿、单块的骨骼、破碎的头骨片"成了努力重建(而不是恢复)人类音乐历史的主要线索。尽管这些线索并不完整,但它们是那么重要。因为没有这些,我们就无法叙述人类音乐过去的故事。

如题为《音乐人类学的中国实践与经验的反思和发展构想》②一文的引言部分对背景知识的陈述为:

---

① 洛秦:《民族音乐学作用于历史研究的理论思考和实践尝试》,《中国音乐学》1999年第2期。
② 洛秦:《音乐人类学的中国实践与经验的反思和发展构想(下)》,《音乐艺术》2009年第2期。

文章第一部分：回溯和分析西方音乐人类学的发展，特别对20世纪晚期约20年学科发展繁盛多样的状况进行了归纳和梳理。第二部分：总结和反思音乐人类学的"中国实践"的经验，提出20世纪是中国传统音乐研究的转型期，体现为对反观中国音乐传统、历史梳理及民间素材的收集与创作、形态分析、文化认知几个阶段。其转型特征体现为从民族感情及政治倾向走向科学研究及国际化理性思考的学术研究和学科建设的过程，这些发展不是替代的转型，而是交替，或并置进行的，是思想发展、学科成熟的自然进程。第三部分：分析和总结音乐人类学在西方和中国发展中的经验，提出21世纪学科在中国的发展必须建立在以明确的学术理念为核心、优秀的人才团队为动力，以及良好的运行方式为保障的学科建设构架上，进行"中国实践"的深化和"中国经验"的探索。同时，介绍音乐人类学E-研究院及中国仪式音乐研究中心围绕"中国视野中的音乐人类学建设"为目标所提出的学科建设的构想。第四部分：通过对城市音乐人类学产生的背景及相关理论的阐释，总结并提出了上海城市音乐历史和文化研究的实践及其思考，试图以上海区域音乐研究作为"中国实践"的深化和"中国经验"探索的个案尝试。

如题为《琉球音乐史的高光时刻——1832年的上江户使团及其中国背影》[①]一文的引言对背景知识的陈述为：

1832年，琉球尚育王派出一个经萨摩藩出使日本首都的豪华使团，俗称"上江户"使团。该使团一行97人，其中45人为表演路次乐、御座乐的艺术人才。使团携带三十多种乐器，沿路表演了11支大型乐曲、10种琉戏和6种唐戏，其实质是向萨摩藩人和日本国人展示琉球国广泛吸纳中华文化而形成的高度文明。这次为期十个月的外交活动，乃是琉球王国音乐史的重要事件。其音乐结构反映了琉球国乐由简易礼乐到建立路次乐、御座乐，再到增加唐踊、琉踊的积累过程。其素材来源，则对应于中国音乐通过册封、移民、留学等途

---

① 王小盾：《琉球音乐史的高光时刻——1832年的上江户使团及其中国背影》，《音乐研究》2022年第1期。

径输入琉球的种种事项。分析其器、乐、工、衣诸细节,可以了解公元17—19世纪东亚各政权的复杂关系,以及古代东亚人以中国为中心的文化心理。

二、研究的方法

研究方法指在写作本篇文章中所采用的方法,如果是沿用已知的理论、原理和方法,只需要一笔带过或注明所依据的相关文献,如果使用了新的方法、新的概念和术语,则应加以定义或说明。

如题为《曲牌【小桃红】音乐研究》①一文的引言为:

> 学界目前对曲牌【小桃红】的研究主要在两个方面。一是对曲牌音乐的考释,如冯光钰在《中国曲牌考》中,对【小桃红】声乐曲牌和器乐曲牌之名称由来、历代著说及曲牌运用等进行了考释;杨玉芹《传统曲牌〈小桃红〉考释》一文,梳理了元明清时期对【小桃红】的辑录情况。二是对【小桃红】音乐形态的分析,如吴梅在《南北词简谱》中,对多个宫调系统中【小桃红】词牌的句式、句幅、用韵等进行了阐述;孔庆夫《论粤剧唱腔中的三支"异宗又一体"曲牌》一文,对粤剧唱腔中【小桃红】的词牌结构、词格特征进行了分析;邓淼的《浅析粤乐〈小桃红〉》一文,则是对广东音乐【小桃红】的追根溯源,并对其结构、旋律和调式等进行了论述。此外,袁静芳、孙玄龄等学者,在相关著作中均对【小桃红】有所提及,主要表现在曲牌的断代统计方面。总体看,学者们从"单乐种""单维度"的视角对【小桃红】进行了研究,本文在前人研究的基础上,以"接着讲"的思路,从体裁和历史双重维度,对【小桃红】的历史变迁、音乐形态和曲牌特征等进行分析。

如题为《江西目连戏音乐研究》②一文引言部分中对于"目连戏"专门解释的部分为:

---

① 傅利民:《曲牌【小桃红】音乐研究》,《音乐研究》2022年第1期。
② 傅利民:《江西目连戏音乐研究》,《云南艺术学院学报》2020年第2期。

目连戏被称为中国的"娘戏",主演目连救母的故事,起源于西晋《佛说盂兰盆经》,是一篇宣扬儒家孝道的经文。至唐代,目连救母的故事被僧人加以演绎而形成一种变文,北宋为在勾栏里演出的目连杂剧,南宋至元代演变为南戏目连戏。南戏目连戏由浙江传至邻省江西,后在江西赣东北一带发展成为弋阳腔目连戏,有人说弋阳腔是演目连戏起家的,说明弋阳腔的形成与南戏目连戏有直接的联系。弋阳腔被称为中国高腔的鼻祖,其高腔特色正是源于弋阳腔形成之前弋阳当地演出南戏目连戏的道士腔。因此研究目连戏对研究中国戏曲的形成与发展、剧本、音乐本体、戏剧与宗教、民俗生活等方面有重要的意义。研究江西目连戏对研究江西的戏曲发展史、声腔流派,特别是对厘清弋阳腔的形成与发展及其高腔特色与声腔流派有重要的学术价值。

如题为《我国音乐心理学的最新发展动态分析——基于中国心理学会音乐心理学专业委员会学术年会的思考》[①]一文的引言为:

主题为"音乐心理学的前沿研究和最新应用"的中国心理学会音乐心理专业委员会第二届学术年会在西南大学音乐学院隆重召开。来自中国科学院、北京师范大学、浙江大学、复旦大学、深圳大学、上海师范大学等高校与科研院所的专家学者参加了此次大会。与会者通过主旨报告、特邀报告、口头报告和展贴报告等形式针对我国音乐心理学的前沿问题与最新应用进行了研讨。本文试图对此次会议进行综述,从一个侧面反映出我国音乐心理学近年来的研究特点与发展趋势。

笔者认为跨学科合作研究应是未来音乐心理学发展的必然趋势。例如,通过与专业科研院所和医疗机构建立稳定的合作机制,提升音乐学领域研究者的实践研究经验与学术能力,从而发挥不同学科的特点和优势,推进音乐心理学的深入发展。但在这一过程中,心理学和医学等学科背景的研究者对音

---

① 宋蓓:《我国音乐心理学的最新发展动态分析——基于中国心理学会音乐心理学专业委员会学术年会的思考》,《人民音乐》2020年第5期。

乐领域知识的理解是否准确以及音乐领域的研究者对跨学科研究方法和技术的使用与要求是否清楚等问题都还需要进一步去思考和改善。此外,基于音乐艺术的特殊性,音乐心理学在实验设计方面要比心理学其他分支的研究要求更精细;而基于心理学研究科学性的要求,音乐心理学的研究方法要比音乐学其他门类更严谨、更科学。

三、研究的价值

任何研究都有其与前人不同的创新之处和自身潜在的学术价值。作者在写作时不能过分吹嘘自己文章的价值。说明价值时,在简明扼要的前提下应尽量具体陈述,这样方可引导在这方面有需求的读者仔细阅读文章,也会给读者综合把握文章一个完整的概念。

如题为《中国古琴铭刻研究》[①]一文在陈述其价值时写道:

> 之前未有系统的古琴铭刻文献整理成果。本选题以古琴铭刻文献整理为研究基础。整理包含两部分,其一,对传世古琴上的铭刻进行整理,以可靠的馆藏琴器为主,整理包括琴名、铭文、印章、腹款、递藏情况、现藏地等内容,完成《古琴铭刻图录》及《铭刻简表》。其二,对相关古琴铭刻文献进行整理。古琴铭刻的相关记载绝大部分散见于琴学及相关文献中,加以梳理并述其源流。如民国时期的《今虞琴刊》保留了近代宝贵的古琴铭刻相关资料,而清末民初杨宗稷《藏琴录》为所见唯一古琴铭刻专著,意义重大,予以详细论述。

如题为《阿多诺"艺术功能论"思想的时代意义》[②]一文在陈述其价值时写道:

> 阿多诺是西方马克思主义的重要代表人物,他在研究马克思主义理论方面有很深的造诣,而且在艺术美学的建构上有着独特的贡献。阿多诺自觉运用马克思、恩格斯关于生产力与生产关系等历史唯物主义基本原理来建构马克思主义音乐社会学,并在此基础上提

---

① 宋玉超:《中国古琴铭刻研究》,吉林大学博士论文,2021年。
② 马卫星、梁帅:《阿多诺"艺术功能论"思想的时代意义》,《艺术百家》2020年第1期。

出了对艺术功能论问题的思考,即对艺术无功能论的批判、对艺术娱乐功能的批判以及对艺术安慰功能的批判。本文以阿多诺1962年所著《音乐社会学导论》为研究文本,运用文本细读的方法,在吸收阿多诺《启蒙辩证法》和《否定辩证法》的哲学思想的基础上,较为全面地阐释阿多诺艺术功能论的思想内核,梳理阿多诺揭示20世纪上半叶垄断资本主义社会中有关艺术行为的"辩证思考",探讨阿多诺艺术功能论思想对当代中国艺术学理论研究的学术意义。

如题为《阿多诺艺术哲学思想范畴研究》[1]一文在陈述其价值时写道:

  第一,从学科角度来说,艺术学理论自2011年独立出来,它本身是一个年轻的一级学科。在近些年的发展中,出现了很多不同的声音,尤其对于二级学科的设置,艺术哲学一直处于哲学门类之下,艺术学理论几乎很少有艺术哲学的学科设置或者是研究方向。对于从各门类艺术中选拔而来的艺术哲学专业研生来说,其哲学基础之薄弱所带来的研究的困难,是可以想象得到的。本文研究阿多诺艺术哲学思想,即是为艺术学理论的二级学科设置或者是研究方向做一些探索性的工作。

  第二,研究阿多诺思想的学术意义,是本文的重点。西方马克思主义是20世纪诞生于欧美国家的、研究马克思思想的流派,其中,德国法兰克福学派以社会批判理论著称,并迅速成为"西马"中重要的一个流派。法兰克福学派第一代领导人阿多诺(Theodor Wiesengrund Adorno,1903-1969)以社会批判理论闻名于世,由于他本人具有德国古典哲学基础,又擅长艺术批评,加上言辞犀利、字字珠玑,在20世纪早期获得了不少拥护者。随着1968年,席卷欧美国家的"学生运动",让阿多诺的理论逐渐冷却下来。我国于改革开放之后,开始引进阿多诺的哲学、美学以及艺术批评方面的学术著作,在四十余年中,形成了一些阿多诺学术研究"热点"。虽然与阿多诺相关的学术研究文献日益增多,但很少有范畴研究,大部分是相关思想方面的研

---

[1] 岳亚:《阿多诺艺术哲学思想范畴研究》,哈尔滨音乐学院博士论文,2021年。

究。本论文试图从范畴研究入手,概括阿多诺艺术哲学思想的几个关键词,试图解除阿多诺艺术思想的"谜语"特质。传统美学认为,艺术是美的集中体现,但自康德之后,美就不再抽象了。康德说,美是一种引起普遍性快感的对象。普遍性又是一种抽象的概念,康德又不允许我们在审美的时候借助知性范畴去研究美。但我们的思维又是逻辑的,纯粹用感性思考理性逻辑似乎又存在矛盾,当黑格尔说"美是理念的感性显现时",艺术和美之间又形成了新的关系。因此,黑格尔又提出,有艺术才是美的,那些自然美如果没有艺术美做参照的话,都是没有美与不美的意义的。

如题为《华北平原上的宗族结社——雄县开口村音乐会社考察报告》[①]一文在陈述其价值时写道:

> 自20世纪初刘天华、杨荫浏、曹安和等学者首次对冀中管乐进行挖掘、整理、研究以来,20世纪80年代由薛艺兵、吴奔、乔建中、张振涛、林敬和、张伯瑜、项阳等学者再次掀起的冀中音乐会研究热潮吸引着越来越多的学者加入到这一区域性音乐现象的研究队伍中。
>
> 由齐易所带领的京津冀联合学者团从2015年开始陆续对河北雄县、安新县、荣新县等县域内的非物质文化遗产项目进行普查工作,考察区域涵盖以往学界关注区域。此次调查工作是在前人研究基础上的一次再调查。通过调查,我们对个别村落音乐会生存的自然环境、社会功能、文化内涵、生存状态以及音乐本体等方面有了更直观的了解,一些情况与十几年前有着明显变化,而一些情况还依然延续着过去的传统。正如梅里亚姆所言:"变化是人类经验里的一个恒定的因素",对同一个乐社再访的目的,除了希望能够在原有调查基础上发现一些新材料,更为重要的意义恐怕在于通过这些变化和固守的音乐现象深入探讨这个地区音乐会社所发生的变迁现象。

---

① 陈瑜:《华北平原上的宗族结社——雄县开口村音乐会社考察报告》,《人民音乐》2019年第1期。

四、适度的谦语

对一些新的、有争议的问题,或是目前研究还不成熟的问题,在引言的末尾可以加上自谦语,这样可以看出作者态度的诚恳。

如题为《略论当下音乐创作转向的趋势》①一文的引言结尾为:

> 随着东西方音乐文化交流的不断深入,中国艺术界经历了从"向西方乞灵"到重新审视自我的漫长历程,同时,新的艺术观念不断更新,艺术各领域原有的壁垒正在不断被打破与重构。音乐创作领域也发生了深刻的变化,在传统与现代、中西两极之间正形成多层次、多类型、多风格的发展活力的多元格局。这种艺术发展趋势的背后隐藏着中国文化自我觉醒、自我反省和自我创建的蜕变过程。正如费孝通所言,"文化自觉是一个艰巨的过程,首先要认识自己的文化,理解所接触到的多种文化,才有条件在这个已经形成的多元文化的世界里确立自己的位置,经过自主的适应,和其他文化一起,取长补短,共同建立一个有共同认可的基础秩序和一套各种文化能和平共处、各舒所长,联手发展的共处守则。"中国音乐创作在国际上究竟处于何种位置,能够为世界多元文化提供何种经验和价值?这需要作曲家对中国音乐传统的深层内涵、传统与现代、中西文化关系等问题进行更加深入思考和认知。

如题为《"新马克思主义"理论批判的艺术学思考——法兰克福学派对艺术消费异化现实批判的新视域》②一文的引言结尾为:

> 尽管法兰克福学派理论保留其无限否定的思维方式,在美学和艺术问题上有倒向审美乌托邦的倾向,但结合现实,法兰克福学派的批判精神仍然散发着耀眼的光芒。我们依此在艺术消费活动中不断实现对于人性的深切关怀、对于审美精神实践的规范、引领与升华,

---

① 陈瑜:《略论当下音乐创作转向的趋势》,《中国文艺评论》2016年第10期。
② 梁帅、马卫星:《"新马克思主义"理论批判的艺术学思考——法兰克福学派对艺术消费异化现实批判的新视域》,《艺术百家》2021年第1期。

就能够彰显出艺术学理论应有的从单向度的追求艺术消费财富到追寻艺术生态和谐发展的全新宏观视域,最终通过人类的艺术实践活动来着力塑造人与世界共享、共生的幸福文化精神家园。

如题为《"金石学"在现代学科体制下的重塑》①一文的引言结尾为:

  本文即以时间先后为序,考察清末民国学术体制转型时期,围绕金石古器的收藏、鉴赏、考订的风气变化,勾勒出金石之学,如何因应潮流变化、如何寻找自己在现代学科体系中的位置的经过,为考察金石学与考古学的关系问题提供一个新的视角。相关资料数量庞大、形式多样,尚有待学者深入研究,本文偏蔽之处望方家不吝赐教。

如题为《建构中国艺术历史编纂学学科体系的思考》②一文的引言结尾为:

  构建这一学科体系既是当前音乐学理论与音乐学音乐学科发展的迫切需要,又是一项内容包括甚广、任务艰巨的学术工程,亟须音乐学界同仁共同努力。这里谨就其中几个理论问题提出初步的思考,以期收到抛砖引玉之效。

谦虚谨慎在任何时候都是必要的,但引言完全没有必要因过分的自谦而落入俗套或是把论文写作的水平与客观原因联系起来,最常见的是"限于时间和水平","时间仓促,经费有限"等表述。

以上论述的各项内容是引言写作中最常见的写作要素,但在写作中并不是要求样样俱全,而是根据文章的特点可以侧重于某个或某几个方面,切忌按部就班地套公式。在一些名家所写的文章里,不拘一格,并无定数,但写作的要素基本俱全。作为初学者,要善于向他们学习,在掌握写作要素的基础上灵活运用。

---

① 查晓英:《"金石学"在现代学科体制下的重塑》,《中山大学学报》2008 年第 3 期。
② 陈其泰:《建构中国艺术历史编纂学学科体系的思考》,《南开学报(哲学社会科学版)》2008 年第 5 期。

第三节　引言的写作要求

好的引言,短小精悍,一方面可以使读者对研究的背景有一个大致了解,另一方面还可以使读者花最少的时间了解文章的研究方法与创新之处,并吸引读者进一步去了解文章的内容。所以,在掌握写作内容的基础上还应了解其写作规范。

一、简明扼要,直奔主题

引言的写作要求开门见山,不绕圈子,简明扼要,直奔主题。在写作时起笔就要切题,切忌交代音乐学界所共知的背景知识、大幅讲述历史渊源。学术论文的写作不同于科普文章:科普文章面对的大多数是初次涉及该领域的研究人员或历史爱好者,因此在写作时涉及的专业面较广,尤其是要将题名所指内容的来龙去脉交代清楚,有必要交代相关的背景知识;而学术论文的读者对象则不一样,大多是已经进入研究领域的同行,甚至是专家,其阅读文章的目的是把握最新的研究成果与学术前沿,对此没有必要过多陈述。引言写作要求语言简洁精练,用语准确,省略不必要的介词、副词等,删除反复使用或模棱两可的饰语。下面介绍几篇好的引言,初学者可以借鉴其遣词造句。

如题为《基于〈隐逸传〉视角的艺术母题"在场"与主题"出场"的意义》[①]一文的引言部分为:

> 对母题与主题的研究最早在比较文学中展开,随后又在比较艺术学中兴起,形成了比较艺术学范围的艺术母题学与主题学的理论与方法。当然,比较文学中的母题学与主题学理论和比较艺术学中的母题学与主题学理论之间存在一定的差异,至少文学"母题"是需要转换的,而艺术"母题"直接诉诸视觉与听觉;同时二者对母题与主题的理解有所不同,有各自的特点和研究范围。此外,艺术母题与主题不局限在比较艺术中,它适合于艺术理论和艺术史的研究。对艺术母题意义的辨析、诠释和对原型的追问,对艺术主题进行研究与阐

---

① 赫云、李倍雷:《基于〈隐逸传〉视角的艺术母题"在场"与主题"出场"的意义》,《民族艺术研究》2022年第4期。

释和对内涵的判断与揭橥,并纳入共时性与历时性中分析、探讨艺术诸问题和艺术史的流变,由此所形成的一种理论研究范式,这就是我们说的主题学理论。一是经由分析母题与主题横向时空的传播与演变,阐释主题内涵及其演变;二是通过对母题与主题纵向时间的传承与变迁的研究,探讨艺术史的流变与因果联系。但需注意的是,艺术母题与主题都需要出现在一定的场域中才能显示其有效性,即艺术母题的"在场"与主题的"出场",这显示出艺术主题学理论具有独立的研究范式。

从上述引言当中,我们不难发现比较艺术学范围的艺术母题学与主题学的理论与方法,将之运用于艺术学的研究之中,更为合适。因为,艺术母题与主题不局限在比较艺术中,它适合于艺术理论和艺术史的研究。

如题为《艺术史的范式转换——从门类史到跨媒介史》[1]一文的引言部分为:

> 将各门艺术史打通并形成一种具有艺术学理论学科构架的艺术史,是目前艺术史学科所面临的理论和实践难题,跨媒介艺术史由此成为一种可能的艺术史书写路径。它越出了单一门类艺术的狭隘视角,在一个各门艺术相互关系的宏大构架中来思考艺术的历史演变和风格消长。豪塞尔的艺术发展不平衡论、雅各布森的艺术史主导论以及跨媒介模态理论,为艺术史的跨媒介研究提供了重要的理论参照和必不可少的方法论观念。而在实践层面,至少存在着三种不同的跨媒介艺术史书写范式:主导—影响型范式、平行—比较型范式、互动—关系型范式。如何形成具有本土问题意识和理论话语的跨媒介艺术史范式,仍有待艺术学理论学科共同体的进一步探究。

如题为《〈历代名画记〉与〈二十四史·艺术列传〉观念的关联》[2]一文的引言部分为:

---

[1] 周宪:《艺术史的范式转换——从门类史到跨媒介史》,《探索与争鸣》2022年第8期。
[2] 李倍雷:《〈历代名画记〉与〈二十四史·艺术列传〉观念的关联》,《民族艺术》2020年第1期。

中国第一部完整的,也是世界最早的一部美术通史《历代名画记》,完整地、系统地、体系性地论述与阐释了美术的发生、流传、发展、功能、品评、述评以及论述了画家传记、作品鉴藏与裱褙等。作者张彦远(815—907)把绘画艺术提升到"与六籍同功"的思想高度乃至政治高度来认知,究竟是什么原因或者说什么观念与此相关联使张彦远有这样的认知。这不是以我们通常所掌握的艺术"教化功能"的知识能完全回答的问题。《历代名画记》还提到绘画具有"穷神变、测幽微"的功能。绘画艺术有如此高深之功能,那么这一功能的内在文化逻辑又是从哪里绵延而来的?我们都知道中国《二十四史》中有"艺术列传",在《后汉书》中有两处提到"艺术"这个概念。《魏书》始为"术艺"立传,名曰"术艺列传";《晋书》则变迁为"艺术列传",其曰"藏往知来,幽赞冥符,弼成人事"等。正史中透露的艺术内涵信息和文化路径是否与《历代名画记》所提出的"与六籍同功""穷神变""测幽微"有关联。诸如此类的问题,是我们这里要探讨的主要内容。

如题为《历史、文献与比较:王光祈音乐学方法》[①]一文的引言部分为:

1920年5月,王光祈(1892—1936)赴德国留学,学习政治经济学,1923年转学音乐,1927年正式入柏林大学师从于教授霍恩博斯特尔、舍尔林、沃尔夫、萨克斯诸先生。其中霍恩博斯特尔(Erich Moritz von Hornbostel,1877—1935)是比较音乐学创建人,库克·萨克斯(Curt Sachs,1881—1959)是比较音乐学的集大成者。由于王光祈有此学术背景,他成为中国乃至东方研究比较音乐学的第一人,也是将该学科及其方法带进中国的第一人。王光祈能够驾驭比较音乐学的理论与方法,在于他熟悉中西方音乐史,熟悉中西方古代音乐文献,同时在音乐方面有实践经验,如在他早期由政治经济学转学音乐时首先学习的是小提琴。所以,王光祈对音乐史与音乐理论的研究绝不踩空蹈虚,他有着坚实的音乐实践与音乐史论的基础。更为重

---

① 李倍雷:《历史、文献与比较:王光祈音乐学方法》,《音乐探索》2020年第1期。

要的是，王光祈在中国"经""史"方面的古籍文献上下功夫，为他奠定了文献学理论与方法，也由于他对古籍文献的类别、编目等的了解，所以王光祈对文献的驾驭得心应手。因此，笔者认为王光祈音乐学的研究方法主要体现在文献学方法与比较音乐学方法两方面。

二、篇幅长短适宜

引言在论文中起"引导"作用，引导仅仅是引出文章的主题，并不需要在引言中进行长篇论述，对引言篇幅虽然没有硬性的规定，但一般控制在300—500字左右为宜，可以酌情适当增减，如果论文不是长篇论述，最好不要超过1000字，因为引言过长往往会显得头重脚轻，突出不了文章正文所论述的重点内容。引言最佳的效果是用长短适宜的篇幅把该说的问题都交代清楚。

如题为《〈清史稿·艺术列传〉的"技术"谱系研究》[①]一文的引言部分为：

《二十六史·艺术列传》包含的内容丰富而宽广，诚如《晋书·艺术列传》小序所言：

> 艺术之兴，由来尚矣。先王以是决犹豫，定吉凶，审存亡，省祸福。曰神与智，藏往知来；幽赞冥符，弼成人事；既兴利而除害，亦威众以立权，所谓神道设教，率由于此。……详观众术，抑惟小道，弃之如或可惜，存之又恐不经。载籍既务在博闻，笔削则理宜详备，晋谓之《乘》，义在于斯。今录其推步尤精、伎能可纪者，以为《艺术传》，式备前史云。

《晋书·艺术列传》的"小序"为中国传统"艺术"定下了基调，而后《周书·艺术列传》《隋书·艺术列传》和《北史·艺术列传》基本上沿袭的是这个路径结构和这些内容。宋代郑樵（1104—1162年）在《通志·艺文略第七·艺术类》收集了历代"艺术"内容："射""骑""画录""画图""投壶""奕棋""博塞""象经""樗蒲""弹棋""打马""双陆""打球""彩选""叶子格""杂戏格"。我们看到传统"艺术"包含了技术性很强而且具有娱乐性的内容，而"技术"性

---

① 李倍雷：《〈清史稿·艺术列传〉的"技术"谱系研究》，《贵州大学学报（艺术版）》2019年第2期。

的内容一直延续到清代并使"技术"与近代科学有了更紧密的联系。《清史稿·艺术列传》是继前史"艺术列传"的复现，因此在很大程度上是对前史"艺术列传"较为全面的传承，其中也有变动。《清史稿·艺术列传》所包含的"特殊"内容更加值得我们今天研究与探讨，譬如其中"戴梓""丁守存"和"徐寿"以及他们所从事的具有很大程度上的近代科学技术的内容，这是我们主要探讨的重要内容。

如题为《穿透"古典"音乐风格迷雾的智慧之光——评〈古典风格：海顿、莫扎特、贝多芬〉》[①]一文的引言部分为：

> 《古典风格》的译者杨燕迪先生曾借用钢琴家傅聪的一句话——"音乐界的钱钟书"来定位原书的作者查尔斯·罗森（Charles Rosen），以形容罗森的博学和著作所呈现出来的"智性"（intellectual）光彩。读完这部逾四十万言的鸿篇巨著的中国读者，应该会对这一比拟心领神会。

很难想象一个著名的钢琴演奏家会像作曲理论专业的教授一样写作，最后写出了一部充满美学思辨的音乐学著作。《古典风格》是罗森的第一本书，首次出版于1971年，翌年就获得了美国"国家图书奖"（National Book Award），是迄今为止唯一获得该奖项的音乐类书籍，也是近50年来，在英美影响力最大、引用率最高的音乐论著。

以"古典风格"作为论题，对任何人都是巨大的挑战，不论是在近50年前（罗森写作该书的年代），还是在音乐研究异彩缤纷的当下。这里涉及了几个历史上出了名的复杂概念（或者说命题）："古典""风格"和"古典风格"，此为其一；其二，有关海顿、莫扎特、贝多芬三位音乐大师的研究成果，当时已然汗牛充栋，后来者确实难以再提出新颖的观点——在罗森之前，已有三位著名的音乐学家兰登（Howard Chandler Robbins Landon，1926—2009）、爱因斯坦（Alfred Einstein，1880—1952）、托维（Donald Francis Tovey，1875—1940）分别对海顿、莫扎特、贝多芬做过系统而深入的研究，各自都留下了堪称经典的研究成果。不过，最后的事实证明，罗森成功地应对了这一挑战，最终到达了前

---

① 黄宗权:《穿透"古典"音乐风格迷雾的智慧之光——评〈古典风格：海顿、莫扎特、贝多芬〉》，《音乐研究》2017年第1期。

人所未至之境地。

如题为《比较艺术学：一门正在兴起的新兴学科》①一文的引言部分为：

> 从比较艺术学来看，它出现更晚。一般认为，1949年奥地利美术史家达戈贝尔·弗雷出版的《比较艺术学基础》标志着这门学科的诞生。尽管，比较艺术学问世只有几十年的时间，但是它在德国、日本和美国迅速发展起来。国外对于比较艺术学的研究，主要集中在各个具体的艺术种类上。在中国，比较艺术学这个概念或方法的提出，可以追溯到20世纪二三十年代。我在北京大学哲学系美学专业攻读研究生时的两位导师朱光潜先生与宗白华先生都具有深厚的国学传统，青年时代又都留学德国，深受中西文化的熏陶，两位导师不约而同地开始了比较艺术学方面的研究工作。

这个时期还应该提到的是出生在四川温江的王光祈先生，他于1920年留学德国，后来进入柏林大学攻读音乐学，先后发表了数十篇论文，其中包括《中西音乐之异同》《东西乐制之研究》等。尤其难能可贵的是，早在那个时期，王光祈先生就已经开始系统地采用比较音乐学的方法，将东方音乐（主要是中国音乐）同西方音乐进行比较研究，并且提出把世界各地区的乐制划分为三大音乐体系的理论。

由于种种原因，比较艺术学在新中国成立以后一直未能发展起来。1978年改革开放以后，在中国对外开放政策的指引下，中外文化艺术交流日益频繁，这成为20世纪八九十年代我国比较艺术学作为一门新兴学科萌芽与成长的第一个重要原因。第二个重要原因是受到了比较文学迅速发展的影响。比较文学在中国的快速发展同样是在改革开放以后，20世纪80年代被称为中国比较文学的新起点，1981年，北京大学率先成立了比较文学研究会。比较文学在我们国家的迅速发展，理所当然地刺激和影响到我国一些学者正式提出比较艺术学这个名称。

三、人称语气表达规范

引言的写作不同于摘要，在介绍论文时，为了论述的方便可以使用第一人

---

① 彭吉象：《比较艺术学：一门正在兴起的新兴学科》，《艺术管理（中英文）》2021年第4期。

称,如"本文""笔者""我们""本研究""本所"等词语,但一般不用"我"这种主观意念太强的词。在介绍之前的成果时可用第一人称,也可用第三人称,直接写自己的名字。

如题为《自信繁荣的中国艺术学学科》①一文的引言部分为:

> 十年来,具有中国特色社会主义学科特色的艺术学学科建设和发展取得了历史性成就,基于此,我们有理由相信中国的艺术学学科建设具有了高质量发展的基础。艺术学学科未来的建构和发展,只要不负学科、不负人民和不负专业学术,只要坚持圆融"守正与洞见"的建构和发展基本规格,中国特色社会主义艺术学学科建设就会"直道而行,遂成其志",艺术学学科知识体系将更加充实和完善。不过,实现目标所依赖的条件至少有三:一是务必坚持建设中国特色社会主义艺术学学科的初心伟业,二是勤敬地基于艺术学学科既有建设与发展的经验和教训不断变革完善,三是坚持基于艺术学学科建设发展学理逻辑和事实逻辑的守正更新发展原则,不懈怠、不贤难,持续探索新的建构发展可能性。总之,在建构中国特色社会主义艺术学学科新的起点和新征程上,应注重和加强基于常识建构学科常识、基于知识建构学科知识、基于事实建构学科学理、基于学理建构学科学说、基于学说建构学科学派、基于中国艺术学学派贡献世界,从而真正实现"用中国理论阐释中国实践,用中国实践升华中国理论"的中国艺术学学科建设和发展理想。

如题为《2021艺术理论:致敬历史、立足当下》②的论文,在摘要说明时写道:

> 本人认为2021年艺术理论热点可以从三个层面来观察:在国家层面,党和国家领导人多次发表关于文艺工作的重要论述,为文艺发展提供宏观指导与根本遵循;2021年是中国共产党成立100周年,回顾总结百年来党领导文艺的宝贵经验、人民进行文艺创造的辉煌业

---

① 梁玖:《自信繁荣的中国艺术学学科》,《艺术教育》2022年第9期。
② 李心峰、张新科:《2021艺术理论:致敬历史、立足当下》,《中国文艺评论》2022年第3期。

绩成为学术研究的重要内容。在社会与时代层面，我国取得了抗击新冠肺炎疫情的阶段性胜利，但疫情时而反复，同时互联网、人工智能等科学技术的发展也为艺术领域带来了新机遇与新问题，基于此，中国艺术学界从关注当代艺术、探讨艺术与科技的关系等多方面推进艺术理论研究。在学科层面，2021年是中国艺术学科升为学科门类的十周年，也是艺术学理论成为一级学科的十周年，中国特色的艺术学科体系已初具规模，艺术理论研究热点频现，理论批评硕果累累，呈现出繁荣发展的崭新局面。

如题为《当前专家学者关于中华传统节日符号与仪式的探讨》[①]一文的引言部分为：

> 近年来，学术界及社会上围绕传统节日的讨论，常常聚焦到一个重要问题上来，即传统节日的符号与仪式问题，也就是在今天人们的精神文化生活日益丰富、多元以及全球化进程明显加快的大语境下，我们究竟应该用什么样的节日符号与仪式吸引更广大的民众积极参与传统节日，过好我们的传统节日，传承和弘扬中华民族的优秀节日文化。为深入思考、积极探索这一具有重要客观意义的问题，2011年初，"弘扬节日文化研究"课题组邀请在京的部分节日研究、非物质文化遗产研究领域的专家学者，与《中国文化报》社联合召开"探讨节日符号仪式弘扬传统节日文化"专题学术研讨会。研讨会上，与会专家畅所欲言，着重讨论了为什么要深入研究传统节日的符号与仪式问题、应如何理解传统节日的符号与仪式、传承和建设节日符号与仪式，以及节日符号一与多关系问题、如何理解传统节日的仪式及其重要价值、传统节日符号与仪式变与不变也就是传承与发展关系问题、如何看待所谓"洋节"，尤其是有关春节的符号与仪式的问题，等等，它们大都是传统节日符号与仪式问题上的热点、焦点、难点问题。专家们积极而深入地思考，思想观点的交锋、对话与交流，碰撞出不少充满睿智的思想火花，取得切实、丰硕成果，产生积极、热烈反响，有

---

① 李心峰：《当前专家学者关于中华传统节日符号与仪式的探讨》，《艺术百家》2012年第4期。

力推动了社会及学界对此问题的进一步关注与研究。

如题为《中国20世纪的艺术本质论》①的论文,在引言部分写道:

  艺术本质论是艺术理论、艺术学中的一个核心问题,是回答"艺术是什么"、探讨艺术之所以为艺术的本质规定和基本特征的理论学说。自19世纪末20世纪初中国艺术理论开始由古典形态向现代形态转型以来,关于艺术的本质究竟是什么、应该怎样为艺术下定义的问题,便在各个时期、各家各派的艺术理论中不断地被思考、探索。我们可以把20世纪中国艺术理论中关于艺术本质的探讨分成四个大的阶段,介绍一下影响较大、较有代表性的学说。这为本文继续深入研究留有余地。

总之,引言的写作要兼顾短小精悍与内容丰富的统一,既要肯定前人研究的成就,又要指出前人研究的不足,一方面要突出研究的重要意义,另一方面也不要夸大地评论。一篇论文写得成功与否,是从引言开始的,引言的质量影响文章的质量,万事开头难,精巧地写好引言就为正文的写作作了铺垫。

思考题

1. 引言的内容应包括哪些?
2. 找出几篇公开发表的论文,分析其引言是否规范。
3. 引言的写作要求有哪些?

---

① 李心峰:《中国20世纪的艺术本质论》,《民族艺术研究》2005年第4期。

第七章 正文的写作

根据《科学技术报告、学位论文和学术论文的编写格式》(GB/T7713-1987)规定,引言、正文、结论、致谢、参考文献部分构成了文章的主体。如果说引言部分是提出问题,正文部分则是分析和解决问题,是作者的创新性的具体体现,是论文的核心部分,在文章中占的篇幅最长,约占全文的八九成,起着阐明作者观点和主张的作用。由此可知,决定论文质量高低、价值大小的关键在于正文部分写得如何。

第一节 论文写作的原则

由于不同作者研究对象和研究方法的不同、研究结果的各异,对正文的写作不可能有统一的规定,但没有规矩不成方圆,要想写出一篇较高质量的论文,就必须严格按照论文写作的要求、原则写作。音乐学论文的写作就是在掌握了大量材料的基础上,运用科学的研究方法提出、分析和解决问题的过程。通过论文写作的训练,提高作者独立从事科学研究或开展其他工作的一种训练,要想更好地得到写作训练,必须遵循以下几个原则。

一、求真务实的态度

音乐学论文的写作不同于文学创作那样可采用多种修辞手法来达到写作的目的,音乐学是一门求实的学问,须言之有理,持之有据,任何观点的形成都要建立在翔实可靠的资料的基础上,作者必须具有求真务实的态度。

首先,必须占有大量真实、可靠的材料。广泛而深入地搜集与论文相关的一切资料是写作的前提和基础,作者只有占有了大量与研究对象相关的资料,才能了解目前已有的研究成果,才能站在更高的高度来看问题。没有完全掌握或掌握的信息不全面,就会处于被动地位,只能看到问题的片面,无法形成深入的见解。但是占有大量的信息资料并不等于掌握了真实可靠的资料,由于受客观条件和主观认识的限制,前人的结论会存在认识上的片面性,这就要求作者在掌握了资料时,不要拿来就用,而是要对已占有的资料进行深入细致的整理、分析,在浩如烟海的资料中去粗取精,去伪存真,选择那些真实、可靠的资料,为写作做好准备。如很多学生搜集材料的方法是从别人的文章中信手拈来,不假思索地加以利用,可能所引文章的作者自身因为疏漏而就已犯有误标书名、卷数、标点符号等细节性的错误,如果不复查原文就拿来使用,会使文章出现不必要的"硬伤",论文的质量也会大打折扣。只有建立在真实材料的基础上,才能得出可靠的结论,才能经得起时间的考验与实践的检验。音乐学论文要求研究者以极其客观的态度来分析解决问题,切忌在撰写论文时,根据个人的感情好恶、主观臆断或带有偏见地选择材料,否则就会得出错误的结论和看法。

其次,观点的确立要客观。文章的观点是作者对其所要研究对象的总体认识,如果能客观地认识到研究对象的实际及规律,文章就有价值,如果歪曲地反映事物,研究就毫无意义。文章的观点是在对材料的分析、研究中产生的。而有的同学在写论文的过程中往往是先入为主地提出某种观点,在头脑中已经固化了对某一事物的认识,然后再根据自己的观点去选择相应资料,固有的思维模式影响了对所研究问题形成正确的观点,因而在一开始时便已走入了误区。这就要求作者对所掌握的材料加以仔细鉴别,弄清材料本身是否是客观的,是某个历史时期的个别现象,还是一种普遍现象;是事物发展的主流,还是支流;是客观如实地反映事物的真相,还是歪曲反映事物的假象。只有经过仔细地鉴别,弄清事物的本来面目,形成真实可靠的论据,才有了为下一步论证做准备的材料。

一般来说,掌握的材料越全面,从中得出的认识也就越具有普遍性,但是,音乐学论文中的论点并不是简单地就某一事件谈某一事件,就某一问题论某一问题,最终得出泛泛的结论,而是对具体的材料进行理论的概括,进一步分析、判断、找到简单的事件后面所包含着的本质的东西,并从中得出规律性的认识。有很多的初学者经常会遇到这样一种情况,经过认真的准备,终于形成了某种认识,但后来却发现在某个专家的论著里已有该种观点,并且比自己的认识更高明,作为初学者在遇到这种情形后就会产生自己已无继续研究下去的空间的想法。这其实是大错特错,学术的研究永无尽头,任何时候都有继续下去的必要,这种情况的出现说明作者的研究已经有了一定的高度,这时不应该停滞不前,而应是继续探索。一种方法是把别人的观点,经过主观的研究,重新构思,用不同的材料,来说明自己的观点;另一种方法是采用与前人相同的材料,但须改变角度,另辟蹊径,从不同的视角看问题,从而得出不同的认识。但在观点的形成中必须保证的一点就是从材料的真实性出发,实事求是地形成自己的观点。只有客观如实地反映出某一历史现象,才有可能填补某一方面的空白,文章也就有了创新之处。

二、规范的写作

由于自身的逻辑结构要求和进行学术交流、文献检索的需要,学术论文有着极强的规范性。这点与文学作品等其他类型文章的写作存在着很大的不同,在标题序号、数字的使用,甚至标点符号等方面都有着严格的要求。

(一)准确使用层次标题序号

为使文章的结构更合理、层次更清楚,大多数文章中都设置了小标题,即层次标题。这些标题都是文章的有机组成部分,而序号也是层次标题的有机组成部分。在研究标题写作的时候,不能不考虑标题序号的正确处理问题。但在不少期刊中文章层次标题的序号使用比较混乱。标题序号的使用看似简单,但事实上并非如此。

音乐学论文的层次标题,建议使用国务院办公厅2000年8月24日修订发布,2001年1月1日起施行的《国家行政机关公文处理办法》第25条第6项的规定:结构层次序数,第一层为"一、",第二层为"(一)",第三层为"1.",第四层为"(1)"。这种确定层次标题的方法为大多数期刊所采用。

需要注意的是:1.各级标题退二格,第一级标题可居中。2.第一级标题序号后用的是顿号,第三级序号后面用实心黑点(英文状态下的句号)。3.第二、四级标题序号用圆括号,不能用半括号表示,括号外不用标点也不用空格。4.序号按标题级次顺序采用。5.文章段内需要用层次表述,可采用"1234"序号,其序号后不用标点;段内如用"第一""第二""第三"或"首先""其次""再次"表述,在其后加逗号。建议不采用半个括号序号,如:1),一)等,也不采用外文字母作层次序号。

(二)准确使用标点符号

标点是最常使用的符号,自小学开始,经过初中、高中和大学的学习,几乎每天接触,很多同学认为极其简单,但最简单的东西也是最容易被忽略的东西,有的同学文章整段一"逗"到底,分不清是一个句子还是完整的段落,有的同学明明在写二层并列的意思时也用逗号。标点符号的使用不是"大"的问题,只要平时多加注意便可规范。1990年3月,国家语言文字工作委员会和中华人民共和国新闻出版署发布了修订的《标点符号用法》,该标准参考了国内外标点符号用法的文献、广泛吸取了语文学界、新闻界、出版界、教育界的意见,对汉语书面语常用的标点符号用法进行了规定和说明,目的在于使人们正确掌握标点符号的用法,以准确表达文章,推动汉语语言的规范化。本书将其放置于附录部分。对于大学生而言,依照标准学习使用不会有多大的困难,但要求是一定要"仔细",在写作过程中仔细斟酌如何使用,在写完后通读文章,检查标点。

在音乐学论文写作中,困扰学生最多的标点使用是出现双引号并加注释时,标点符号究竟放在什么位置合适,常见的有三种类型:

第一种:他说(认为或据某书记载):"……"[1],…………。

第二种:他说(认为或据某书记载):"……"[2]…………。

第三种:他说(认为或据某书记载):"……"[3]。…………。

第一种的引用在原文中不一定是完整的话,在此与上下文不能联合表达完整的意思,还需要继续说明。

如题为《〈乐书〉与中国古代音乐世界的系统复原》①一文的引用材料的方法为:

> 《乐书》收录了许多关于古代乐器和音乐家的故事。例如:《乐书》卷一百三十三"金之属上"的"古文钟"篇,引用了虞喜《志林》记载的江中捞起刻着古文的旧钟的故事:"吴时,于江水中得钟,有百余字。募求读者,并无人晓。"卷一百三十六"石之属"的"玉琴"篇,收录了吴均《续齐谐记》中王彦伯向一女子学习楚《明光曲》的故事,"迟明,女取锦绣等物赠别,彦伯以玉琴答之而去"。作者指出,这则故事证明古时已有以玉制琴的先例。卷一百三十六的"玉笛"篇,记录了士大夫家内白玉笛与唐明皇吹玉笛的传说:"唐天宝中,明皇命

---

① 苏筱:《〈乐书〉与中国古代音乐世界的系统复原》,《语文学刊》2021年第6期。

红桃歌贵妃《凉州曲》,亲御玉笛为之倚曲。"这表明玉不仅可以制作笙或箫,还可以制作笛子。卷一百四十五"丝之属中"的"金缕琵琶"篇,记载了一则以琵琶"引君于淫乐"的故事。南齐褚渊擅于弹奏琵琶,获赐金缕柄银柱琵琶参加宫廷宴会。而王俭则不擅曲艺,在宴会上诵读《封禅书》。作者对褚渊提出了严厉批判,而对王俭则持肯定态度,这无疑体现出了作者秉持的礼乐思想。"其迪之以盛德之事,王俭而已。"

第二种引用在原文中是一句完整的话,在此与上下文联合起来表达完整的意思。

如题为《〈中国古代音乐史稿〉择评争鸣之述评——关于"崇古与饰古"现象》①一文的引用材料的方法为:

> 因为《穆天子传》《列子·汤问篇》这两部书具有传奇性色彩,所属史料不能达到极为精确的程度,由此冯文慈先生将这一案例描述为"正是由杨师'崇古'的非理性心态,从而阻碍了杨荫浏先生对于历史真相进行探求的前进动力,导致《中国古代音乐史稿》发生了令人遗憾的'饰古'性描述。"冯先生认为杨荫浏先生具有"崇古"的非理性心态是因为杨荫浏先生修养广博,对《穆天子传》和《列子·汤问篇》两部书的性质不可能不了解。杨荫浏先生还是将它们中的传奇性的"故事"作为可信的史料来运用到《中国古代音乐史稿》当中,冯文慈先生认为杨荫浏先生具有"崇古"的非理性心态。冯先生指出:"《史记》中记述的相关周穆王的内容,基本是比较真实的。"在《史记》中讲述的周穆王并不是西游而是西行打仗,与此同时又说周穆王只不过是到达今陕北、甘肃东北界临宁夏一带,并没有像《穆天子传》中讲述的走那么远。而《列子》这篇关于傀儡戏艺人的事情是晋代时才记录了有这种技巧,而列子又是晋代的书,所以冯文慈先生就怀疑这是晋人根据当时那个时代编造的传说。同时,这部书也具有神话传奇的性质。由此可看,以上这些原由导致冯文慈先生认为

---

① 李潇雅:《〈中国古代音乐史稿〉择评争鸣之述评——关于"崇古与饰古"现象》,《艺海》2021年第12期。

杨先生因为个人本身具有"崇古"的非理性倾向,进而使《中国古代音乐史稿》产生了"饰古"的描述。

第三种引用在原文中不是一句完整的话,可能是其他非结束性标点,如逗号等。在此与上下文联合起来表达一个完整的意思。

如题为《试论中国古代官方音乐机关的设立与诗体的演进》①一文的引用材料的方法为:

历代统治者凡是致力于国政者,莫不关注其社会治理效果,同时关注于社会上层与下层之间的沟通互动。这一点也可以追溯到上古三代之际,而两周乃其集大成者。西周的大规模社会调查是中国政治制度史上光辉的事件,足以启发后世,彪炳万代。文学上的成绩只是其副产品而已。西周大规模社会调查的任务之一,就是大量采集民间里巷歌谣,从中"以观风俗,知薄厚云"。当时采诗成为一项重要的政治制度,又长期施行,所采民间歌谣一定数量众多,而今天我们能看到的《诗经》只不过是沧海一粟,故而有孔子"删诗"之说。虽说孔子"删诗"尚有争论,但所谓的"诗三百"当时幸得有一个相对定型的版本才得以传世,却是不争的事实。

(三)准确地表达数字

在汉语中能表示数字的有汉语数字和阿拉伯数字两种,在音乐学论文中,一般用数字表示时间、数量等量值。具体可参照1987年1月国家语言文字工作委员会、原国家出版局、原国家标准局等七家单位发布的《关于出版物上数字用法的试行规定》,这就要求我们在涉及数字时,应按照这个规定来书写。该规定总的原则是:凡是可以使用阿拉伯数字而又很得体的地方,均应使用阿拉伯数字。遇有特殊的情形,可以灵活变通,但应力求保持相对统一。

就音乐学科而言,在论文的写作中使用汉字数字的地方相对于其他学科较多,如涉及作曲理论与乐理分析,这一特征就更加显著了。还有这些情况:

---

① 王小恒:《试论中国古代官方音乐机关的设立与诗体的演进》,《甘肃广播电视大学学报》2022年第2期。

第一,夏历和中国清代以前历史纪年用汉字。如八月十五、洪武元年(1368年)、康熙元年(1662年)。第二,一些用时间表示的固定词组用汉字表示,如"七七事变""八一南昌起义""九一八事变""十月革命"等。第三,一些用数字作为词素构成定型的词、词组、习惯用语、缩略用语或具有修辞色彩的语句,如一心一意、三令五申、七上八下、十全十美、九牛二虎之力、一江春水向东流等。第四,表示星期几时一律用汉字,如星期三。第五,不是出现在一组科学计量和具体统计意义数字中的一位数可以用汉字。如五本书、六个人、三套方案。相邻的两个数字并列连用表示概数时,要用汉字书写,两个数字之间也不用顿号隔开。如七八里、六七家。第六,党的代表大会用汉字,如十一届三中全会、中共一大。

其他情况下则一般用数字表示:第一,公元纪年、中华民国纪年和日本年号纪年。如1937年7月7日、民国26年(1937年)、昭和8年(1933年)、公元前6世纪、20世纪90年代、下午2点、毛泽东(1893—1976)等等。第二,表示数量时用数字,如参加人数达7000人、高800多米。第三,记数与计量时也用阿拉伯数字,包括整数、分数、小数、百分比、约数。

三、严格使用学术语言

语言是作者表述文章内容的载体,其表达效果直接影响论文的表现力和感染力,甚至关系着文章的质量。作者的写作能力、文章的质量只能通过语言来体现和完成。论文的写作过程要按照内容的要求,熟练地使用学术语言。一篇高质量的论文,不仅要求材料搜集充分、观点鲜明,而且在表达观点和材料的语言方面也必须符合论文语体规范的要求。但在实际的写作中,由于部分学生没有熟练掌握音乐学论文语言的特点,因而在语言方面经常出现诸多的问题。

(一)语言表达的基本要求

音乐学论文根据其研究对象的不同而各具特点,但对语言表达的要求却是共同的,准确、精练、庄重质朴,在可能的范围内生动地表达也会使文章大放光彩。

1. 语言要准确

准确就是要求所用的词语能客观地反映事物的本来面貌,准确而又变化地描述过程,恰如其分地表达作者的思想感情,既能体现学术的严谨性,又能显示自己的文采。

这就要求作者对所用词的词义能够做到准确定位,精准把握,尤其是要注意辨析近义词、同义词在含义上和用法上的细微区别,认真推敲每一个词的意思,选择最恰当的词进行表述。如"诞辰"和"华诞"两个词,都可以表示多少岁的生日,但诞辰既可用于活着的人,也可用于死去的人,如"毛泽东同志诞辰一百周年",而"华诞"则只能用于活着的人。所以在为活着的人举办祝寿活动时,最好使用"华诞"两字。

最富有变化的是表示"死"的词。恩格斯在悼念马克思时说:"3月14日下午两点三刻,当代最伟大的思想家停止思想了。让他一个人留在房里还不到两分钟,等我们再进去的时候,便发现他在安乐椅上安静地睡着了——但已经是永远地睡着了。"唐弢悼念高尔基又是这样写:"1936年6月18日,世界大文豪,新社会的创造和拥护者,出身于劳动阶级的作家马克辛·高尔基,在莫斯科逝世了。"马克思是共产主义学说的创始人,又是恩格斯的朋友,所以恩格斯选用了含蓄委婉又符合死者特点的词语:"停止思想""睡着了"。唐弢选用富有庄重色彩的褒义词"逝世",表达了对死者的尊敬、热爱和深切的悼念。"死"的近义词许多。有的富有口语色彩,其中有的含有褒义,带有惋惜之情,例如老了、走了、光荣了、去见马克思了;有的含有贬义,带有憎恶之情,例如断气、完蛋、见阎王。有的富有书面语色彩,也有褒贬之分,含褒义的有:逝世、去世、谢世、长逝、仙逝、永别、殉职、殉国、牺牲等;含贬义的有:毙命、丧命、暴卒等。有的语词只能用在皇帝诸侯身上,如薨、崩、驾崩、宾天等;有的只能用在僧人道士身上,如升天、涅槃、坐化、圆寂等。可见,在论文的写作过程中,在没有搞清词义之前,不要轻易下笔,力求通过工具书的查阅,将每个不确定的词弄清含义,做到准确表达。

2. 语言的精练

音乐学论文要求用最简洁朴实的语言,尽可能准确地传达所要表述的信息,做到"文约而事丰,言简而意赅"。论文价值的大小并不是靠篇幅的长短来衡量的,根据所要论述对象的要求,该长则长,该短则短,在能准确、全面、深刻地表达自己观点和认识的基础上,能精练则精练。

在实际写作中,经常发现一些学生使用语言不够精练、啰哩啰嗦,并无实际意义的描述,这是作者自己对内容的理解不深所致。要使语言精练,最重要的是培养自己的分析认识能力,抓住问题的症结,一针见血地分析,表明自己的观点时干净利索、旗帜鲜明,而无需先讲一大段无关紧要的内容,再拐弯抹角地提出问题,"千呼万唤始出来,犹抱琵琶半遮面"的方法在论文写作中是要不得的。

精练的语言是千锤百炼地修改出来的,在语义表述清楚的情况下,能少说一句就少说一句,能少用一个字就少用一个字。同样的内容,用很少的词语表述出来就会使文章显得更为精练。如"秦始皇建立了中国历史上第一个封建制的统一的王朝,在王朝实行专制主义制度。"就可以用"秦始皇建立了第一个专制主义中央集权制的国家"来概括。要使语言精练,就要求对文章中表意重复的语句或内容进行选择,删除多余的词句,无需在那些已被学界共知的历史事件或背景知识上过多地浪费笔墨。

3.语言庄重朴实

学术研究是严肃认真的,在音乐学论文写作时真正要把语言的庄重与平实熔于一炉,朴实无华,讲求确切无误、平易质朴的修辞效果,论文切忌言不符实,言过其实。语言庄重,应使用直言义,少用婉言义,不用不实之词。在句式方面少用或不用具有描绘性的语言形式,而且多采用平实得体的语句,只有明白畅晓的语言才具有自然美、纯真美,才能实现语言的庄重美。

语言的刻板乏味或者轻浮流俗,都是不善于表达的反映。音乐学论文要做到庄重朴实,一是用语书面化,规范词语。不能使用口语化的语句或随意遣词造句。音乐学论文强调的是理性的分析而不是感性的渲染,所以应尽量避免使用感情色彩过于强烈的词语。二是要减少不必要的套话,必要的套话也要尽可能与实际工作结合起来,去华饰而存质朴,求实求真。三是要尽可能地尊重历史学专业用语习惯和专业审美心理,尽量避免使用其他行业的习惯用语和专业术语。

(二)语言使用方面易出现的误区

最常见的错误就是文、白不分,有些学生在叙述时半句文言文半句白话文,使读者不能明白究竟是作者自己的话,还是引用的材料,读起来非常困难。深究其原因,是因为作者未将材料吃透,难以用自己理解的语言简明扼要地将其表述出来。

作为音乐学论文,恰当地引用材料和前人的研究成果是必要的,但也有部分学生引用别人的成果超过了自己的论述,大段大段地摘录、引用别人的结论,这给读者的印象就是不像是作者在写论文来表述自己的思想,更像是在罗列前人已有的成果,是前人成果的大杂烩或大拼盘,再严重一些,就变成剽窃抄袭。

也有部分学生在写论文时完全口语化。学术论文有自己的特殊表达方式,必须做到用语准确、逻辑严密、寓意深刻。在日常生活中,语言没有要求严格的规范,只要交流双方能够明白对方的意思即可,但在论文中过多使用口语化的语言就显得极不严肃,让读者感到缺乏严谨。当然,这也不是要求在写论文时故作高深,说一些晦涩难懂、莫名其妙的话。论文语言强调的是语言的规范和准确,不能模棱两可,更不能随心所欲。

第二节 合理地安排正文结构

就一篇文章而言,一般引言部分通过交代背景引出论点,接下来在正文部分将提出的问题加以详细地分析论证,提出作者的见解,最后在结论部分总结性地予以进一步说明。正文部分是文章的核心部分,包含内容丰富、信息量大。如果没有合理安排,仅仅是一堆杂乱堆积的材料,则与一盘散沙无异,只有合理地安排好论文的结构,才能使文章有了骨架。然后按照需要加入论述的内容,使文章有血有肉。

一、论文结构安排的原则

(一)重点要突出

一篇论文就是在研究一个问题,这个问题就是文章的"中心"。在正文结构的安排上,一定要紧紧围绕这个中心展开讨论,突出重点。更多的时候,作者可能在写论文之前已经掌握了某一问题的大量的材料,在写作时,为了彰显其研究的深度,有些人将会把大量与主题相关但对主题的论述并无多大意义的材料独自列为一个部分论述。作为初学者,最经常犯的错误就是过多地介绍背景知识,最常见的是在论述某一事件时,往往过多地把背景知识单独列为一个部分论述。如在论述某个事件对中国社会的影响时,本应按照事件对中国政治、文化、社会、经济等各个方面的影响分别来进行讨论,但有的学生却是把该事件的过程和结果作为一个大的部分来展开论述,对这种业内所共知的背景知识的介绍纯属多余。

文章结构的安排是为论证中心问题服务的,材料的取舍也应从中心论点出发,对与中心论点关系不大的材料,要毫不犹豫地舍弃,因为材料是为主题服务的,只有放弃了与主题无关的材料,才可能使中心显得更为突出。

(二)逻辑要严密

逻辑严密就是指在论文中,正文部分与标题、正文各部分之间、各大小论点之间的观点是统一的,都统一于文章的中心论点。一篇好的文章,应该是重点突出、思路清晰、布局合理,并且在逻辑上是严密的,在论文中无任何自相矛盾的地方。经常会出现逻辑错误的结构安排是在评价性的文章中,最常见的是第一部分是对该事物肯定的意见,第二部分是对该事物否定的意见,在第三部分中是一些中性的评价或结语。作者在文中并未明确说明是持肯定还是否定的看法,含糊其词的表达方式让读者读完文章之后如坠入云里雾里,不会明白作者究竟持何种态度,文章的质量当然可想而知了。因而在结构的安排上,作者一定要根据所持观点,合理地安排各个部分并旗帜鲜明地表述,使文章在逻辑上不出现错误。

逻辑上出现的另一个错误便是所使用的材料与所论述的论点之间关系不紧密,甚至相互矛盾。文章的每个部分都是由观点和材料组成,写好文章的关键点是材料与论点有机地结合,以观点统率材料,以材料证明观点。但经常出现的错误是所使用的材料与论点并没有多大的关系,甚至相左,或是断章取义地歪曲使用材料以论证其观点。出现这种情况的原因,是作者并没有熟练把握材料所反映的本质,仅仅是凭主观臆断来释读材料。为了避免此类逻辑错误的发生,在使用材料前一定要仔细斟酌其所反映的问题,再根据各自所要证明的观点来安排,即把所有的材料分别划归到各个小论点之下,把材料与观点有机地结合起来,为论述文章的中心论点服务。

(三)各部分篇幅长短适宜

好的文章不仅有创新的论点、新颖的材料、重点突出、逻辑严密,而且在各部分的表现形式上,应该有美感,即各个部分篇幅长短大致相当,看起来结构匀称、比例协调,而不是某个部分内容过于庞杂而显得臃肿,而另一部分又仅仅是数百字的简要提示,让人觉得头重脚轻似的搭配不合理。以一篇 6000 字的论文为例,一般可以做这样的结构安排:引言部分 500 字左右,正文部分 5000 字左右,结语部分 500 字左右。在正文部分可酌情分为 3 或 4 个部分,每个部分字数控制在 1500 字左右。同时注意从全局出发,考虑每一个部分在论文中所占的地位和作用,再根据其地位调整各部分篇幅的长短,对于重点内容加以详细地论述,文字上可适当地比其他部分多。详略得当,更能突显文章的重点。有了这样的字数分配,就便于安排每个部分所要表述的内容和资料的分配,使写作变得更加轻松和高效。

二、常见的论文结构

根据所要表述的内容,论文的结构有多种多样,不可能千篇一律、整齐划一。但在实际的写作过程中,最常见的结构形式是并列式、递进式和混合式。这是在长期的写作实践中逐渐形成的论证结构,符合大多数人的阅读习惯和认知习惯。如果在文章的写作过程中根据自己所要论述的主题选择适合于自己论文内容的结构形式,不仅便于读者阅读,也便于作者组织材料、表达观点,省时省力,能够达到事半功倍的效果。

(一)并列式结构

并列式结构,又称平行结构或横向结构,是指正文中各个部分横向展开论述,彼此之间没有主从关系,都是从不同的角度、不同的侧面展开论述,各个部分齐头并进,多管齐下。这是各个部分在顺序上无先后次序,彼此之间影响不大的情况下采用的一种层次安排形式。在并列式结构中,每个部分都是一个小的论点,是从不同的角度、不同的侧面围绕中心论点展开论证,各个论点之间逻辑上是并列关系,对重点内容可以详加论述。这种结构行文条理清晰,能够使读者对所要论述的事物一目了然,并且对文章的重点能够轻松地把握。

如题为《试论中国古代官方音乐机关的设立与诗体的演进》[①]一文中的一段为:

中国古代音乐机关乐府之设立事关音乐艺术,更涉文学尤其是

---

① 王小恒:《试论中国古代官方音乐机关的设立与诗体的演进》,《甘肃广播电视大学学报》2022 年第 2 期。

诗体演进为多。第一介绍,周代虽尚无文献明确记载有乐府之设立,但"采诗"之举却是不容置疑。今传世之《诗经》,为众多所采之诗之选本。而这些采自民间之谣谚经音乐机关加工润色也属必然。第二,汉代乐府之设立在乐府诗体演进历程中具有承前启后之功,其内涵、规模、意义和价值都奠定了乐府诗在诗史之地位。第三,唐代元白诸人更是将乐府诗的精神自觉运用到其诗歌创作中,开创了所谓新乐府诗这一诗体,实乃是文人乐府诗。要之,历代官方音乐机关之设立对于乐府诗体之产生、发展、嬗变具有举足轻重的作用。

如题为《当代中国语境中的"音乐新史学"理念与实践》[1]一文,将文章分为三个部分。第一部分是随着学科间交流交叉的深入,中国音乐音乐学视野愈益开阔,对"新音乐学""新文科""新音乐学"以及音乐人类学等多学科思潮,展示出胜过以往的积极响应。第二部分,"音乐新音乐学"的正面提出和实践,是其显著特征之一,目前已出现一批融通"文化视野"与"技术分析"的新成果。第三部分,文章通过对20世纪中国音乐音乐学在理论、方法和实践等方面进展情况的分析,探讨产生这一理念的语境脉络,在此基础上,揭示其当下学术实践的学科意义和未来可能。各个部分并列论述,观点鲜明,共同论述文章的中心论点。

如题为《汉唐宫廷音乐机构比较研究》[2]一文选择对汉唐宫廷音乐机构进行比较研究,当然作者并不是面面俱到,而是有选择地选取了一些热点问题论述,文章结构就是以论述的三个重点并列安排。第一部分,宫廷音乐是我国古代音乐体裁中的重要内容,而汉代和唐代的宫廷音乐机构,又是古代时期较为突出的重要部分,它们各自的发展成就为中国古代宫廷音乐发展脉络作出了突出贡献。第二部分,由于朝代不同,其结构、表现内容、审美情趣、教育管理、音乐语言、表演形式等定有许多异同。第三部分,以汉、唐两代宫廷音乐机构为研究对象,简要分析雅乐与俗乐在不同时期下机构的职能、结构以及乐工乐人的变化,试图对两朝音乐机构的教育管理和功能进行比较、整理。作为一篇学术性文章,所要论述内容庞杂、材料繁多,但通过作者合理地安排结构,整篇文章显得井然有序,读者也能够迅速找出自己感兴趣的内容。

---

[1] 康瑞军:《当代中国语境中的"音乐新史学"理念与实践》,《中国音乐》2022年第2期。
[2] 吕舒宁:《汉唐宫廷音乐机构比较研究》,《艺术评鉴》2022年第6期。

(二)递进式结构

递进式结构又称推进式结构或纵向结构,在这种结构中,各个部分之间是层层深入或层层递进的关系。对需要论证的问题,采取一层深于一层的形式安排结构,使得各个部分之间呈现出层层递进、步步深入的关系,中心论点因此而得到更加深刻透彻的论证。在这种结构的文章中,各部分次序不可随意颠倒,否则就会使文章显得逻辑混乱、层次不清。这种论证方式的特点是,犹如顺藤摸瓜、层层深入,认识由浅及深,各个部分之间紧密衔接,共同为所要论述的中心论点服务。

如题为《荀子〈乐论〉所见先秦乐器考述》①一文,钟从西周开始成套,把形制、纹饰相同,尺寸大小相次的多件钮钟排列在一起就是编钟,编钟用于宫廷雅乐。使用编钟时一般大钟用撞击,小钟敲击,各自应和音律,分上下两层,编排悬挂在乐器架上。编钟悬挂排列的方式以身份等级不同而有差别,是古代地位和法权的象征。《周礼》载:"王宫悬,诸侯轩悬,卿大夫判悬,士特悬。"即帝王的钟磬乐架按四面排列,诸侯只能排三面,公磬和士大夫排列两面,士人只能排一面。春秋战国时期编钟风靡一时,和其他乐器如琴、笙、和鼓等一起成为王室显贵的陪葬重器。目前还没有见到商代晚期的钟,所能见到最早的是西周早期宝鸡竹园七号墓出土的3件一套的编钟。出土的商周时期乐钟有10套之多,湖北省随县出土战国早期的文物——著名的曾侯乙编钟,这套编钟由编钟上的错金铭文"曾侯乙作持"而得名,是目前所见规模最大的编钟。

如题为《汉代俗乐及其娱乐功能》②一文,两汉礼乐制度的重建及不断完善、巩固的过程,体现了汉帝王对国家统治权"正统性"的追求与实践,也是统治者身份和地位的表征。其"雅乐"主要是为统治阶级各种祭祀、礼仪场合服务,而当我们放眼处于汉代政治"大一统"、经济力量逐渐强盛的环境中的音乐时,可以发现在礼乐"光辉"的映衬下,还有一幅由宫廷、官吏和庶民等阶层共同描摹的、多姿多彩的、融合诗歌、音乐(含歌唱与器乐)、舞蹈、百戏等诸"乐"类型的用以娱人的俗乐审美图景。音乐史家黄翔鹏认为秦汉魏晋时期中国音乐以"歌舞伎乐"为主要特征,而这一时期与春秋战国的歌舞乐三位一体的乐舞时代不同的是:"歌、舞、器既独立发展又相互结合而为清商乐演奏,这就进

---

① 许洁:《荀子〈乐论〉所见先秦乐器考述》,《邯郸学院学报》2022年第1期。
② 赵倩:《汉代俗乐及其娱乐功能》,《中国音乐》2022年第2期。

入了一个新的艺术时代。"在新的艺术时代中,从先秦时期便存在的"雅俗之争"也产生了新的变化:俗乐兴盛,雅乐式微。俗乐的表演充斥在帝王、贵族、官员、百姓等不同阶层的宴饮、娱乐及风俗多种场合中。这些场合的俗乐表演,让我们看到了俗乐的艺术特征——世俗性和娱乐性,看到了其娱乐功能的形成,与雅乐的式微、"楚声"的功能及其影响以及人的主体意识觉醒等因素有关。

如题为《琴何以"禁":汉代"琴—禁"观念的生成及演进逻辑》[①]一文,"禁"之观念首先折射出的是其礼乐文化的大背景。礼乐文化包罗甚广,这里主要涉及其与"禁"相关的方面。从制度层面看,周公制礼作乐,主要是为了维护其封建制的统治。《周礼·春官宗伯·大司乐》中说:"大司乐掌成均之法,以治建国之学政,而合国之子弟焉。凡有道者,有德者,使教焉。……以致鬼、神、示,以和邦国,以谐万民,以安宾客,以说远人,以作动物。乃分乐而序之,以祭、以享、以祀。……凡建国,禁其淫声、过声、凶声、慢声。"这里交代了礼乐的目的是安邦定国;方法是"分乐而序",以及对"淫""过""凶""慢"之声加以禁止杜绝。前者是在乐的使用中对礼的强调,后者则明确规定了所能使用的乐的性质与范围。"淫""过""凶""慢"之声,冯洁轩认为是商音乐的遗留,对这种音乐的禁止,透露出西周雅乐与商代风俗、音乐的对立,这即是"禁"最初的政治和制度语境。

(三)混合式结构

混合式结构又称纵横交叉结构或并列递进复合式结构。有些文章往往涉及许多事物,每一事物又涉及很多的方面,所要论述的各个部分之间关系复杂。当不能仅用一种单一的结构完整地表达时,就需要把并列式结构和递进式结构结合起来,形成一种混合的复合式结构。最常见的形式是总体上是并列结构,而在某个或某几个部分中又是递进结构,或者总体上是递进结构,而在某个或某几个部分中又是并列结构。也有可能是前几个部分是并列的结构,后面几个部分是递进结构。在不同的部分之间采用不同的叙述方式,使得各个部分能够采用最佳的表述形式,使丰富庞杂的材料有机地得以结合,增强了文章论述的深度和广度。但这种安排结构的方式比较复杂,对于初学者而

---

① 秦双杰:《琴何以"禁":汉代"琴—禁"观念的生成及演进逻辑》,《艺术学研究》2022年第2期。

言相对难掌握一些。

如题为《古代朝鲜半岛〈献仙桃〉考论》①一文的结构安排方式为:第一部分,宋代队舞东传的《献仙桃》,在高丽朝至朝鲜朝的宫廷得到较为有序的传承,并从宫廷传入民间,表演形态的具体细节则始终处于变化之中。无论是高丽朝还是朝鲜朝,宫廷还是民间,《献仙桃》始终保留着扮演角色表演故事情境的戏剧特征,故而可称为歌舞戏。第二部分,但其乐曲结构明显不同于大曲,并非采用大曲的形式表演,亦非大曲摘编或曲破。第三部分,《献仙桃》演述西王母的故事,与宋代队舞中的"王母队"有着不可忽视的联系。在文章中作者用使用层次标题说明各个部分的逻辑关系,整篇文章显得条理清楚、逻辑严密、论证有力。

如题为《从来源、形制和传播看唐〈破阵乐〉及其影响》②一文,第一部分,简要介绍了《破阵乐》是唐代著名祭祀宴享用大曲之一,也是著名唐代"三大舞"之一,《破阵乐》是对这系列乐舞的总称,其最初来源是有胡化倾向的民间军乐,随着唐礼乐制度改制,经历了复杂的燕乐化过程,演出形制也多经改易。第二部分,其流传时间之长,传播范围之广,变衍版本之繁,其他唐代大曲难以比拟。第三部分,《破阵乐》影响极大,承载着唐代几代皇帝的明显政治目的:制造国乐,弘扬国威,扩大国际威望。

在文章中,为了使论述更加清晰明白,在正文部分写作时,每个部分最好加上小标题,在每个标题上使用不同级别的层次标题,就会使文章层次分明、重点突出,达到最好的表达效果。

在文章中,各个部分之间所表达的意思往往是独立的,如果缺少了过渡,直接从一个部分转到下一部分,则会让人感到突兀和生硬,要解决这一问题,就需要在各个部分之间安排合理的过渡性的语句或段落以实现各个部分之间的转换,从而使得文章各部分衔接紧密、过渡自然。

三、合理安排段落结构

合理安排正文结构,从宏观上来说包括安排好各部分之间的结构,从微观上来说包括各段落的结构。段落表示行文的停顿,在段落中一般应包含论点、论据和论证的过程,完整地表达一个中心意思。

---

① 岳俊丽:《古代朝鲜半岛〈献仙桃〉考论》,《北京舞蹈学院学报》2022年第1期。
② 肖徽徽:《从来源、形制和传播看唐〈破阵乐〉及其影响》,《中国民族博览》2022年第3期。

(一)使用规范的段落形式

段落有不规范段和规范段两种形式。在文艺创作或新闻报道中,有时为了方便阅读或随着故事情节发展的需要,有可能短到一个人说过的一句话独立成段,也有可能长到表达多种意思的内容合起来为一段,像这种随意安排的段落结构被称为不规范段。而规范段就是每个段集中完整地表达一个意思。

一般情况下,规范段与不规范段可同时使用,但在论文的写作中,因为论文的庄重严肃性,则要求使用规范段。每个段落一般应包含一个中心意思,其中包括了论点、论据和论证过程。每段都有一个中心句,全段围绕着一个中心句展开。一个中心句就是一个小的论点,由几个小论点组成一个部分来论证一个较大的论点,再由几个部分组合起来论述文章的中心论点。这样,整篇论文就是一个严密的逻辑整体。从整体来看,文章是由一个中心论点和若干论据(大的部分)加上论证构成的,从局部来看,每个部分又是由一个分论点、若干论据和论证组成,并且每个自然段也是由一个小论点和若干论据和论证构成。当然有的段落是为了文章的起承转合而不一定包含一个论点,但也是文章不可或缺的一部分。这样,每个段落都在各自所处的位置上为论证文章主题服务,与整篇文章自然成为一个完整合理有序的整体。

文章各个部分这样严密合理、井然有序的分工就要求作者在平时的写作训练中必须使用规范段。这一方面便于读者的阅读和利用,另一方面严格的要求也为论文的写作提供了框架,根据所要论述的中心论点安排论据材料,分出大的部分,再根据各个部分在文中地位的轻重取舍每个部分所使用的材料,小到每个段落,都是由论点和论据组成,要求作者在写作时必须对其所要论述的观点精准地思考。只有按照规范写作,才能避免在逻辑上出现混乱和东一榔头西一斧子的做法。

(二)突出段落中心句

段落中心句就是用简洁的文字概括全段中心意思的句子。论文严密的逻辑,不仅要求从客观上把握文章的结构,还要求从微观上把握每段的结构,突显中心句。每段的中心句就如同每段的旗帜,全段都是围绕旗帜展开的,抓住中心句来论述就不会使文章偏离主题。对于读者而言,对作者的观点可能是初次接触,把握了中心句就抓住了文章的要点和把握了文章的基调,在理解、引用文章时不至于出现错误。

段落的中心句通常置于段首。起句要切题,告诉读者所要论述的中心意思,这样开门见山,直截了当,使读者很容易把握全段的中心内容,即使不阅读后面的内容也能轻松地了解全段意旨。对于作者而言,一开始就奠定了写作的基调,使之成为全文的统领,引出下面的论述内容,写作起来也比较方便。

如题为《儒道两家早期乐教思想比较研究——以孔子与老子为例》①一文中的一段是:

儒家思想以孔子为鼻祖,在教育上,有着比较完整的体系,但儒家教育思想并不是没有缺陷的,我们的先人们很早就发现了这点。儒道两家分别以孔子和老子为代表,在思想指向与理论宗旨方面存在较大的差异,这一点成为儒道互补的主要因素和基本条件,正是如此,儒道两家构成了中国传统文化的主体,其中,音乐教育思想也是这个主体中的一个重要组成部分。该段的段落中心句是首句,儒家思想以孔子为鼻祖,在教育上,有着比较完整的体系,但儒家教育思想并不是没有缺陷的,我们的先人们很早就发现了这点。其余论述都是紧紧围绕中心句展开的。

如题为《论音乐聆听的四种方式》②一文中的一段为:

作为人的行为,音乐聆听往往被理解为音乐接受而置于欣赏范畴。其实聆听并非如此简单,它是世界性现象和历史性文化。作为音乐基本行为,它贯穿整个音乐存在过程。作为基本问题之一,音乐美学包括音乐教育学都对其做过深入研究。但对于这个熟识的范畴,笔者并不认为无需再谈,而是正相反。原因是我们并没有完全弄清楚其底细,其次是它并非一成不变,聆听方式就是其中之一。聆者听也,聆听是人通过耳朵感知世界的行为,既是方式也是通道,而音乐聆听方式的实质是音乐存在与传播形态中的对象性关系。笔者曾

---

① 李莉、黄剑敏:《儒道两家早期乐教思想比较研究——以孔子与老子为例》,《南阳理工学院学报》,2022年第1期。
② 陈孝余:《论音乐聆听的四种方式》,《中国音乐学》2022年第1期。

从中西方音乐史角度对音乐聆听做了考察,提出人类音乐聆听经历了两次变革、三种方式的观点。随着社会的发展和观察的深入,笔者发现之前的认知不够全面而且难以概括客观,尤其新技术新媒体的出现正在催生新的音乐聆听方式,我们的理论已经面临解释性危机。纵观历史,我们人的音乐聆听大体呈现出四种方式,即集会式聆听、剧场式聆听、文本式聆听和云端式聆听。该段的主题句是首句。

段落中心句有可能置于句末,这通常出现在总结归纳型的段落中。通常的做法是先列举一些材料,然后根据对材料的分析概括和总结,引出段落的中心论点,在段落的最后一句压轴性地推出。中心句放在段末,虽然不如段首那样醒目,但句尾是一个比较突出的位置,也会引起读者的注意。

如题为《构建有中国特色的律学学科:杨荫浏的律学研究》[①]一文中的一段为:

> 杨荫浏的律学研究总是聚焦于对中国音乐本体形态规律的探索与总结。琴人的音乐演奏实践、工匠的乐器制作实践在杨荫浏的律学研究中被充分重视,改变了对三分损益律的研究从史籍到理论、长期脱离中国音乐实践的现象。杨荫浏对于当代琴家演奏实践用律的观察,第一次为琴律研究在复杂的理论辩证之外,提供了新的思路。虽然古代律学典籍中早已间或出现过结合笛、琴、钟等乐器进行律学探讨,但始终没有形成与乐器制作实践相结合的成果。例如朱熹《琴律说》、陈敏子《琴律发微》等古代琴律理论著述均不重视演奏实践。陈旸《乐书》、朱载堉《律吕精义》中虽然都有专论"乐器图样"的章节,但是前者仅记录形制数据,后者虽有数理运算与律学原理探讨,甚至琴曲创作,但亦未涉及乐器制造实践。再如王光祈《中国音乐史》,虽然在"乐器之进化"一节以进化论视角考察了民族乐器发展历程,但极为简略,并未涉及律学理论。自《三律考》开始,中国律学史上闭门著书、不习器数的"传统"结束了。

---

① 吕畅:《构建有中国特色的律学学科:杨荫浏的律学研究》,《南京艺术学院学报》2022 年第 1 期。

这段话论述的重点是最后一句：自《三律考》开始，中国律学史上闭门著书、不习器数的"传统"结束了。为了得出这一结论，作者先说明了杨荫浏律学研究的特点，再详细地论述琴人使用乐律的特点，并引用材料加以佐证说明，最后得出可靠的结论。

段落中心句也有可能置于句中。这通常是承前启后的句子，该段的中心句是对上半段的总结，同时又开启下半段，引出下半段的内容，其独特的作用只能置于段中。从论述来看，中心句置于句中是必要的，但对于读者而言则不易把握，因而段落中心句置于段中的情况不是常见的，在写作时应灵活处理，尽量避免这种情况的出现。

如题为《〈一切经音义〉音乐史料考论》①一文中的一段是：

> 《一切经音义》为我国现存最早集释众经的佛经音义辞书，记载了珍贵的佛教、民间以及外来音乐语言，所释内容不仅是佛家用语的汇释，还是民间俗语的集合。如果说"汉文佛经是进行佛教音乐研究的最重要的资料宝库"，那么以《一切经音义》为代表的佛经辞书则是打开这座宝库的钥匙。因此，探究这些特殊音乐史料于音乐史研究有重大意义。目前，《一切经音义》相关研究成果丰硕，然多从辑佚校勘、辞书编纂等方面进行考察，尚未有专门探讨其音乐史料的研究成果。本文就《一切经音义》所录音乐史料及其音乐价值等问题进行考察，以就正于方家，亦期于音乐史研究有所裨益。该段论述的中心是《一切经音义》相关研究成果丰硕，然多从辑佚校勘、辞书编纂等方面进行考察，尚未有专门探讨其音乐史料的研究成果，为了引出这一结论，在中心句的前面、中心句之后的部分，则是引用材料，进一步补充说明这一中心句。

当然，段落中心句的位置并不是一成不变的，有时因段落篇幅过长，也可能是在段首便点明了中心句，但要在段末又补充性地予以说明，前后照应更能加深读者对段落中心句的印象，也使段落的结构更为合理。

如题为《谈中国古代音乐史研究的深度和广度》②一文中的一段为：

---

① 柯慧俐、元娟莉：《〈一切经音义〉音乐史料考论》，《人民音乐》2022 年第 1 期。
② 李睿：《谈中国古代音乐史研究的深度和广度》，《淮南职业技术学院学报》2021 年第 5 期。

"数"的概念最早可以追溯到盘古开天地之时,《后汉书》记载:"然则天地初形,人物既著,则算数之事生矣。记称大桡作甲子,隶首作数。"其用途是"计数也"。即单纯的自然数的运算。"数"有两种意义,一是表层意思,就是计数,"数"作为自然数,在数学领域,中国是先于西方。据记载:"汉代已知解任意多元一次联立方程式,欧洲要迟到16世纪才能解三元一次方程式。……不定方程式,同样也是我国最早、最发达。在求圆面积方面,中国算出圆周率(3.141 582 6)早于西方一千一百年。等差级数求和的办法,又早于西方五百年"。利玛窦说:"中国人不仅在道德哲学上而且也在天文学和很多数学分支方面取得了很大的进步。他们曾一度很精通算数和几何学"。李约瑟道:"在把十进制应用于数学方面,中国人比阿拉伯人和欧洲人大约早一千年"。中国古代的数学被披上了神秘的外套,发生了异变,衍变出所谓"象数"。一方面由于古人对天文现象神秘莫测的崇拜和追求,数学作为探索其途径,自然就带上了神秘色彩,"数者,一、十、百、千、万也。所以算数事物,顺性命之理也"。"算数事物"就是计算功能,而"顺性命之理也"为表意功能,意思是说数也能了解人生的命理。随着时代的变迁,在中国传统文化观中,数的表意作用越发受到人们的重视,其含义不断被丰富,从哲学到宗教,无处不在。另一方面,古代将盛行的占卜、巫术等与"数"结合,把"数"当作表达上天神明意志的符号,例如由奇数和偶数的符号"-、- -"演变而成的《周易》。这些都是古人企图用数对世界的探索,利用数找到自然与人的联系。

(三)合理控制段落的长短

对于段落划分的长短,没有统一的标准,其长短不能在形式上按字数的多少来规定,只能由文章篇幅的长短和每段所要表达的内容来决定。长文章的段落可以相对长些,短文章可以相对短些。

在段落划分上经常出现的错误是:分段过短或过长。如果过短,则显得零碎,无法就某一论点展开周密细致的论述。如果用小段论证,有时会把论点、论据、论证割裂开来,让人觉得支离破碎,达不到段落完整的表达效果。而过长的段落则显得过于冗长,几个意思纠缠在一起,读者读了一大段不仅费力还不知道作者究竟所要表述的内容。这是由于作者不善于划分段落而造成的,本该另起一段的时候而没有分段,因而显得思路不清,理不出头绪。总体来讲,论文段落的长短需完整地表达一个独立的意思,根据文章篇幅的长短来确定。

第三节 几种常见论文的写作

人类的科学研究领域是非常广阔的。在这一广阔的科学研究领域中,学术论文不可能是单一的形式。根据不同的类型,可将学术论文分为不同的类别。现就音乐学论文中常见的论证型、述评型、考证型的文章予以说明。

一、论证型论文的写作

论证型论文是作者在广泛占有材料的基础上,综合运用历史音乐学的基础理论、基本知识和技能,以概念、判断、推理等逻辑形式对某个学术问题表明自己的观点,展开进一步论证的文体。一般来说,一篇完整的论证性文章是由论点、论据和论证三部分构成的。论点就是作者的观点或见解,一般在引言部分提出。论据则是建立论点的理由和依据,是在写作前准备的材料。有了论点和论据,还要进行论证,论证就是用论据来证明论点的过程,就是深入分析、说明论点和论据间的关系,让读者认同作者观点的过程。

(一)论证型论文写作原则

在音乐学论文中,论证型文章使用最多,可以说是写作论文最主要的形式,其写作就是一定要由论点、论据和论证所组成的一个严密完整的表述系统。

1. 正确而鲜明的观点

论文的观点就像旗帜一样醒目,写作时必须把握住正确和鲜明两个原则。所谓观点的正确,就是作者所持的观点必须符合历史发展的规律,建立在科学性的基础上,能抓住所研究对象的本质和规律。所谓鲜明,是指文章的论点必须是明确地表明自己的立场和观点,表达观点时不是含糊不清或模棱两可,评论事情时不是各打五十大板的做法。正确而鲜明是写好论文的基础和前提,决定着文章的质量和水平。

在写作过程中,有些学生通过自己的研究,对某个问题有了自己独特的见解,但是在写作时,却因为其所研究的领域内有某个专家对该问题已经有了某个定论,即使这个定论是有待商榷或是明显错误的,也不敢明确表述自己的认识。表述观点时吞吞吐吐、欲言又止,这是要不得的。科学研究贵在求真务实,客观地认识所要研究的对象,科学研究面前人人平等,只要"言之有理、持之有据",就应该敢于表述自己的观点。

2. 真实可靠的论据

正确而鲜明的观点奠定了写作的基础,但一篇优秀的论文还必须要有真实而可靠的论据的支撑。在任何情况下,事实永远胜于雄辩,文章所引用的资料,就像建造一栋楼房时所要选用的钢筋和砖块一样,如果建筑材料本身就是假冒伪劣产品,所修楼房的质量当然是可想而知了。就作者而言,在写作时一定要对其所使用的材料严格把关。对于第一手资料,也要反复推敲其真实性。很多同学在写论文时,只要是从古籍上摘录下来的资料,不经鉴别就直接拿来使用,认为这是"古籍"资料,使用越多就越能证明文章搜集资料越广泛。殊不知,古人也不是完人,其著书立说也会出现局限性,对某个问题的认识、对某件事情的记载、对某个事件的评论也并不是完全正确的。这就要求学生在使用古籍资料时要仔细把关,确定材料真实可靠后才可使用。对于第二手资料,更需要刨根问底,弄清其真实性。涉及到引用的资料,一定要查清楚原始的出处,引用别人的论述,必须符合作者本人的原意。有一些学生写文章时不看原著,而转引他人论著中所摘录的文献,这种学风是要不得的。

3. 严密的论证

论证型论文重在说理,要善于合理恰当地应用多种论证方法,深刻地分析所研究对象的特点,发现其本质与规律性,揭示论点与论据之间的内在关系,推导出无可辩驳的结论。论证严密,就是要对所研究的内容、方法、价值等进行简要、清晰、全面的论述,对研究所涉及的主要术语进行严格的界定。它反映着研究者的主要思路和水平,故需要认真思考、仔细推敲。从文章的整体来看,作者提出问题、分析和解决问题,要符合客观事物的规律和人们的认识规律,整篇文章紧紧围绕中心论点展开论述,观点鲜明正确、论据真实可信、论证严密充分,观点与材料有机结合,逻辑严密。

（二）最常见的论证方法

在论证型论文的写作中,议论是最主要的方法。议论是就所要研究的问题进行分析,通过一定的资料与方法证明自己观点的一种方法。在论证型论文中,议论分为立论与驳论两大类,立论是从正面论述自己观点的正确性,驳论是从反面辩驳别人观点的错误性,以证明自己观点的正确性。无论是立论还是驳论,最终的写作目的都是要证明自己观点的正确性。为了达到写作目的,经常使用的论证方法有:

1. 举例论证

在音乐学论文中,这种方法最为常见,是以事实作为论据来举例说明,最常使用的是用材料来论证。事实胜于雄辩,使用真实而可靠的例子来证明自己的观点更具有说服力。

在运用事实进行论证时要注意以下几个问题:第一,要保证所列举材料的真实性和可靠性。所举的事例必须是确有其事,不能因为在某本史籍中有关于此事的记载,就认为一定是真实材料。尤其是一些方志类的书,往往是为地方当权者,为地方名人讳,其中不乏溢美之词,有些事实也可能是捏造的。第二,找准事实所要反映的与写作内容相关的问题。事实是一个复杂的多面体,从不同的侧面分析就会得出不同结论,引用事实并不是引用它的全部内容,这就要求在写作时抓住与自己相关的一面进行分析,即事例与论点相一致的那个切点,切忌因为过多分析事件本身而冲淡了所要论述的主题。第三,注重引用材料的新颖性。新颖的事例能吸引读者继续阅读下去,也给所要论述的论点带来新意。在引用材料时,如果存在的同类事例很多,就要选择那些没有用过或很少用过的且富有新意的典型事实材料。对于常见的材料,要敢于从不同角度来审视和分析。

2. 理论论证

为了强化文章的说服力,可以引用经典论著、名人名言,也可以引用成语、谚语、定理等来说明自己观点的正确性。由于论点一般是作者个人从具体的材料中抽象概括出来的,其实质是归纳法,而归纳法在很多条件下是很难全面的。因此,用理论加以辅证,就能够保证其可靠性。

理论论证的逻辑形式是演绎推理,就是将归纳所得的论点,用人们已知的科学原理去衡量。引用的言论、事理是被人们所承认的,用它来证明自己的论点就会显得真实可信。但须注意的是所引用内容的科学性,它们本身是经得起推敲和考验、准确无误的,否则用它来证明的论点就失去说服力,甚至变成了错误的东西。

3. 比较论证

比较论证通常分为两类:一类是类比法;另一类是对比法。

类比论证是根据两个对象在某些属性上的相同或相似,推论两者在其他属性上也有相同或相似点。如在分析清朝加强专制主义中央集权的措施时,可以与明朝进行类比。如在思想方面,两个王朝都推行"文字狱",对知识分子思想进行严格的控制,认识明朝的文字狱,可以从清朝人的论著中得到启发,这样可以解决明朝对文字狱记载不甚丰富的问题。类比法富于启发性,它深入浅出,使读者易于领悟抽象的道理,可使文章简练生动。

对比论证则是一种求异的思维方式,它侧重于从事物中相反或相异属性的比较中来揭示需要论证论点本质。对比可以是两个对象之间的比较,也可以是同一对象自身前后不同阶段之间的比较,前者称为横向比较,后者称为纵向比较。如分析究竟应不应该废除考试制度时,可以通过对比古代的考试制度——科举制出现以前的人才选拔制度、科举制确立后选拔人才的优越性、科举被废除以后社会在选拔人才方面出现的混乱与困境,自然可以得出正确的结论。在比较中分析和阐明了两者的差异和对立之后,是非昭然,自然就能够确立论点了。

运用对比论证要注意几个问题:第一,比较的双方要具备可比性,不能将两个互不相干的事物进行对比。第二,要建立合理的参照系。要进行比较,就必须具有合理的共同参照系,没有共同的参照系,两者就无法进行比较。所谓参照系指的是用来衡量和确定双方优劣长短的标准,这样的标准必须具有客观性,否则比较的结论就不可靠。

4. 因果论证

在社会历史中,各种现象之间是普遍联系的,因果联系是普遍联系的表现形式之一。没有一个历史事件不是由一定的原因引发的,一个历史事件的发生又会产生必然的结果。在写文章时,根据客观事物之间都具有这种普遍的和必然的因果联系的规律性,通过揭示原因来论证结果,就是因果论证。运用因果法的关键是既要发现两种现象之间确实存在着前因后果的关系,同时也要正确分析因果关系的复杂性。

社会历史本身有着极强的复杂性,可能会出现一果多因、一因多果或多果多因的情况,所以在使用因果论证的时候,要善于深入分析引发该事件发生的原因,避免出现分析的漏洞,以便得到更为客观的结论。

5. 归谬论证

归谬论证,又称引申论证,这是写驳论文的常用的方法。在写作时并不直截了当地指出某一观点是错误的,而是先假定认为它是正确的,然后顺着对方的逻辑去推理;最后,导出一个十分荒谬的结论,使人明显意识到它的错误,使此论点不攻自破,在反驳对方观点的基础上树立了正确的观点。运用归谬法,可使文章具有幽默和讽刺性,文风犀利而泼辣,让人有胜利的快感。

6. 反证论证

就是不对论证的论点作直接论证,而是对这一论点相反的另一论点进行论证,证明与正面相矛盾的反面论点是错误的,从而间接地说明正面论点是正确的。就对同一个历史问题的认识,两个互相矛盾的观点不可能同时都是正确的,至少有一个是不正确的。在论述时,不直接地说明自己的观点是正确的,而是通过大量的事实证明与之相反的观点不正确,则自己的观点是正确的。在应用反证法时,首先作出"反设",即作出与自己观点相反的观点是正确的假设,然后将反设作为条件,通过多方面的论证得出一个错误的结论以说明反设不能成立,从而肯定了自己观点的正确性。

在论证型文章的写作中,论证方法的应用取决于论证的需要。一般地说,是在形成文章的论点之后,再去构思怎样论证这个论点并搜集材料,选择论据,从而决定使用哪些论证方法,而不是先定好使用何种论证方法,再去确立论点,选择论据。通常情况下,在一篇文章中,甚至一段中,常常不只使用一种论证方法,多种论证方法的综合运用,会使文章显得富有变化。

二、述评型论文的写作

述评型论文包括综述性论文与评析性论文。在标题中有的使用"……研究综述",有的使用"……述评/评述",是在归纳总结前人在某一学术问题或某一研究领域已有的研究成果的基础上,进一步分析和评述,发表自己见解的一种论文。综述重点在"述",其中述的成分多而评论的成分少,只对观点、数据、事实等作客观的分析和介绍。而述评中既有"述"又有"评",侧重点在评。但这两类文章都是对目前已有研究成果的总结和研究,在写法上是相通的。

在述评型的文章中,要简要说明问题的提出及在各阶段的研究状况,并根据研究成果选择几个方面予以详尽介绍,特别是要介绍不同的学术观点。对陈旧的、过时的或已被否定的观点从简或略去,对一般读者熟知的问题只要提及即可。在此基础上,要对已有研究成果进行总体评论,并指出今后需要重点研究的方面。

述评型文章的写作没有固定格式,有的按问题发展历史依年代顺序介绍,也有按问题的现状加以阐述的。不论采用哪种方式,都应比较各家学说及论据,阐明有关问题的历史背景、现状和发展方向。

作为初学者,应尽可能多地阅读和写作述评型的文章,因为述评型文章归纳观点相对容易,能够就某一问题给自己以明确的指导。在写作述评型的文章时,作者通过搜集前人的研究成果,可以进一步熟悉该问题的研究历程,加强对该问题的理解,发现争论的焦点,确定研究的目标,选定有学术价值的题目。

(一)写作原则

述评型论文与一般文章的写法有所不同,一般的研究型论文比较注重研究的方法和结果,而述评型文章主要向读者介绍与主题相关的各种研究成果和研究动态,并进行恰当的评述。在撰写述评型文章时应注意以下几个原则:

1.广泛地占有资料

要写好述评型的文章,第一步是进行全面的观点搜集,搜集的面一定要广泛,建议最好从最新发表的文献开始,看看最新的成果中引用了哪些前人的成果,再顺藤摸瓜,去查找阅读这些著作。要尽可能全面了解前人的观点,包括国内国外的。如果搜集的观点有重大的遗漏,就不可能很好地完成述评型文章。换言之,就无资格写这类文章。

2.选择的材料、观点要有代表性

当同一个问题研究的成果较多时,一定要选择那些有代表性和影响力的成果。特别是选择那些在业内知名度较高的学者的观点,他们对某一问题的认识往往是高屋建瓴、最具代表性的。其中,要特别突出首先提出该观点的作者。

3. 引用时要忠于原作者的观点

述评型的文章在引用已有的成果时,文字一定要简洁,尽量避免大量引用原文,要用自己的语言把作者的观点说清楚。在写作中要忠于原文,所引的材料和观点一定要符合原文的真实面貌,不能主观臆断,推测原作者的观点,更不能根据自己的好恶断章取义,任意评说。

(二)述评型论文容易出现的误区

1. 简单罗列材料

述评型文章不是对已有文献的重复、一般性介绍或罗列书目清单,而应是经过认真阅读和思考后,对某一问题的研究成果的全面客观的总结工作,即对以往研究的贡献和不足的客观分析与评论。对于某些新课题,写作时可以追溯该主题的发展过程,适当增加一些基础知识内容,以便读者理解。对于人所共知或知之甚多的主题,应只写其新进展、新动向、新发展,不必重复别人已综述过的前一阶段的研究状况。

2. 选题过于宽泛

述评型文章选题切忌太宽泛,把相关的资料都充斥进去,造成篇幅大、内容松散、主题不突出。一旦题目过大,必然面面俱到、头绪繁杂,难以起到浓缩再创造的作用。研究综述不是资料库,而是要紧紧围绕所确定的课题,将已有研究成果经过自己的归纳整理后,系统全面地反映研究对象的历史、现状和趋势。

3. 使用材料不经判断

写述评型文章的目的,就是对某一问题研究的历史、现状、未来作以综合的把握。而初学者经常所犯的错误是对切入点把握不好,大段引用原文的观点,什么都写,但什么也没有讲明白。在用别人的观点时,应有所取舍,在与原文作者观点一致的情况下,尽量用自己的语言表达。如确有必要引用别人的观点,应使用不同的句式表达别人的观点,如"范文澜认为……""根据郭沫若所说……",或《明史》的撰写者认为……"。

对所要研究问题的过程的把握和自己研究方向的确立是研究者的首要工

作。阅读和写作述评型文章,都能使初学者很好地把握科学研究的基本规律、学术研究的基本规范,并快速提高学术论文的写作能力。写作研究综述或述评,实际就是对前人研究成果去粗取精的过程,在接触各种不同的学术观点中,一方面可以扩大作者的视野,把握某一问题研究的最新动态;另一方面根据前人已有的成果选定自己的研究课题,并形成自己独到的见解。所以,对研究者来说,撰写述评型文章是必需的一个环节。

三、考证型论文的写作

考证,即考据,是指研究文献或历史问题时,根据资料来考核、证实和说明。姚鼐《夏秦小砚书》:"天下学问之时,有义理、文章、考证三者之分,异趋而同为不可废"。宋代考据已取得相当的成绩,此后不断发展,至清乾隆、嘉庆两朝考据之学极盛,形成了系统的理论与方法,后世称为考据学派或乾嘉学派。从广义上看,包括目录、版本、校勘、辨伪、训诂、辑佚等多方面的内容。这里所讲的考证,指的是狭义的考证,即运用准确无误的材料,对某一历史问题的考核和证明,得出令人信服的结论。

考证型论文多用于研究典章制度、人物生平、古籍、某一事件的辨证等。通过大量的材料考证,发现客观事物的本来面貌,纠正已存在的错误认识,澄清长期以来争论不休的公案,学术意义重大。但写作此类文章难度较大,作者必须掌握丰富而翔实的材料,并能够进行严密的论证。

(一)写作原则

1. 考证要有明确的对象

考证型文章首先要有明确的研究对象,对该问题目前存在的不同观点要有准确的把握,能够对产生不同观点的原因有深刻的认识,在此基础上,抓住对方在材料应用上或者是逻辑推理上明显的错误,加以有力地反驳,阐明自己的观点。

2. 考证要有新论

考证的目的是纠正前人的错误,因此考证性文章一定要有新意,作出有别于前人的发现、提出新的见解。如果对一个问题没有充足的理由证明其不足或错误之处,就没有写作考证文章的必要了。考证型文章最忌讳的是感情用事,它注重讲道理,摆事实,以理服人。所以作者应以准确、真实的材料为依据,以高度严密的论证得出客观的结论。

3. 考证要有可靠的证据

考证型论文依据的必须是大量真实、可靠的证据。一个确凿的证据,可以推翻一个业已形成的定论,同样一条错误的材料,会影响到整篇文章的质量,所以在使用材料时,一定要选择可靠的材料。如果考证资料本身的真实性存在问题,那么结论的真实性就很值得怀疑,结论就会显得牵强,没有说服力。所以写考证型论文,首先要对所使用的证据进行鉴别,绝对不能以伪证伪。考证型文章的结论不是随心所欲的判断,而是在大量可信的事实中得出来的。

(二)考证的方法

1. 逻辑推理

从事考证时,通常要从所考证问题的不同观点或不同方面出发,展开恰当的逻辑推理,最好佐以事实依据或相关资料,得出令人信服的结论。运用逻辑推理时,必须多讲道理,最好还能摆一些事实,这样才能使自己的论点站得住脚。但使用逻辑推理来研究问题时,必须要小心谨慎,否则会犯主观臆断的错误。

在推理时,经常使用的两种方法是归纳法和演绎法。归纳法,指从许多个别事例中获得一个较具概括性的规则。这种方法主要是对收集到的既有资料加以抽丝剥茧地分析,最后得出一个概括性的结论。演绎法,则与归纳法相反,是从既有的普遍性结论或一般性事理中推导出个别性结论的一种方法,由较大范围逐步缩小到所需的特定范围。归纳是从认识个别的、特殊的事物推出一般的原理和普遍的事物;而演绎则由一般(或普遍)到个别。演绎法和归纳法在认识发展过程方面,方向是正好相反的。归纳(指不完全归纳)是一种或然性的推理;而演绎则是一种必然性推理,其结论的正确性取决于前提是否正确,以及推理形式是否符合逻辑规则。在写作中,可以根据研究的需要,灵活运用归纳和演绎,合理地分析问题,得出正确的结论。

2. 二重证据法

二重证据,即王国维先生提出的把发现的材料与古籍记载结合起来以考证古史的方法。王国维运用考古学的成果,结合《史记》《汉书》等文献史籍资料,对汉代边塞、玉门关址、楼兰、西域丝绸之路等问题,作了较为详尽的考释,在学术界产生了巨大影响。

二重证据法要求我们在写考证型文章时,一方面要不断搜罗文献资料,另一方面要尽可能地利用出土资料,相互印证,得出可靠的结论。像敦煌文书、秦汉简牍和大量考古遗址的发现,为历史的研究提供了极为珍贵的材料,运用这些新的资料,就会对某些问题有新的看法,甚至纠正一些错误的看法。

3. 实地调查法

实地调查,就是对某些历史记载不清的问题,可以到实地去做调查研究,搜集有关资料,以弥补文献的不足。实地调查法是考古、历史地理、民族史、社会史、地方史等方面研究中常用的方法。

比如在研究民族史时,到当地实地地调查,可以感受得到当地的民族气氛,增加自己对研究对象的理解,有助于产生更深的感悟和作出更合理的逻辑判断与推理。费孝通先生通过深入农村社区大量的实地调查,描绘出了中国南方社区的实景,向世界展示的不仅仅是小小部落,而是一个伟大国家的缩影。"随着本书的描述,读者本身将被带入故事发生的地点:那可爱的河流,纵横的开弦弓村,他将看到,村庄的河流、桥梁、庙宇、稻田和桑树的分布图,此外,清晰的照片更有助于了解这个村庄。"通过实地调查研究,费孝通先生发掘了原汁原味的地域文化,为我们提供了当地民族研究的"活化石"。从中可以看出,从实地调查中获取资料对于历史研究的重要意义。

思考题

1. 材料的引用中应注意哪些方面?
2. 论文结构安排的原则有哪些?
3. 常见的论文结构分为哪几种?试举例说明。

附:范文

熹平石经乐律残石的相关探讨①

李荣有

摘要:汉以来史籍中多见《乐经》佚失,仅剩"五经"之说。出土的熹平石经两块乐律残石虽仅有77个汉字,但结合文献史料的零星记述和历代学人对散佚《乐经》研究文献的综合考证发现,乐律残石足以看成《乐经》再现于汉代的重要证据;同时,印证了媒介变革与艺术历史演进之间有着一种相互依存、交融互补的发展关系,存在着创新模式与传统模式并存发展的稳固序列。媒介变革往往受到艺术发展的影响并为记录艺术历史提供新的平台,艺术历史的演进则因媒体变革而绽放出强大的活力和瑰丽色彩。

关键词:熹平石经;乐律残石;媒体变革;艺术历史演进

一、熹平石经及其后世遗绪

自汉武帝采用"罢黜百家,独尊儒术"的治国方略后,儒家经典被立为官学法定教科书,朝廷设"五经博士"来专门讲授。由于书简文献易腐,东汉时期又有大量典籍遗失,连皇家藏书馆里的标准本"兰台漆书"也因种种原因被人为涂改。在这样的情形之下,蔡邕等人向汉灵帝提出校正"六经"刊刻于石的奏请。奏请获准后,从熹平四年(175)至光和六年(183),在蔡邕的主持下,"六经"今文儒学经典被刊刻于石,立于京畿洛阳的太学门外。经文刻于高一丈、宽四尺的长方形石碑之上,共46石,计20余万字,世称"熹平石经""汉石径"和"太学石经",又因其用隶书一体写成,世称"一字石经"。遗憾的是,汉献帝初平元年(190),石经因战乱遭受严重破坏,至魏初,虽有修补,却因受后世朝代更迭、迁徙等因素的影响,损毁严重。

之后,魏晋至明清各朝,陆续有重刻石经之举,影响较大的有:魏"三体石经"、唐"开成石经"和清"乾隆石经"等。

---

① 李荣有:《熹平石经乐律残石的相关探讨》,《音乐研究》2021年第6期。

魏石经,又称"正始石经"。由三国魏废帝(齐王曹芳)于正始年间(240—249)刊立,位于洛阳太学讲堂西侧汉石经对面。因魏时古文经学兴盛,故刊刻内容为古文经典,另因刻字兼用古文、篆、隶三种字体,后世又称其为"三体石经"或"三字石经"。

唐石经,又称"开成石经"。于唐文宗大和四年(830)至开成二年(837)完工,由艾居晦、陈玠等人负责实施。原立于唐长安城务本坊的国子监内,宋代移至府学北墉。"开成石经"以楷书为范,因其内容包括《周易》《尚书》《周礼》《仪礼》《礼记》《诗经》《春秋左氏传》《春秋公羊传》《谷梁传》《论语》《孝经》《尔雅》等12部经典,亦称"唐十二石经"。

北宋石经,又称"嘉祐石经"。于宋仁宗庆历元年(1041)至嘉祐六年(1061)完成,历时20年。石经立于宋都开封府国子监。因石经刻有《周易》《尚书》《毛诗》《周礼》《礼记》《春秋》《孝经》《论语》《孟子》(宋代将《孟子》列为经书)等9部经书,故世人又称其为"九经"。另因其用了篆书和隶书两种书体,故有"二体石经"或"二字石经"之称谓,还有按地名称作"汴学石经"或"开封府石经"。

南宋石经,又称"绍兴御书石经",因多为宋高宗手笔,还称"宋高宗御书石经"。石经于高宗绍兴五年(1135)至孝宗淳熙四年(1177)完成,立于临安(杭州)太学,故又有"临安石经"和"宋太学御书石经"之名。另因当时专门建有石经阁,阁下置石经,阁上藏拓本,阁名"光尧",便有人称之为"光尧石经"。该石经初刻《周易》《尚书》《毛诗》《春秋左氏传》《论语》和《孟子》等6部经书,后又增刻《礼记》中的部分内容,总计7部经书。

清石经,又称"乾隆石经"。始刻于乾隆五十六年(1791),至乾隆五十九年(1794)完工,历时三年有余。碑刻立于北京国子监。乾隆皇帝钦命的总负责人是和珅、王杰,副职为董浩、刘镛、彭元瑞(业务主持)。清石经刻有《周易》《尚书》《毛诗》《周礼》《仪礼》《礼记》《春秋左氏传》《公羊传》《穀梁传》《论语》《孝经》《尔雅》和《孟子》等共13部,即所谓的"十三经"。

熹平石经虽然屡遭损毁而失去了其预期目的,但在汉至清以来的宫廷和学界,一直被认为是一种可行性较强的文献保护和传承的媒介,故而历朝不断对其进行再开发和再利用,并与纸质媒介相依相伴而流传于世。

二、熹平石经乐律残石的基本情况

在河南省洛阳市东汉都城开阳门外的太学遗址(今偃师县朱家圪垱村),

陆续有熹平石经残石出土。据相关统计,截至清末民初,公共收藏和保存完好的共有8275字。新中国成立后,又先后发掘和收集了600余字,共计8800余字。残石现主要藏于洛阳博物馆、河南博物院、西安碑林博物馆、中国社会科学院考古研究所和中国国家图书馆。

对于陆续出土的石经,历代学者亦多有考索,并逐步理出了石经所刻经书的名称和数量。其实际情况是,所见石经刊刻的书目,并非如《后汉书》等史书中所记的"五经"或"六经",而是包括《鲁诗》《尚书》《周易》《仪礼》《春秋左氏传》《春秋公羊传》和《论语》等7部儒家经典。

20世纪80年代,在洛阳东汉太学熹平石经遗址发现乐律残石,其中两块石面清晰地刻有乐律铭文,现藏于河南博物院。经仔细辨认可知,第一石正面有47个汉字(个别残字依稀可辨),第二石正面有30个汉字,均为汉隶书体,呈竖排自右向左排列。

第一石见有刻字10行,自右至左各行文字(包括根据词义辨识的残字)为:编钟小变徵;编钟小徵均;编钟小羽均;编钟下变宫;相(次?)祠中(郊?);商均南吕第;(角?)均应钟第;徵均泰簇第;(羽?)均姑洗第;(宫?)均。(见图1)

图1

很显然,这些乐律铭文所展示和代表的,正是编钟悬架上的乐钟位置。中间部位所刻的"相(次?)祠中(郊?)",可能是作为一个标志性名称,意味着该编钟或某编钟乐曲用于宗祠。若下方被拦腰切断的铭文果为"郊"字,则正好对应了文献史料中关于"郊庙祭祀"的记载。

第二石见有竖排刻字8行,根据刻石的整体排布结构,以及对其词义进行综合分析可知,此残石上各行文字皆为"三重编钟"(见图2)。因其上端连接处的文字均已残缺,无法看到完整的内容,但根据二石上乐律铭文之间的相互关联信息,以及编钟乐悬自下而上的悬挂序列,即镈钟、甬钟、钮钟三重悬挂的编悬模式,这里的"三重编钟",应指乐悬的"第三重编钟"钮钟的位置。那么,照此推理,第二石的原始位置,应位于第一石的左下侧,这样二石上的乐律铭文就形成了一体性对应关系。

图 2

十余年前,笔者受河南博物院李宏副院长之邀与该院华夏古乐团进行座谈,曾亲见实物。根据本人之前对出土熹平石经残石及其研究文献的了解,前述石经所载儒家经典中均未见有该乐律内容。因此,必须从其他途径,给予熹平石经乐律残石一个合乎历史事实的准确解读与定位。笔者循公孙尼子因《乐经》而撰《乐记》的说法,从石经乐律残石与《乐记》之间的关系加以探讨,认为:现存《乐记》主要从哲理的层面论述"乐"的形而上属性意义,而能够与《乐记》内容相对应和相呼应者,只能是相传遗失了的《乐经》。而《乐经》应是以数理结构为主体记录音乐本体的属性,如乐律、乐调、乐谱、乐器和乐作等内容。那么,熹平石经乐律残石中的内容,恰好具有这种独特的属性意义。

目前,虽然这两块乐律残石仍属孤证,但作为一种独特的实证性史料信息,它起码可以作为引发我们开启这项学术探研活动的诱因和动力。为此,笔者近年来开展了如下几个方面的工作:(1)从辨识乐律残石字迹真伪的角度入手,确证乐律残石真伪。笔者曾专门请教南京艺术学院黄惇、河南大学艺术学院赵振乾等专家,分别对刻石材质、运笔手法、字体结构、刻凿工艺等方面进行全面的分析研判,从文字考古学的角度对其铭文进行考证,来确认该石经残石的真实性。(2)对历代学人关于熹平石经残石和散佚《乐经》的研究文献进行全面梳理与综合分析。(3)将熹平石经这一中古以来媒介变革的典型案例,与"六经"在传播流变过程中相近的曲折经历,放到一体平台进行综合考证,以期从一个更加广博的维度和深度,探讨揭示我国古代媒介变革与艺术历史演进二者之间的内在关联。

三、从乐律残石看《乐经》的流传

在汉以来的文献史料中,关于《乐经》的记载本来就存在不确定性,而熹平石经遗址出土乐律铭文又是活生生的客观性历史存在,因此它出自哪部上古经卷就成了又一个新增的疑点。

(一)"六经"说与"五经"说简析

关于"六经"之《乐经》的遗失问题,学界有多种说法:一说孔子办私学,《乐经》为其主要的教科书,后不知何因丢失了;二说公孙尼子因《乐经》而撰《乐记》,后《乐经》不幸丢失;三说《乐经》因秦始皇焚书令而焚于一炬;四说西汉时期《乐经》因不明原因而遗失,故自汉以来"五经"说常见于史籍。

通过将熹平石经和《乐经》两个案例的文献史料进行互证研究,笔者认为,《后汉书》对相关问题的记载,存在着前后说法不一、前后矛盾的现象,主要有三点:(1)熹平石经所刻的上古经书数量,就有"六经"说和"五经"说之差异,在记述石经工程主持人的《蔡邕传》《张驯传》中,记为"正定六经文字",而在《灵帝纪》《卢植传》《儒林列传》《宦者列传》等章节中,则又说是"正五经文字"。[1](2)《蔡邕传》"正定六经文字"之后,唐李贤注又试图肯定"五经"说,而对《隋书》"七经"说视而不见。(3)关于熹平石经的书体,据前人考定和出土石经残石的印证,石经文字均为汉隶一种字体,并世代沿袭有"一字石经"之称谓,而《儒林列传》说用"古文、篆、隶三体书法",则又不知从何说起。

第一个问题,按照常理推论,本出自范晔一人之手并被列入官定史籍的《后汉书》,针对同一事件在不同的章节却有不同的记述是不应该的。那么,就"六经"说和"五经"说而言,是当时手抄之误,还是其时便已存在"六经"和"五经"两种异说,致使撰写者故意留下悬念,还是另有他因?另外,即使"六经"说属实,但是否指包含《乐经》在内的先秦"六经"呢?

据《汉书·王莽传》载,西汉平帝时期,任大司马的王莽曾有奏立《乐经》一事;[2]王莽建立新朝之后,再一次举行了立"六经"博士的重大举措。[3]可见,起码在西汉平帝时期,王莽奏请建立明堂、辟雍、灵台等礼仪建筑和市场,为学者建造一万套住宅,隆重举行"立《乐经》,益(增)博士"等举措,聚集学者和有特殊本领者数千人,大力宣扬礼乐教化,其时相传遗失的《乐经》肯定已经再现于世。继之,王莽新朝再立"六经"博士,朝廷文案历历在目,先秦"六经"得到修复并再次确立其历史地位应是不争事实。而由于"新"朝短命,故在之后较长一段时间内,则更多是由于政治的原因,从宫廷到学界乃至广大社会,均不愿公开承认由这位篡汉立"新"之人"立《乐经》"这一史实,故而历史真相被长期掩盖。

此外,由于范晔的《后汉书》参考融合了前人多个版本的内容,如灵帝熹平年间成书的《东观汉记》、谢承《后汉书》、司马彪《续汉书》、华峤《后汉书》、谢沈《后汉书》、谢莹《后汉书》等,对前人已然混淆了的事情,他也无力予以纠正而致表述含混。

第二个问题,唐李贤的《蔡邕传》注,以所见石经仅有《尚书》《周易》《公羊传》《礼记》《论语》,来维护"五经"说,一种可能仍为政治的因素,唐代儒家正统观念仍然规避王莽"立《乐经》"这一史实;另一种可能是,在范晔《后汉书》成书的南北朝乃至唐代魏徵梳理石经之期,尚未看到《乐经》残石,故李贤为《后汉书》作注时也只能作附会之词。应该说,这就是"五经说"得以广泛传播的主要原因。

第三个问题,《儒林列传》误把熹平石经说成含"古文、篆、隶三体书法",则很明显是和魏"三体石经"相混淆了。

事实上,汉代修复先秦儒家经典并非一蹴而就,而是经历了一个从无到有的艰难曲折过程,如向社会公开征书,请秦朝博士付生口授《尚书》续写经书等。汉武帝"罢黜百家,独尊儒术"的治国方略,率先立五经博士(属今文经学),初步完成了儒家经典和儒学教育的制度建设,之后又经历了昭、宣、元、成、哀等时期近一百四十年的继续努力,至平帝时经王莽奏请将《古文尚书》《乐经》《毛诗》《周官》《左传》等(属古文经学)先后立为学官,及至王莽新朝再立"六经"博士,应该说先秦"六经"得到了全面的修复。

然而,这同时也引发了今文经学与古文经学两大学派之间的矛盾和争端,且因后者的主要推手是王莽,执行者是新朝国师刘歆,短命的新朝灭亡后,古文经典遂被病诟为伪书。尤其是《古文尚书》和《乐经》,一直呈现若存若亡之状,以至于包括熹平石经中是否刊刻有《乐经》这一问题,从一开始就是一本糊涂账,这也为后世学人提供了质疑和争议的空间。

另据《隋书·经籍志》载:

> 后汉镌刻七经,著于石碑,皆蔡邕所书。魏正始中,又立三字石经,相承以为七经正字。后魏之末,齐神武执政,自洛阳徙于邺都(安阳),行至河阳,至岸崩,遂没于水。其得至邺者,不盈太半。至隋开皇六年,又自邺京载入长安,置于秘书内省,议欲补辑,立于国学。寻属隋乱,事遂寝废,营造之司,因用为柱础。贞观初,秘书监魏征,始收聚之,十不存一。[4]

《隋书·经籍志》把熹平石经的"五经"说更正为"七经"说,形成了一种结论,纠正了《后汉书》的"闪烁其词";同时,说明了魏正始年间"又立三字石经",且为"七经正字"这一事实。并且,记述了石经保护搬迁过程中的损毁,以及隋末内乱后的人为废弃,终致"十不存一"的悲惨结局。

翁方纲《汉石经残字考》载:

> 《灵帝纪》所云"诏诸儒正五经"者乃浑举之词,《蔡邕传》所云"奏求正定六经"者,是核实之文也。是熹平石经为《周易》《尚书》《鲁诗》《仪礼》《公羊》《论语》六经也。……以隋志言"七经"者,盖见一字石经有《周易》、有《尚书》、有《鲁诗》、有《仪礼》、有《春秋》、有《公羊传》、有《论语》,却合"七经"之数,遂断以为汉刻七经。此特揣测之论耳,当日如何综计,互有掎挂,盖不必鉴求矣。[5]

翁方纲的"七经"说,完全摒弃了《后汉书》中混乱无序的相关记述,则是根据《隋书》之言,结合清时所见熹平石经残石提供的实证信息,而做出的推理判断。那么,现在我们又发现了石经遗存乐律残石,其最大可能性再次指向相传遗失很久的《乐经》。若按此计,熹平石经的内容应更定为"八经"。不过,有学者考证认为,《论语》在汉代尚未正式立为经书,《公羊传》是从《春秋》中分出来的。那么,《蔡邕传》中十分含蓄的"六经"说,则正应了先秦六经无疑。

(二)《乐经》文本之流传

关于历史上有无《乐经》这一问题,因在《庄子》《荀子》《礼记》等书中,均有孔子晚年修订"六经"的记述,《史记·孔子世家》中对孔子办私学以《诗》《书》《礼》《乐》等为教材亦再次确认,因此,后世学人对这一问题曾经深信不疑。但由于自汉以后长期找不到真凭实据,这一问题也成新的疑点,对于历史上是否真正形成了《乐经》的文本,也渐渐成为学界争议的焦点。

总体而言,在不断争议的过程中,历代学人渐渐形成了三种不同的认知:(1)先秦时期已有《乐经》文本,之后丢失;(2)其文本散存于其他经籍之中,如《乐记》《周礼·大司乐》;(3)历史上可能并未形成《乐经》的文本,古人只是把乐律、乐调、乐器及其艺术表现手法等尚未形成文本的经验之谈称作"乐经"。

自汉初崇礼复古到确立儒家思想一统地位,学者们一直在潜心修复《乐经》文本。从汉高祖刘邦命叔孙通制礼作乐,武帝独尊儒术和立"五经"博士,平帝时王莽奏立《乐经》博士,及至蔡邕等"奏求正定六经文字",《乐经》文本已得到修复应是不争的史实。

据《汉书·艺文志》载:"六艺之文:乐以和神,仁之表也。"[6] "六艺之文"首先说明,以下所言《乐》《诗》《礼》《书》《春秋》等五门课程都是有教材文本的。"乐以和神"放在首位,则说明"乐教"在"六艺"教育中的地位举足轻重。萧统赞王莽:"制成'六经',洪业也。"李善注曰:"汉书曰:莽奏立《乐经》,然经有五,而又立《乐》,故云'六经'也。"[7] 显然,此说完全抛开了政治因素,充分肯定了王莽"奏立《乐经》"之大事件,颂扬其重置先秦"六经"的宏伟业绩。而《后汉书》刻意规避《乐经》存活于世的史实,故意以"六经"说和"五经"说掩盖真相、混淆视听,作出含糊其词、模棱两可的记述,则主要是对王莽篡汉的根本性否定而连带导致的结果。

《隋书·经籍志》载:

> 《乐论》一卷,注曰:卫尉少卿萧吉撰;《乐经》四卷(未注撰者)……《钟律义》一卷;……《钟磬志》二卷,注曰:公孙崇撰;……《乐悬》一卷,注曰:何晏等撰议。[8]

《隋书》清晰地表明:(1)隋代曾经见有"《乐经》四卷",后遗失,故不知撰者姓名;(2)当时可见《乐论》《乐经》《钟律义》《钟磬志》《乐悬》等书目,说明《乐经》既不能和《乐记》《乐论》等乐义类书目相混同,又不能与《钟律》《乐悬》等具体的技术性书目相混淆,极有可能是一部以数理结构和逻辑分析为主体的书目。《旧唐书·经籍志》[9]《新唐书·艺文志》[10]也有清晰记载,唐代仍有《乐经》文本传播于世。

明清学人在《乐经》研究领域不断拓展边界,著述颇多:如明代湛若水《古乐经传》(另有《补乐经》一篇)、刘濂《乐经元义》、瞿九思《乐经以俟录》、张宣猷《乐经内编》、张凤翔《乐经集注》(二卷),清代李光地《古乐经传》(五卷)、毛奇龄《竟山乐录》,等等。

在现代学人群体中,仍有许多学者坚守这一领域的探究,如项阳、田君、王齐洲、王炳军、余作圣、严家炎、孙振田和范春义等,不断推出新的学术见解。

令人慨叹的是,民国时期曾有《乐经》古本再现于世而后遗失的奇闻。1936年,《西京民报》发表《〈乐经〉——旬邑古庙发现竹简,飞云洞中只余今文》一文,介绍明末清初陕西省旬邑县直道村布衣隐士文应熊在村外古庙发现蝌蚪文《乐经》竹简,经二十余年潜心琢磨切磋完成今文译注,交付后人传承,后逢"西安事变"爆发,手稿不知去向。据传,此《乐经》分上、中、下三卷,包括十二律论、六乐、八音诗等内容,原文后有整理者的注评。[11]

如上多种迹象和证据表明,由于受政治、伦理、学派之争、媒介载体等因素的制约,汉以后《乐经》文本曾多次得而复失,失而复得,却始终得不到正史确认,致使其有无问题被涂上了迷幻色彩,直至熹平石经乐律残石再现于世。笔者认为,在汉代诸儒的共同努力下,《乐经》原本和其他经书一样再现于世,先秦"六经"得到了全面修复。但主要由于政治的因素,修复《乐经》之事被官方矢口否认,导致自汉以来,宫廷太学实施礼乐教化的这部非常重要的教科书呈隐身状态,民间反而通过不同渠道传播着简牍刻本。

结语

笔者通过对出土熹平石经乐律残石的综合考证,从中体悟到历史上任何一种媒介的变革都与艺术历史的演进有着密不可分的互为关联。

其一,熹平石经作为东汉时期将先秦"六经"刊刻于石的一项重大媒介变革工程,除了简牍著录典籍文献存在易腐、易损的弊端亟待变革这一原因之外,汉代艺术(含乐舞百戏、绘画造型、文字语言等)整体的成熟完善,无疑起到了推波助澜的重要作用。如果没有汉代艺术尤其是石刻艺术的辉煌业绩,蔡邕等人不可能凭空想象用石经取代原有的媒介载体,这体现了媒介变革与艺术历史演进二者之间相辅相成的密切关系,也因此形成了"乐·图·文"三大艺术文化传统多元一体的发展格局。

其二,汉代乐舞百戏作为中国古代表演艺术成熟完善和转型发展期的代表,在继承远古乐舞和青铜礼乐之艺术文化精髓的基础上,形成汇融秦汉多元表演艺术的新模式,史称"中古伎乐"。这种辉煌的伎乐艺术,除正史文献中有少量零星的记述之外,汉代画像石、画像砖和碑刻等,则保存了前人未曾述及或无法表述清楚的艺术表现瞬间,为这一时期表演艺术史的研究,提供了翔实可观的实证史料,同时彰显了汉代石刻艺术这一独特媒介的重要历史文化价值。

其三,熹平石经作为汉代石质文字媒介的一种类型,也属于汉代艺术文化创造的一种产品。中华民族多元一体艺术文化传统观念主导下的相关艺术门类之间,既有着同根生发相互作用的一体性内在关联,又有着可以相互佐证的珍贵历史文化价值。从宏观整体的视角观察和探研不同艺术的形式、形态、内容和内涵,将有助于我们通过多向思维的方式,推导研判我国数千年艺术文化的历史面貌。

注释

[1][南朝宋]范晔:《后汉书》,中华书局1962年版,第1990页。

[2][汉]班固:《汉书》,中华书局1999年版,第2989页。

[3]《汉书》,第3029页。

[4][唐]魏徵等:《隋书》,中华书局1973年版,第947页。

[5][清]翁方纲:《汉石经残字考》,光绪后知不足斋刊。

[6]《汉书》,第1364—1365页。

[7][梁]萧统编、[唐]李善注:《文选》,上海古籍出版社1986年版,第2154页。

[8]《隋书》,第926—927页。

[9][后晋]刘昫等:《旧唐书》,中华书局1975年版,第1975页。

[10][宋]欧阳修、宋祁:《新唐书》,中华书局1975年版,第1435页。

[11]山佳:《六经有此称完璧——失传〈乐经〉重现西安》,《收藏》2011年第8期,第84—85页。

第八章 结语的写作

从论文的组成结构来看,论文的主体部分一般由引言开始,接下来是正文,最后以结语结束。结语是对文章观点的高度总结,好的结语可以起到升华主题的作用。因为一些人搜集资料时并不是逐字逐句地阅读文章,找出作者的论点,而是先看标题与自己研究的方向是否相符,再看结论有无利用价值,最后才决定是否引用或精读。可以说,结语在全文中具有非常重要的作用。

第一节 "结语"与"结论"的区别

翻阅大量的艺术学论文,就会发现大多数文章最后一部分用的是"结语",有些用的是"结论",而有些没有明确的小标题,在最后一段以"总之""综上所述"等为标记进行总结。当然,也有些文章无结语。可见"结语"与"结论"并非是一回事,要写好论文的结束部分,作者应当了解"结语"和"结论"在写法和用法上的区别。

据《现代汉语词典》(商务印书馆 2005 年版)的解释:"结语",即"结束语,是文章或正式讲话末了带有总结性的一段话。"而"结论"是:"从推理的前提推论出来的论断或对人和事物所下的最后论断"。结语是总结性的语句,放在文末用来收结全文,主要考虑的是文章结构与内容的完整性,与引言提出的问题以及正文分析的问题相呼应。而结论是在调查研究、论证的基础上通过严密的逻辑推理而得出的"论断",是对最终结果的说明或认识,其独特的作用不能由结语来代替。

就艺术学而言,因为不像自然科学一样由实验、分析、论证进而得出一个明确的结论,因而使用"结论"的文章较少,但在研究报告、理论推导类的文章结尾有使用。

如题为《论冯友兰〈中国哲学简史〉中的音乐观——以上古先秦两汉音乐

为例》①一文,结论部分为:

> 在武帝两种艺术观念的影响下,后世的君臣可谓是竞相模仿。在上文中,《史记·乐书》规范了汉代君臣的种种言行举止及国家对音乐娱乐的礼制标准。在以琴及琴德为模板的规范中,也规定了严格的标准。但在客观生活中,君臣们的娱乐活动,常常是儒外道内,礼乐与自然为一体。大儒傅毅《琴赋》提倡禁绝民间俗乐,但对古琴"尽声变之奥妙,抒心志之郁滞"的表现力予以充分肯定。蔡邕将古琴视为雅器,他排斥琴乐中的"烦手淫声",琴论思想多具儒家浓郁的礼乐色彩。但他对琴人"曲伸低昂,十指如雨"的高超技艺予以大幅描绘。
>
> 著名琴家桓谭一方面在《琴道》中高谈治国理性复古先贤,另一方面却喜欢新声,"性嗜倡乐",而另一位东汉经学大师马融善鼓琴好吹笛,写了著名的《琴赋》将"琴德"提升了一个新高度。但生活中的他却"前受学徒,后列女乐"。
>
> 这种描述琴的抒情功能,喜欢琴的娱乐功能,并未局限在士儒阶层,也体现在统治阶层中。武帝异常喜欢琴乐,为此特意设了鼓琴待诏,专门搜集民间琴家高手进宫献艺。武帝在乐府中还设立琴员工,为制造维修古琴服务。淮南子刘安也是鼓琴好手,曾创作《八公操》。成帝宣帝等也喜欢鼓琴,著名的舞者赵飞燕、王翁须等皆是凭着一手好琴,才得以大贵的。东汉光武帝同样喜欢琴乐,"帝每宴,辄令(桓谭)鼓琴,好其繁声"。
>
> 可见,儒道一体,礼乐与自然抒情融合,也是上古先秦两汉的一贯规律。而按照事物之间必然联系规律来看,虽然《简史》没有点名,但《简史》在分析百家哲学观时,已多次提及儒释道合流事宜。故儒道合流,礼乐与自然一体,仍是《简史》所体现的音乐观念。
>
> 总之,《简史》对于中国古代艺术的思想观念的描述,虽然只有寥寥数语,但这画龙点睛般的寥寥数语恰恰是中国艺术的精确概括。冯先生不愧为一代大儒!

---

① 季伟:《论冯友兰〈中国哲学简史〉中的音乐观——以上古先秦两汉音乐为例》,《南阳师范学院学报》,2018年第2期。

如题为《汉画鼗鼓舞形态变迁考》一文,结语部分为:

>   汉画鼗鼓舞且击且舞的形态,对后世影响较大。汉以后虽然很少见持鼗鼓而舞的记载,但其变体非常多。如明清以来流行于内蒙古、河北、北京、甘肃、安徽等地的太平鼓,就属边击边舞的鼓舞类别。太平鼓源于宋代,小巧轻盈,常常由妇女儿童左手持鼓,右手持鞭击打,且边击边舞。所谓太平,就是祈祷天下太平之意,类似汉代的鼗鼓舞。在如今的中原文化圈中,挟鼓而舞的民俗现象非常之多。如著名的陕北安塞腰鼓,也是双手持槌边击边舞,气氛欢腾舞姿激越,很有秦汉鼓舞的味道。类似安塞腰鼓的鼓舞法,全国各地均有变体,如湖南花鼓等,也是边敲边舞。一到重大节气,人们总要持鼓上街边击边舞。这些舞蹈,均有驱傩辟邪祈福纳祥之意。
>
>   汉画中的鼗鼓舞形象,对四夷民族的乐舞也产生了较大的影响。在重庆市璧山县(今璧山区)今属重庆市凤凰坡崖墓画像中,就有数人佩剑舞鼗的形象。该县汉代属于巴渝人居住区域,这说明鼗鼓舞当时不单单局限于中原地区,在四夷区域也广泛流传。《汉书·礼乐志》曰:"夫乐本情性,浃肌肤而臧骨髓,虽经乎千载,其遗风余烈尚犹不绝"。作为民俗精华的乐舞艺术更是浸肤入髓,遗风千年不绝。尤其在今天远离中原礼乐文化圈的东南西北的少数民族中,依然能看到这种技艺沉淀了两千多年的变体形象。在当今四方少数民族乐舞中,持鼓、挟鼓而舞的图像资料数不胜数,如苗族佤族的木鼓舞、侗族铜鼓舞、朝鲜长鼓舞、哈尼族的竹筒舞等,这些舞蹈皆是载歌载舞,边击边舞。这种以鼓为道具、节器、奏器、法器的舞蹈形式,及其交通人神的舞蹈方式,与汉画中的鼗鼓舞或许有着某种深藏的共同内核。

在具体的写作中,因为结语是对全文的总结性、概括性的表述或进一步的说明,所以主观性较强。而结论主要是客观地表述文章的研究成果,语气表达的客观性较强。因为结语和结论并非相同的概念,这就要求在实际的写作中,作者应根据文章结尾部分所要表达的具体内容区别究竟是使用"结语"还是"结论"作为层次标题。如果需要对全文内容作概括性的总结或说明时,可使用"结语",这样就可以表达作者的主观见解和看法,写作的空间较大。如果要在文章的末尾表达经过正文的分析、研究得出的有重要价值的论断时,则应使用"结论"作为层次标题。

第二节　结语的内容

在艺术学论文中,结语的写作较为普遍,用以总结前文,加深题意,对引言中提出、本论中分析或论证的问题加以概括总结,深化了文章的主题。有的文章是单独分一个部分专门写结语,也有的文章虽然没有明确的标记,但是放在最后来写。结语内容一般涉及以下几个方面:

一、文章已经解决了的问题

通过文章的论述,说明了什么问题,对某个历史问题形成了怎样的看法,其实也就是对文章创新之点的强调,是作者就某一历史问题的最终认识。它可以在读者阅读时为之提供方便,使之领会文中的主要观点和看法。结语所写的是最终的、总体的观点,而不是文中各论点的简单重复,更不是罗列原始文献中的观点。换言之,结语应紧紧围绕主题有层次地展开,而与主题无关的部分,不宜全部列出。在写作时表述要清楚明确,不可模棱两可、含糊其词,不能使用"大概""可能""大约"之类含糊不清的词语。

如题为《汉代不同质别的弹琴类画像文物》一文的结语为:

> 民间琴乐的繁荣,影响到了上层社会。汉武帝爱琴,为此特设了鼓琴侍诏,以召集民间高手进宫献艺;东汉光武帝喜欢琴乐,常常让桓谭用琴给他弹奏民间俗曲。在《乐府诗集》中,有琴参与的各类宫廷乐队达十多种,与上述沂南北寨的乐舞演奏画像较为相似。除了画像外,民众生活中的铜镜中也铸绘有弹琴的图像,则更说明在汉代民间,琴已与汉人生活息息相关,成为生活娱乐不可或缺的乐器了。

在不同质材的汉画文物中,刻画着内容如此丰富的弹琴图像,画像内容涉及独奏、琴歌、琴舞以及乐舞百戏、历史故事和神话传说,甚至在梳妆用的铜镜上也刻饰有弹琴画面。画像作为一种民俗艺术、大众艺术,刻画着如此众多的弹琴图,从另一个侧面折射了汉代是一个尚琴、好琴、乐琴的时代。结语升华了主题,突出了文章特殊的观察视角。

如题为《汉武帝扩建乐府对两汉乐舞的影响》一文的结语为:

> 雅俗并举就是一方面以金石钟磬所象征的礼制雅乐虽然今不如昔,但并未完全退出历史的舞台,还在一些重要的宫廷礼仪场合中使用,担任着礼仪功能的角色;另一方面已经转换为实用器的钟磬开始在宫廷内外加入了俗乐的团队。如《淮南子·氾论训》云:"高皇帝总齐鲁之儒墨,通先圣之遗教,戴天子之旗,乘大卤,建九游,撞大钟,击鸣鼓奏咸池,扬干戚。"文中"撞大钟""击鸣鼓奏咸池"等说明具有礼制意义的六代乐舞还在使用,但多属于礼乐象征意义上的范畴。又《后汉书·礼仪志中》云:"每岁首(正月),为大朝受贺。其仪:夜漏未尽七刻,钟鸣,受贺。"这是两汉天子每年正月接受百官朝贺,在正殿宴请撞钟的情形,说明金石钟磬仍然具有礼仪的性质。

司马相如在描写汉武帝时天子宴饮时曰:"荆吴郑卫之声,韶濩武象之乐,阴淫案衍之音,鄢郢缤纷,激楚结风,俳优侏儒,狄鞮之倡。"描述了天子宴饮娱乐时,既有庄严典雅"韶濩武象之乐"的先秦六代乐舞雅乐,同时又充满了"荆吴郑卫""激楚结风""俳优侏儒"的"阴淫案衍之音",及少数民族的"狄鞮之倡"。在整个乐舞过程中,融古典雅乐、当代俗乐、域外之乐为一体。钟磬品格高贵,荆吴郑卫、阴淫案衍、鄢郢缤纷,异域的少数民族百戏更是烂漫于前,三者相得益彰,彰显了皇家的庄严气派与王朝一往无前的新气象。

如题为《中西音乐艺术比较研究》一文的结语部分为:

> 以上的差别,还是根源于不同的文化艺术精神。西方与自然的关系是对立的,是征服与被征服的关系,西方人一直以驾驭、改变、征服自然为荣。人与自然的关系一直是对立的、疏远的、冷漠的。西方的艺术到18、19世纪才出现自然的作品。中国与自然的关系则不同于西方。中国并不把自然作为自己的征服对象,中国与自然的关系一直是亲近的、相互尊重的、和谐的,把自己作为宇宙的一部分,"天人合一""神人以和"是最好的说明。因此,材料、发声的自然化、个性化就不难理解了。

如题为《浅议艺术考古学》一文的结语为：

19世纪中叶，西方的考古学逐步从对古物的收藏中脱颖出来成为一门显学和严谨的科学。20世纪中期至今，考古学取得了更为成熟的成就。田野工作和发掘工作的科学化，使大量的古代的艺术品问世，也为考古研究者提供了丰富的实物资料，更为考古的研究提出了新的挑战。如何揭示出其内在的图像学意义和恢复这些古代艺术品所承载的艺术文化信息，是新时期考古学所要面临的一项重要的挑战。

那么，这些古代的艺术品属于考古学的范围。要对这些艺术品做出正确的解释和阐释，仅仅依靠考古学的方法论体系还远远不够，需借鉴艺术学的技术理论支持，必须在古代艺术品本体及其外围的研究上下大功夫。反过来讲，艺术学要想拓展和深化自己在古代艺术本体及其外围研究的领域范围，也需要考古学的支持。这种趋势也迫使两学科之间相互合作、相互支持，利用各自的理论和技术，重新缔造一个全新的方法论体系。这个体系需要兼顾二者共同点和各自的特色优势，还需要这个新的理论体系不断地向前创新发展。因此，在这个意义上来说艺术考古学也是考古学的延伸和深化。

从某种意义上来说，艺术考古学的学科建立不仅体现了各自母学科的发展规律，也体现了目前知识领域走向多元合作的大的发展趋势。任何科学的理论都是建立在对实践的基础之上的，科学的理论是客观规律的正确总结。新的学科是一个新的方法论体系的确立，艺术考古学的确立必定会开辟一片多姿多彩的天空。

如题为《汉画像中巾舞的艺术与历史价值》一文的结语部分为：

先秦礼崩乐坏，以郑卫之音为代表的民间俗乐受到推崇，一时间铺天盖地，遍布诸侯宫宇内外。历史的惯性和草根出身的统治阶层，使得新生的汉王朝延续了这个传统。俗乐的兴盛，在武帝时达到了一个高峰，以至于当时的雅乐（郊祀之礼）竟然也是由李延年根据"燕代秦楚之讴"等改编而成的。汉人自己也认为："今汉郊庙诗歌，未有祖宗之事，八音调均，又不协于钟律，而内有掖庭材人，外有上林乐府,皆以郑声施于朝廷。"(《汉书·礼乐志》,中华书局 1962 版,第 1071 页)《盐铁论·散不足》道:"今富者钟鼓五乐,歌儿数曹。中者鸣竽调瑟,郑舞赵讴。"民间虽然富贵有别,但也是钟鼓五乐、郑舞赵讴,各得其所。《淮南鸿烈·精神训》云:"今夫穷鄙之社也,叩盆拊瓴,相和而歌,自以为乐矣。"(《淮南鸿烈集解》,第 236 页)穷僻乡社虽然乐器简陋(盆、瓴),也不能阻止汉人对此的追求。在汉代,无论是巾舞、铎舞还是其他,皆具有俗乐的一般特征,汉人均对其如醉如痴。

先秦时期中原舞蹈注重礼乐教化的功能 讲究仪典内涵的丰富、动作的中规中矩和场面的宏伟壮观,但缺乏速度、力度、节奏及情致的展开和对比,以中正典雅、缓慢雍容为其主要特色。而汉代的巾舞则兼容并蓄,不拘一格,大胆创新,不但吸收了西域少数民族胡舞的一些特征,如腾跳、激越、奔跑、翻转、旋转等技法,还吸收了南方少数民族楚舞的一些特点,如折腰、甩袖、抛巾等动作,从另一个侧面反映了汉人开拓进取、勇于创新的精神。

二、本研究的不足之处

所有研究都是在前人研究的基础上进行的,都有对前人观点的继承,同时也有对前人观点的修订、补充和发展,这也就是文章的创新之处。科学研究应当是客观公正的,在指出前人不足的同时,也应当说明自己研究的不足之处,这不但不会降低文章的价值,反而更会体现出作者在科研面前的坦诚与求真务实的态度。说明本研究的不足之处或遗留问题,可以更有效地推动本课题的深入研究。

如题为《汉画乐舞应用排箫的原因分析》一文的结语部分为:

> 排箫属于吹管体鸣乐器,须与人身气息结合方能吹奏。相对于丝弦乐器的颗粒性、节奏性的拨奏而言,排箫的吹奏更能与身体有机地结合在一起。其声音通透连贯,绵延悠长,长于抒情,能给人以发自肺腑、一气呵成、一吐胸中之快的感觉。排箫的这种特性特别能够将其他各色乐器有机地穿凿结合在一起,起到一呼百应的演奏效果。因此,其不但融于金石乐,也可融于丝竹乐,在俗乐中异常普及。汉

画中的演奏常常是一手摇鼗一手吹排箫,鼗鼓是导乐的,而排箫无疑应是领奏的。

排箫音色优美,变化较多,高音明快清脆,穿透力和共鸣性很强;中音悠扬抒情,富于歌唱;低音质朴深沉,颇具沧桑;其音域宽泛,可发 6 声音阶 12 个音;其音色变化较多,可适合不同的角色。《庄子·齐物论》将其称为当时社会的顶尖音乐"人籁"。从汉代文献和图像上看,汉代对于排箫的使用有过之而无不及,几乎达到历代的极致;其几乎参与了汉代所有乐队的演奏,涉及情歌、祭祀、娱乐、百戏、鼓吹、仪仗等诸多场合。

总之,相对于前三者的人文属性的外延而言,排箫的这些特点属于其自身本质属性。就是具有了其他乐器所不能比拟的内涵优势,才使得排箫在众多乐器中脱颖而出,兴盛于两汉乐坛。汉画作为汉代社会的"镜像",真实地反映了排箫内涵的本质属性。

如题为《史不载汉画乐舞艺术之分析》一文的结语部分为:

> 从汉初的"高祖乐楚声"及叔孙通制礼作乐,到汉武帝的"元封三年春,作角抵戏,三百里内皆来观"《汉书·武帝纪》及乐府的重建,再到汉哀帝的"郑声淫而乱乐,圣王所放,其罢乐府",从历代典籍"均无遗法""史不载郑卫"再到"黎民相慕效,以至发屋卖也","东至乐浪,西至敦煌,万里之中,竟相用之"的汉画像艺术,好似西汉兴衰的一条线索。从这些"史无记载"的宝贵的艺术文物上,看到了汉代社会的全貌,虽然统治阶级不以记载,但其本身的完美存在就是一种最完美的记载。正如学者所说:"汉画像音乐文物,作为两千年前中华民族传统文化之珍贵遗存,传给我们的虽然只有一种无声的视觉形象,但它确是两汉时期社会文化生活的缩影。"

综上所述,从政治上、历史、文化上、音乐功能上及民俗上分析,可以得出"史不载郑卫"既是"史不载汉画乐舞艺术"的前提,也是"史不载汉画乐舞艺术"的真正原因。

三、指明进一步研究的方向

在结论部分,不仅要概括自己研究的成果,找出不足之处,如有可能,还应为他人或自己继续研究指明方向,提供进一步研究的线索。

如题为《百年征程 浪漫"觉醒"——杜鸣心钢琴协奏曲回响》一文的结语为:

> 杜鸣心先生的学生、作曲家刘索拉曾经这样评价老师:"他(指杜鸣心)的作品没有被时代的颠簸破坏,他的音乐美学没在时代的动荡中扭曲,在大型的音乐结构中,他能保持没有一个乐句是不顺畅和生硬的,没有一个音响是扭曲的,没有一个音响是他自己不明白的,所有的声音都在一种坚持的童心下喷涌出来,是不必借助文学语言而独立存在的活生生的音符。"这一切都不是一朝一夕练就的,杜鸣心的心中充满着时代与历史的思想积淀,艺术创作上大胆求新与坚守原则相结合,他用一生的"觉醒"写下了许多不朽的篇章,在浪漫的音乐实践中追寻着"非常事乃非常人所作"。

如题为《马思聪对中国专业音乐教育的贡献初探》一文的结语部分为:

> 他发表文章、写乐评,率团出国参加音乐节、担任国际重大比赛的评委,这些对刚刚成立的新中国,在国际音乐界发出自己的声音,是很有意义的。

马思聪先生对中国音乐教育的发展作出了巨大贡献,尤其是中央音乐学院的每一步发展都与马思聪院长所奠定的学术传统密不可分。作为音乐教育家,马思聪奠定了新中国专业音乐教育的基础,他的教育思想深深地影响着中央音乐学院几十年的建设和发展。他不愧为新中国专业音乐教育的开拓者和中央音乐学院学术建设的奠基人。作者在结语中指明了以后自己研究的方向。

如题为《直笔建安骨 德勇展胸怀——评苏夏先生乐论文章》一文的结语部分为:

> 苏夏先生称音乐界老前辈、音乐评论家李凌先生是"敬爱的长者也是可交心的老友",1994年他发表了《"文锋未钝老犹争"——音乐

评论家李凌》一文盛赞李凌先生及其乐评,说他像"布尔什维克当中的知识分子,知识分子当中的布尔什维克",能写出"闪耀着党性原则和艺术上真知灼见的论文",是具有"理论水平、生活经验和深厚艺术素养的人……一般的学院的音乐学家们不易具有如此多方面的素养"。与李凌先生相比,苏夏先生的文评乐论显得冗长而质重,但如果从直言个见角度来看两位不相伯仲,且惺惺相惜。特别是在他们文章的字里行间,明确地阐述着自己对国家、民族的责任,对音乐艺术、音乐教育在社会中的作用和位置的坚守。苏夏先生坚信:"音乐艺术永远要面对人,面对人类的苦难。作曲家的任务应是深刻地表现人类走出苦难走向未来。""我们是中国作曲家,为人民服务的,我们内心里自然会荡漾着《歌唱祖国》的声音"。我们从苏夏先生的文章学到的,绝对不仅仅是那些严谨的技术分析和明晰卓见的教学思想,更重要的是一位学者的胸怀,一种敢说真话、认真说真话的"德勇"!

如题为《60年来中国历史疆域问题研究》一文的结语部分为:

通过对60年来中国历史疆域问题研究的回顾可以看到,这一问题缘起于社会主义新中国建立后特定背景下学界对传统汉族中心主义历史观的反思,以及不再将今日境内边疆民族视作历史上的"中国"之外的观念转变。不论是以今日中国领土范围,还是以鸦片战争前清朝疆域,抑或以各民族大致共同活动范围来作为历史上中国的疆域范围,其用意皆在于此。然而在一些学者强调历史疆域的多民族构成性的同时,一些学者却强调国家共同体的历史演变过程。因此,经历了几十年的探讨,虽然狭隘的汉族主义已被逐渐摒弃,可是在如何阐述统一多民族国家的历史疆域问题上,却始终未能达成一致,对这一问题的认识仍有待于进一步完善。但通过对历史疆域范围问题的长期探讨,有助于打破"大汉族主义"史观,将周边民族纳入历史上的中华(民族)共同体中去,从而促进了中国疆域史、民族史、疆域形成理论等领域研究的开展。正是在前期探讨的基础上,我国古代疆域史与疆域形成理论研究才取得了重要的成绩和新的发展,特别是疆域理论研究现在正处于方兴未艾的阶段。如何站在多民族国家的立场上,将历史疆域问题研究进一步拓展下去,有待于今后学者们的继续努力。

20世纪三四十年代,面对外敌的入侵、国土残缺不保的局面,怀着爱国主义热情的学者开始对中国疆域史进行研究,开拓了近代历史上疆域研究的先河。新中国成立后,学界开始了对我国多民族国家历史疆域问题的探讨,并取得了长足的进步。作者对新中国成立60年来疆域研究进行了综述,阐述了已经取得的成就,并指出了目前研究的不足,为以后如何站在多民族国家的立场上,将历史疆域问题研究进一步拓展下去指明了方向。

如题为《肃慎—女真族系历史沿革与分布地域研究与中国边疆学的建设》一文的结语部分为:

> 综全文所述,可以得出如下结论:
>
> 第一,肃慎—女真族系历史研究的主要内容与学术方法是中国边疆学的研究基础,其成果必将丰富和深化中国边疆学的内涵,为中国边疆学的构建提供理论支持;同时,也可以匡正国内外相关论述中的某些谬误。
>
> 第二,肃慎—女真族系学术研究的成果为东北边疆的持久稳定提供重要的历史借鉴,能够为党和政府制定富国兴边政策、促进民族地区经济、文化事业的繁荣发展提供重要的咨询和依据。

在结语的写作中,最常见的是对所论述对象简短的总结或是对文章研究价值的说明,对未来的展望和不足之处的论述相对较少。论文的写作没有固定的原则,但作为初学者,理应在学习写作之初就掌握好规范,再在规范的要求下发挥写作才能,尽可能地使文章既有重大理论价值又严格符合学术论文应有的规范。

第三节 结语写作中的注意事项

结语是对全文中心内容的概括和总结性的说明,具有相对的独立性。表述要点要具体,切忌使用抽象笼统的语言,故作深奥的表达。在结论中不宜再提出新的论点,也不能展开论述还未说明的问题。如有尚未解决的问题,可在正文中适当加入内容补充说明。如果论述的内容过多,意犹未尽,可在结语中引出进一步研究的方向,另立篇目论述,在实际的写作中,结语部分总是存在很多问题,主要有以下几个方面需要作者多加注意。

一、结语中不能加入评论

结语中不能使用自我评价性的词语,如"本研究具有国际先进水平""本研究结果属国内首创""本研究结果填补了学术研究的空白"之类的语句。因为文章价值的大小最终由众读者与学术界作出评判,而非作者自吹自擂。

二、结语不能和摘要重复

前文已经论述了摘要是展示文章研究的创新点、目的、方法与结果等内容的窗口,有报道型、指示型与报道指示型三种类型。而结语是对全文观点的总体概括和总结,在结语中要说明已经解决了的问题、本文的不足之处,如有可能还要为以后的研究指明方向。可见两者在写作内容与方法上都存在着很大的不同。但是,两者之间也有相通的地方,那就是对文章的创新点和结论都有所涉及。但应当注意的是,摘要只是概括性的提炼,而在结语部分可以稍作展开,内容要比摘要全面。作为初学者,既要严格把握两者在写法、用法上的区别,同时应该多读专家的文章,仔细辨别,把握其中的不同之处,灵活运用。

如题为《1980年以来中国古代北方游牧文化研究评述》一文的摘要为:

> 中国古代北方游牧文化是与古代中原农耕文化相对应的一个概念,也是一个相对薄弱的研究领域。20世纪80年代以来,这一领域的研究取得了较大的进展,主要采用文化类型分析和多学科研究方法,成果体现在基本概念的厘定、游牧民族的历史与社会、游牧经济、宗教与习俗、游牧生态环境观等方面,对其加以梳理总结,有利于该问题研究的深化。

这是一篇述评型的文章,主要论述的是1980年以来中国古代北方游牧文化研究成果,摘要写成指示型,说明目前对北方游牧文化研究成果体现在"基本概念的厘定、游牧民族的历史与社会、游牧经济、宗教与习俗、游牧生态环境观等方面",但具体内容怎样,因篇幅所限,并未展开,只待读者自己阅读文章了。而该文的结语部分为:

> 综上所述,20多年来学界从游牧、游牧文化的概念以及历史上游牧民族的社会、经济、宗教与习俗方面进行了多层次的探讨,并取得显著的成绩。但研究中仍存在以下两方面的不足:一是对游牧文化的理论性研究与提炼不够,在如何构建科学完整的学科体系上,还需做大量的工作;二是现有成果运用传统方法和手段进行研究者多,引用新理论、新方法研究者少,或者说缺乏理论与方法的创新。如何既能较好地吸纳国外相关研究成果和方法,为我所用,又能避免照搬他人,仍然是摆在我们面前的一项艰巨任务。特别需要指出的是,在今后的研究中,一方面要把中国古代北方游牧文化的研究放在整个欧亚大陆游牧文化的大背景下,既研究其共性(即揭示其诸多的同象性的内容),也要注意研究我国古代北方游牧文化的个性与特性,继续加强微观问题和个案的研究;另一方面把中国古代北方游牧文化研究放在中国历史的大背景下,摒弃过去轻视游牧文化的思维定势,着重探讨北方游牧民族及其文化在构建中华经济文化圈中的历史贡献,深层揭示中华民族多元一体格局形成的内在规律;也要注意对游牧经济和游牧文化诸多奥秘的探索,尤其加强对游牧民族生态环境观的探讨与总结,为当今北方地区及草原牧区的经济社会发展和区域经济的开发提供借鉴和启示。

在如上结语中,作者肯定了目前学术界在北方游牧文化研究方面已经取得的成绩,同时也指出了目前研究中两方面的不足。另外,作者更深一步,为以后的研究指明了方向,提出了两个方面的建议。

通过对比分析同一篇文章的摘要与结语,可以发现两者在写作方法、表述内容上的显著区别。但摘要和结语同属论文的组成部分,都是为论文所要表述的主题服务的,从这个角度来讲,两者又是统一于同一主题之下的。

思考题

1. 在论文写作中,应如何区分结语和结论?
2. 结语的内容通常包括哪几个部分?
3. 找出几篇公开发表的文章,评析其结语的写作特点。

第九章 引文注释标注与参考文献著录

论文写作中进行文献引证时,有的使用引文注释标注方式,也有的使用参考文献著录方式。通过引文注释与参考文献,可以看出作者是否具有严肃认真的治学态度,搜集资料的深度与广度以及对学术前沿动态的把握情况。因此,作者必须高度重视注释标注与参考文献著录的写作规范。

第一节 注释及其规范

注释,也叫注解或注文,是为了读者阅读方便,作者对文章中的某些词语或内容所作出的进一步说明。注释最早有传、注、训、笺、疏、章句等名称,后来统称注。注释最早是被用于对儒家经典的解释和说明,后来用于著书立说时补充说明文章中的特定内容。根据《现代汉语词典》(商务印书馆2005年版)的解释,注释,又被称为注解,是"用文字来解释字句或解释字句的文字"。

一、注释的分类

在论文写作中,注释可以分为作者注、释义注以及引文注三种。

作者注,就是注明作者的基本信息。目前大多刊物的做法是在作者题名之下注明作者所在的单位,在页脚处以"作者简介:"或"[作者简介]"的形式注明。作者简介主要是对文章的主作者的姓名、出生年月、性别、民族、职称、籍贯、学位、简历及研究方向等所作的介绍。但在实际的标注中,在基本内容相同的情况下,各个刊物又有不尽相同之处。

如《"艺术学辛丑事件"后学科发展的管理策略》[梁玖:《"艺术学辛丑事件"后学科发展的管理策略》,《艺术管理(中英文)》2022年第2期]一文的作者注为:

> 梁玖(1964—),男,重庆人,艺术学博士,北京师范大学艺术与传媒学院教授、博士生导师。完成包括"当代中国文化国际影响力生成研究"国家社科等五项课题。发表《脉络认知模式中的当代中国艺术

学学科命运》等百余篇学术论文。出版《审艺学》《美术学》《什么是艺术学》《何路无痛》等20余部著作和教材。《静心菜园有远方》(中国画,136×95厘米)等多件作品参加国内外展览和被收藏。主讲本硕博课程:中国写意花鸟画、美术教育哲学、艺术教育社会学。主要研究方向:美术学、艺理学、族群社会艺术学等。

如《田野是第一信史》[张振涛:《田野是第一信史》,《中国音乐学》2022年2月]一文的作者注为:

张振涛(1955~),男,博士,南京艺术学院特聘教授。

如《在纵深处的多维探索——2021年艺术学理论学科扫描》[王廷信:《在纵深处的多维探索——2021年艺术学理论学科扫描》,《艺术评论》2022年4月]一文的作者注为:

王廷信,中国传媒大学艺术研究院教授(北京100024)。

释义注,是对文中所采用的专有名词或读者不易明白的专业术语的解释,或是对某一部分内容的解释性说明。也常见于对外文专业术语及缩写、中译外国人名原文的注解。

如《世界青年联欢节对中外音乐交流的启示》[李岩松:《世界青年联欢节对中外音乐交流的启示》,《艺术教育》2019年8月]一文中对"中华人民共和国青年代表团在1949至1962年间,连续参加了历时14年的七届世界青年联欢节"中的"世界青年联欢节"注释为:

世界青年联欢节:全称世界青年与学生和平友谊联欢节,也称世界青年联欢节、联欢节,由世界民主青年联盟组织目的在于加强各国青年保卫和平的斗争,促进各国青年的友谊合作与文化交流。自1947年至1959年世界青年联欢节每两年举行一次,此后不定期举办。历届世界青年联欢节都成为世界青年团结一致争取和平的大游行,而每次世界青年联欢节的举行又都动员了更多青年参加缓和国际紧张局势、争取持久和平的斗争。因此,世界青年联欢节的举行一直是世界和平运动中的大事件。

引文注,即对引文出处的注释。引文就是在论文写作中,为论证自己的观点而引用的其他书籍、文章或文件,把别人的观点、理论或论述作为自己文章的材料。根据引用方式的不同,引文可分为直引和意引两种方式。

直引,指直接引用文献资料中完整的一段话,所引的文字必须与原文完全符合。如果引用的文字较短,可以给所引的文字加上括号以示与原文的区别。如果引用的是一大段话,既可以加引号直接引用,也可以不加引号而独立成段后再左缩进两个字符。

意引,指的是在引用的过程中,作者对所引的文献内容进行加工转换,用自己的语言表述出来,转述的文字不须加引号标记,但必须在引文末标明所引文献的出处。特别需要注意的是,意引必须吃透原文,忠实于作者的观点,不可断章取义,更不能为了论证自己的观点而歪曲篡改别人的原意。

此外,在公开发表的刊物上,还有收稿日期注,即对收到稿件时间的注释。其注释格式采用全数字表示"YYYY-MM-DD"的格式,如"2010-10-15",注明收稿日期。此外还有图表注,即对图表中的量值或符号作进一步的说明,在图或表的下面注明。

二、注释的方法

注释的方法,按照注释在文中出现的位置,通常分为三种,即夹注、脚注或尾注。

夹注,是在文章的写作过程中把注释的内容放在需要加注部分的后边,用圆括号标明。在括号里注明引用文献的名称、作者等信息使读者对所引文献一目了然,因其放在括号里标明,故与直接引用不同,特别适用于引用众所周知的经典著作。但与直接引用一样,夹注不宜过多,否则会影响读者的阅读体验和排版的美观性。

脚注,即把注释放在当页的左下方,并用实心横线与文章正文部分分开。这种注释方式方便读者浏览引文的出处及其他信息。页下注一般采用每页重新编号的方式,按注释在文中出现的顺序以 1、2、3、4 或其他样式的序号标出。

尾注,是将注释的内容置于全文的末尾,按材料出现的顺序排列标出。将注释集中放置于文后,有利于读者了解作者研究该问题所涉猎的资料全貌。

三、引文注释的标注规范

标题注、作者注与释义注相对比较自由,也比较简单,前文已有举例。引文注释则相对比较复杂,各刊物之间也不尽相同。现对引文注释格式予以说明。

（一）中文文献

1. 古籍

（1）刻本

序号/撰写者时代(可选)/责任者与责任方式/文献题名(卷次、篇名)/版本、页码。如果需要,责任者前也可用圆括号标注朝代名。如：

①（明）徐阶:《世经堂集》卷5《拟遗诏》,明万历徐氏刻本,第1页。

（2）点校本、整理本

序号/撰写者时代(可选)/责任者与责任方式/文献题名/卷次、篇名/出版者/出版时间/页码。如：

①（唐）杜佑撰,王文锦等点校:《通典》,中华书局1996年版,第35页。

（3）影印本

序号/撰写者时代(可选)/责任者与责任方式/文献题名/卷次、篇名/出版者/出版时间/(影印)页码。可在出版时间后注明"影印本"。如：

①（明）宋濂:《进元史表》,《明经世文编》卷1,中华书局1962年影印本,第5页。

（4）地方志

明清以前地方志者多为私人编纂,可在标注时注明作者。明清时期,方志一般为地方官府负责修撰,因此一般不标注作者,只在书名前注明成书的年号。民国时期的方志,标注时在书名前加"民国"二字。如：

①乾隆《平利县志》卷2《户口》。

②民国《宜川县志》卷6《人口》。

（5）常用基本典籍,官修大型典籍以及书名中含有作者姓名的文集可不标注作者,如《论语》《孟子》《史记》等二十四史等。如：

①《宋史》卷485《夏国传》。

（6）编年体典籍,可注出引文所属的时间。如：

②《明武宗实录》卷197,正德十六年三月丙寅,台湾中央研究院历史语言研究所校印本。

2. 著作

序号/责任者与责任方式/文献题名/出版者/出版时间/页码。

责任方式为"著"时,"著"可省略,其他如"编""主编""编著""整理""校注"等责任方式不可省略。责任方式如果是两个或三个责任方式相同的责任者,用顿号隔开,有三个以上时,只取第一责任者,其后加"等"字。引用翻译著作时,将译者作为第二责任者置于文献题名之后。如:

①李剑鸣:《历史学家的修养和技艺》,上海三联书店2007年版,第66页。

②任继愈主编:《中国哲学发展史(先秦卷)》,人民出版社1983年版,第35页。

③(法)莫尼克·玛雅尔:《古代高昌王国物质文明史》,耿昇译,中华书局1995年版,第10页。

3. 期刊序号/责任者/文献题名/期刊名/年期(或卷期,出版年月)。

①张明富:《乾隆末安南国王阮光平入华朝觐假冒说考》,《历史研究》2010年第3期。

②吴景平:《胡佛研究所藏宋子文档案概况及其学术价值》,《复旦学报》(社会科学版)2008年第6期。

4. 报纸

序号/责任者/篇名/报纸名称/出版年月日/版次。如:

①陈星星:《我们需要怎样的科学素养》,《人民日报》2011年2月24日,第12版。

5. 析出文献

序号/责任者/析出文献题名/文集责任者与责任方式/文集题名/出版者/出版时间/页码。

①魏明孔:《略论唐宋茶马互市的发展变化》,田澍、李清凌主编:《西北史研究》(第三辑),天津古籍出版社2002年版,第276—303页。

(二)外文文献

论文写作中引证外文文献时,原则上使用该语种通行的引证标注方式,可

以根据原始文献的习惯灵活标注,现以英文文献的标注方式为例列举如下:

1. 专著

序号/责任者与责任方式/文献题名/出版地点/出版者/出版时间/页码。如:

① Quoted in Mare W. Kruman, Between Authority & Liberty: State Constitution Making in Revolutionary America, Chapel Hill: The University of North Carolina Press, 1997, p. 134.

② Harry Thomas Dickinson, Liberty and Property: Political Ideology in Eighteenth-Century Britain, London: Methuen and Company, 1977, pp. 145-144.

2. 期刊文章

序号/责任者/文献题名/期刊名/卷册及出版时间/页码。文献题名用英文引号标识。如:

①R. R. Palmer, "Notes on the Use of the Word 'Democracy' 1789-1799" Political Science Quarterly, vol. 68, no. 2 (June1953), P. 204.

3. 析出文献

序号/责任者/析出文献题名/文集题名/编者/出版地点/出版者/出版时间/页码。如:

①Alexander Hamilton, "New York Ratifying Convention, Notes for Speech of July 22," in Harold C. Syrett, ed., the Papers of Alexander Hamilton, New York: Columbia University Press, 1962, vol. V, PP. 150-152.

在引文中需要注意以下几点:第一,意引时引用的并不是作者的原话,在注释中标注为:"参见×××:《×××》,×××出版社×××年版。"第二,如果所引的内容中有难以理解的文字,可以在关键词语后加括号注明,其格式为"(×××即×××——引者注/笔者注)"。第三,有时为了论述的需要,在一段话中引用了多条材料,如果这几条材料都出自于同一篇文献,则无需对所引的文字一一加注说明,只需要在最后一句引文后标出,格式为"(以上均见×××:《×××》)×××出版社×××年版。"

第二节 参考文献著录规范

一、参考文献的含义

参考文献的含义是一个需要辨识的问题。在我国于1987年5月5日批准,并于1988年1月1日起实施的《文后参考文献著录规则》中,对参考文献的界定是:"为撰写或编辑论著而引用的有关图书资料。"这里重点强调的是参考文献的"引用"作用。为了利于大型数据库的建立以及对文献数据进行交换、处理、检索、评价和利用,清华大学《中国学术期刊(光盘版)》杂志社制定《中国学术期刊(光盘版)检索与评价数据规范》(习惯上又称《CAJ-CD规范》)。1999年,国家新闻出版署发文要求对所有进入光盘版的期刊参照上述规范执行,后来大多数期刊就遵循了这一规定。在该规范中,对于参考文献的界定是:"参考文献是对期刊论文进行统计和分析的重要信息。"这里对参考文献仅仅是从功能上进行了界定,并没有对什么是参考文献本身进行界定,尤其没有对注释与参考文献的区别进行界定。

由于概念界定的模糊性,各期刊在参考文献的著录上出现了很多的混乱。最常见的是根据字面的意思理解"参考文献"。参考即参照,就有许多人在写文章时把引文用注释的方式标出,再在文后附上"参考文献"。这些文献在文中并没有被直接引用过,作者列出的本意就是虽然没有引用,但在写文章的过程中参照过此类文献。参考文献的混用还表现在期刊上,各期刊对于参考文献的著录要求各不相同,甚至同一期刊内不同文章的著录方式也是各不相同,最常见的是与注释产生混淆。有的在文章末尾虽然使用"参考文献"这一标题字样,但在著录时却没有按参考文献的著录方式,而采用引文注释的著录方式。也有的是在文章后用"注释"这一标题字样,但采用的却是参考文献的著录方式。还有的是注释与参考文献的混用,各种不规范之处不胜枚举。

参考文献与中国传统的引文注释有很大的相似之处,对文中引用的内容的标出,参考文献等同于引文注释,都是论有所据或引经据典,同时也是尊重别人劳动成果的体现。但所不同的是注释具有对文章某一部分作以解释说明的作用,但参考文献却没有这样的功能。所以当引入"参考文献"这一概念的时候,其所代替的是引文注,但由于1999年施行的《CAJ-CD规范》并未对此进行明确的说明,才产生了对注释与参考文献的歧义与误解。参考文献是从西方学术界和自然科学界引入的一个概念,有人戏称其为"舶来品",与中文的行文习惯特别是中国文史学术传统并不完全符合,因此才出现了上述的混乱。参考文献的引入是为了使我国的学术与国际接轨,符合国际标准的著录方式,有利于加强学术的国际交流。

但参考文献著录的方式对于艺术学论文的写作而言有着明显的弱点,艺术学论文的写作中常常要引用很多古籍,古籍最常见的形式是分卷,而从国外引入的参考文献这一著录形式则无法表示分卷。尤其是民国以前的书籍为写本与刻本,只能用卷来表示。有些古籍在民国以后又有了影印本和排印本,加上了页码,但各个出版社在影印同一本书籍时,排版的页码不同,引用时注明了页码后倒不如说明卷次更方便读者查阅与复核原文。还有诸如对出土的简牍、敦煌文书等材料引用时,仅仅依靠参考文献单一的著录规范则是远远不能表达的。

使用参考文献著录是一个正在探索实践的过程,也是一个逐步完善的过程。2005 年,在对 GB/T7714-1987《文后参考文献著录规则》进行修订后,经国家质量监督检验检疫总局和国家标准化管理委员会批准成为一项推荐性国家标准(GB/T7714-2005),用来指导作者和编辑进行规范化著录参考文献。修订版的著录规则"在著录项目的设置,著录格式的确定,参考文献的著录以及参考文献表的组织等方面尽可能与国际标准保持一致,以达到共享文献信息资源的目的。"(GB/T7714-2005,文后参考文献著录规则[S])同时《中国学术期刊(光盘版)》编辑委员会总结了《CAJ-CD 规范》施行以来的经验,参照国际、国家标准的新发展,按照"对旧的规范的条文进行了修改,形成《中国学术期刊(光盘版)检索与评价数据规范》的修订版本"。这是目前国内公开发行的大多数期刊所采用的文献著录格式。在修订版的《CAJ-CD 规范》中,参考文献最终被明确地界定为"作者撰写论著时所引用的公开发表的文献书目"。参考文献准确地被定义为"引用",其功能与注释中的"引文注"大致相同,代替了注释中的引文注,即著录文章中"引用"过的文献。

二、参考文献的著录原则

参考文献著录的应是公开发表的文献,即在国内外公开发行的刊物或正式出版的图书上的文献,内部使用的资料或内部出版物上刊登资料不能以参考文献的形式列出。公开发表的文献包括专著、论文集、报纸文章、期刊文章、学位论文、报告、标准、专刊等印刷版的文献,也包括数据库、计算机程序、电子公告及电子文献(以磁带、磁盘、光盘、联机网络和网络版文献为载体)。其中需要说明的是,学位论文虽然没有在公开发行的报刊或正式出版的图书上发表,但是经过专家评审,通过答辩,并且已经公开和存档了的文献,因此可以作为参考文献使用。

参考文献应选择最新、最具代表性的文献。就一篇文章而言,其所引用的文献数量是有限的,不可能把所有与论题相关的文献全部罗列,因此选择最具代表性文献著录就显得尤为重要。为了达到这一目的,一般引用时选择的是最新出版的文献,最新的文献可以反映出与题目相关的最新的研究成果,有助于把握学术研究的动态和最前沿的成果。此外还应选择最具代表性学者的言论。就某一问题,可能有很多的学者持相同的观点,在引用时,应选择学术素养水平高、在业内共知的知名专家的言论。如果对被引文章的作者不熟悉,没有办法选择引用文献时,可依据期刊的权威性来选择。权威期刊中的稿件一般是经过高水平编辑和专家审稿后才刊发的,经过多层次的把关,所刊发的文章的质量要比普通期刊相对高一些,故从权威期刊上选择参考文献显得十分重要。

此外还应注意直接引用原始文献。参考文献是证明作者论点的依据,一个正确的论点,如果用错误的材料来证明,其结论必然是错误的。很多作者在引用文献的过程中会无意识地犯这种错误,他们并不是直接引用最原始的文献,而是从其他文章或图书中转引自己所使用的资料。如果所引用文章的作者是严谨认真的,这种方法也许还是可以行得通的,但如果被引文章的作者也是从别的地方引用而来或是因为自身的疏忽而错误引用的话,这样的引用就会演变成以讹传讹。转抄者可能因理解上的片面性而曲解所引用的材料,不经分辨地引用则会闹出更大的笑话。所以对引用过的文献,一定要找到原文,严肃认真地加以核对。尤其要仔细核对论著的卷数、页码这些容易出错的地方。也只有亲自阅读原始文献,才能对文献的背景及目的有准确的认识,也能够为编辑、评审者以及读者评价论文水平提供更为可靠的依据。

三、参考文献的著录规范

参考文献是学术专著、科研论文的重要组成部分,是对期刊进行统计和分析的重要信息源之一。下面将根据《中国学术期刊(光盘版)检索与评价数据规范》(修订版)的内容,结合艺术学学术论文的特点,将参考文献的著录规则予以说明。

参考文献著录项目为:主要责任者;文献题名;文献类型及载体类型标志;其他责任者(译者、校注、校点、校勘者等);版本;出版项(出版地、出版者、出版年);文献出处或电子文献的可获得地址;文献起止页码;文献标准编号(ISBN,ISSN,……)。

主要责任者包括:普通图书作者、论文集主编、学位申报人、专利申请人、报告撰写人、期刊文章作者、析出文献作者等,多个责任者之间以","分隔。

参考文献类型及其标志,以单字母方式标识以下各种参考文献类型:

参考文献	普通图书	会议论文	报纸文章	期刊文章	学位论文	报告	标准	专刊	汇编	参考工具
文献类型标志	M	C	N	J	D	R	S	P	G	K

对于其他未说明的文献类型,一般采用单字母"Z"来标志。对于数据库(database)、计算机程序(computerprogram)及电子公告(electronicbulletinboard)等电子文献类型的参考文献,用下列双字母作为标志:

电子参考文献类型	数据库	计算机程序	电子公告
电子文献类型标志	DB	CP	EB

对于非纸张型载体的电子文献,当被引用为参考文献时需在参考文献类型标志中同时标明其载体类型。本规范建议采用双字母表示电子文献载体类型:磁带(magnetictape)——MT,磁盘(disk)——DK,光盘(CD-ROM)——CD,联机网络(online)——OL,并以[文献类型标志/载体类型标志]表示包括了文献载体类型的参考文献类型标志。如:[M/CD]——光盘图书(monographonCD-ROM);[DB/MT]——磁带数据库(databaseonmagnetictape);[CP/DK]——磁盘软件(computerprogramondisk);[J/OL]——网上期刊

(serialonline);[DB/OL]——网上数据库(databaseonline);[EB/OL]——网上电子公告(electronicbulletinboardonline)。以纸张为载体的传统文献在引作参考文献时不必注明其载体类型。

目前大多数刊物为顺序编码制,即参考文献按在正文中出现的先后次序列于文后,表上以"参考文献:"(左顶格)作为标志;英文文章后的参考文献表上以"References:"(左顶格)作为标志;参考文献的序号左顶格,并用数字加方括号表示,如[1]、[2]、……,以与正文中的指示序号格式一致。每条文献只与一个序号相对应;当文献题名等内容相同而仅页码不同时,可将页码注在正文中的指示序号后。每一参考文献条目的末尾均以"."结束。需要注意的是这里的"."是标志符号而不是标点符号,输入时为英文输入状态下的句号。

下面将举例说明各类参考文献条目的编排格式:

(一)中文文献

1.普通图书(包括教材等)、会议论文集、资料汇编、学位论文、报告(包括科研报告、技术报告、调查报告、考察报告等)、参考工具书(包括手册、百科全书、字典、图集等)的著录格式为:

[序号]主要责任者.文献题名:其他题名信息(任选)[文献类型标志].其他责任者(任选).版本项(任选).出版地:出版者(有编号的知名系列报告可不注出版地和出版者),出版年:起止页码(当整体引用时不注).

[1]脱脱.宋史[M].北京:中华书局,1977.
[2]王凯旋.明代科举制度研究[D].吉林大学,2005.
[3]冯西桥.核反应堆压力管道与压力容器的 LBB 分析[R].北京:清华大学核能技术设计研究院,1997.
[4]吕启祥,林东海.红楼梦研究稀见资料汇编[G].北京:人民文学出版社,2001.
[5]张永录.唐代长安词典[K].西安:陕西人民出版社,1980.

2.期刊文章的著录格式为:

[序号]主要责任者.文献题名[J].刊名(建议外文刊名后加 ISSN 号),年,卷(期):起止页码.

[1]钱乘旦.不平衡的发展:20世纪与现代化[J].历史教学,2007,(6):5-6.
[2]李怀顺,魏文斌,郑国穆.麦积山石窟"伏羲女娲"图像辨析[J].华夏考古,2006,(03):89-97.

3.报纸文章的著录格式为:
[序号]主要责任者.文献题名[N].报纸名,出版日期(版次).

[1]许崇德.千里之行始于足下——记新中国成立初期的立法活动[N].光明日报,2011-03-03(10).
[2]叶帆.移情体验与史家修养[N].人民日报,2011-03-03(23).
[3]钟玉华.外来文化深嵌菲律宾人生活[N].环球时报,2011-03-01(9).

4.标准(包括国际标准、国家标准、规范、法规等)的著录格式为:
[序号]主要责任者(任选).标准编号,标准名称[S].出版地(任选):出版者(任选),出版年(任选).

[1]GB/T7714-2005,文后参考文献著录规则[S].
[2]GB/T16159-1996,汉语拼音正词法基本规则[S].

5.专利的著录格式为:
[序号]专利申请者或所有者.专利题名:专利国别,专利编号[P].公告日期或公布日期.

[1]陈大钟.中国历史知识棋:中国,96108555.X[P].1998-01-07.
[2]中国科学院软件研究所.自适应的历史数据压缩方法:中国,02120383.0[P].2003-12-03.

6.各种未定义类型的文献的著录格式为:
[序号]主要责任者.文献题名[Z].出版地:出版者,出版年.

[1]汤志钧.章太炎年谱长编:上册[Z].北京:中华书局,1979.

[2]史若民,牛白琳.平、祁、太经济社会史料[Z].太原:山西古籍出版社,2002.

[3]翁同龢.翁同龢日记:第6册[Z].陈义杰整理.北京:中华书局,1998.

7.析出文献的著录格式为:

[序号]析出文献主要责任者.析出文献题名[文献类型标志]//原文献主要责任者(任选).原文献题名.出版地:出版者,出版年:析出文献起止页码.

[1]栾成显.明代人口统计与黄册制度的几个问题[C]//明史研究论丛(第七辑).北京:紫禁城出版社,2007.

[2]钱茂伟.晚明实录编纂理论的进步:以薛三省《实录条例》为中心[C]//第十届明史国际学术讨论会论文集.北京:人民日报出版社,2004.

8.电子文献的著录格式为:

对于载体为"DK""MT"和"CD"等的文献,将对应的印刷版的[文献类型标志]换成[文献类型标志/载体类型标志](包括[DB/MT]和[CP/DK]等);对于载体为"OL"的文献,除了将对应的印刷版的[文献类型标志]换成[文献类型标志/载体类型标志]以外,尚需在对应的印刷版著录项目后加上发表或更新日期(加圆括号,有出版年的文献可不选此项)、引用日期(加方括号)和电子文献的网址,建议在网址和相应的文献间建立起超链接。

[1]萧钰.出版业信息化迈入快车道[EB/OL].(2001-12-19)[2002-04-15].http://www.booktide.com/news/20011219/200112190019.html.

[2]西安电子科技大学.光折变效应应用中的预置光栅方法:中国,1580873[P/OL].(2005-02-16)[2006-04-28].http://develop.lib.tsinghua.edu.cn/infoweb/entryview.jsp'rid-20337.

(二)外文文献

各类外文文献的文后参考文献格式与中文示例相同。为了计算机检索方便,建议题名的首字母及各个实词的首字母大写,期刊的刊名等可用全称或按ISO4规定的缩写格式。为了减少外文刊名引用不规范所造成的引文统计及链接误差,建议以(SXXXX-XXXX)格式在刊名后加ISSN号。例:

[1] Marcel Merle. Sociologie des Relations Internationales[M]. 4th ed. Paris:Dalloz,1988.

[2] Klaus Hildbrand. Das Drite Reich[M]. Müchen:Bund – Verlag GmbH,1979.

[3] Григорян С В. Рудничная Геохимия[M]. Москва:Недра,1992.

[4] ROSENTHALL E M. Proceedings of the Fifth Canadian Mathematical Congress,University of Montreal,1961[C]. Toronto:University of Toronto Press,1963.

[5] GUO Ai-bing. Auto Show Revs up Customers´ Desire[N]. China Daily,2002-06-07(1).

[6] 村山敏博. 木質材料の耐燃処理[J]. 木材工業,1960,5(10):439-441.

[7] WANG Chun-yong,Mooney W D,WANG Xi-li,et al. A Study on 3- D Velocity Structure of Crust and Upper Mantle in Sichuan Yunnan Region[J]. Acta Seismologica Sinica(S1000-9116),2002,15(1):12-17.

[8] CALMS R B. Infrared Spectroscopic Studies on SolidOxygen[D]. Berkeley:Univ. of California,1965.

[9] World Health Organization. Factors Regulating the Immune Response:Report of WHO Scientific Group[R]. Geneva:WHO,1970.

[10] ISO 4,Information and Documentation—Rules for the Abbreviation of Title Words and Titles of Publications[S].

[11] KRAMER D P. Hermetic Fiber Optic to Metal ConnectionTechnique:USP,5143531[P]. 1992.

[12] WEINSTEIN L,SWERTZ M N. Pathogenic Properties of Invading Microorganism [M]//SODEMAN W A Jr, SODEMAN W A. Pathologic Physiology:Mechanisms of Disease. Philadelphia:Saunders,1974:745-772.

[13] FOURNEY M E. Advances in HolographicPhotoelasticity [C]//American Society of Mechanical Engineers, Applied Mechanics Division Symposium on Applications of Holography in Mechanics, University of Southern California, Los Angeles, California, August 23-25,1971 New York:ASME,1971:17-38.

[14] Scitor Corporation Project Scheduler[CP/DK]. Sunnyvale, Calif:Scitor Corporation,1983..

[15] WAN Jin-kun. Papers Abstracts of China University Journals(1983-1993)[DB/CD]. Beijing:Encyclopedia of China Publishing House,1996.

[16] GARFIELD E. The Agony and the Ecstasy—The History andMeaning of the Journal Impact Factor[C/OL]// International Congress on Peer Review And Biomedical Publication, Chicago, September16,2005.(2005-11-01)[2006-02-01]. http://www.google.com/search@hl=zh-CN&newwindow=1&q=agony+garfield&btnG=%E6%90%9C%E7%B4%A2&lr=..

四、参考文献著录中的注释

参考文献著录方式一般有以下两种形式：

第一种形式：文章后只有参考文献，而没有注释。这种标注方式并不意味着注释的消失，而更多的时候将注释的内容在文中直接表达，或采用夹注的形式注于文中，所以文后再无注释。

第二种形式：文章后有参考文献，也有页下注释或文章末尾的注释。这是因为参考文献著录的格式是从国外引入的一个概念，对未公开发表的私人来信、档案资料、书稿、古籍等各种文献有很大的不适应性，这时必须得用传统注释标注。就目前而言，因为参考文献著录的方式正在推广阶段，由于著录中所面临的实际困难与各个刊物的编辑人员以及各院校对注释与参考文献认识与理解上的差别,可能各个刊物或院校对学生论文著录格式的要求都不尽相同,作者只有在灵活掌握两种不同方式的基础上,按不同的要求因地制宜地处理好不同的注解。

第三节　引文注释标注与参考文献著录辨析

尽管注释与参考文献有着明确的规定,但翻阅近期出版的论文,仍发现许多作者和刊物在注释与参考文献著录时不符合相关的要求,这可能是由于作者只注重正文内容的写作,而忽略了注释与参考文献的规范,对其重要性的认识不足。因此,很有必要对注释与参考文献作以准确的辨析。

为了更加清晰、明白地凸显注释与参考文献的不同之处,我们需要进行详细的说明。传统注释标注与参考文献著录虽然有相通的地方,但也有很大的不同之处:

第一,注释标注与参考文献著录都是顺序编码,即以引用的文献在文中出现的顺序从小到大编码。但不同的是,注释所使用的是圆圈,参考文献使用的是方括号。需要指出的是,在传统注释标注方式中,尾注中同一文献名可反复出现,并按出现顺序予以标注。而在参考文献著录方式中,同一文献名只能出现一次,只能有一个序号,其页码、篇名等变量在正文中标出。具体而言,在传统注释中,引用的部分出现一次,则注释一次,直至文章的结束。而参考文献以文章引用的文献出现的顺序编码,如果同一篇文章被引用了多次,只在第一次引用时给其注明引用的文献,在同一文章后面出现时,不管在什么位置,只注明参考文献的序号。例如,同一段文字,用注释的话引用了 27 次文献,就有 27 个注,但用参考文献著录的话,因为文章只引用了 22 篇文献,所以也就著录了 22 篇参考文献。

第二,引用的是图书时,注释标注与参考文献著录都注明页码,但方式是不同的,注释在每条注释后,都明确说明是某个出版社哪一页的。但参考文献所列的因为是文献名,所以不注明页码,而在正文中文献引用序号后加括号用"P＊＊"的方式注明。

第三,注释标注与参考文献著录最大的不同是,参考文献后面有文献标志码,而注释中是没有的。对不同的文献载体,参考文献都规定不同的文献标志码,这是与传统注释使用上最大的不同之处。如果要求的是用参考文献著录,初学者一定要认真核对原文献的类型,然后查对原文献所对应文献标识码,确保能够正确地标识。

第四,参考文献著录格式中的作者和文献标志码,在文献结束之时,用的都是实心小圆点——"."号标记,需要注意的是,这不是中文状态下的标点符号,而是标记符号,不能用成汉语中的句号。输入时将输入法切换至英文状态下,输入英文状态下的句号,或者在中文输入法中,将标点符号切换为英文状态,再输入句号。

第五,参考文献著录格式中,在出版社前加上了出版地,这相对于以前注释不标明出版地的做法是进步的。虽然大多数出版社都只有一个出版地,但也有的出版社存在不同的出版地,如果不注明出版地的话,就不利于更加精确地检索到所引用的文献。如商务印书馆,北京、上海、香港都有其出版地,不注明究竟是哪个出版地出版的,对读者而言,就难以准确找到其引用资料的出处。

思考题

1. 注释分为哪几种?注释的方法有哪些?
2. 注释与参考文献最大的区别在哪里?
3. 在参考文献著录格式中,注释要注解哪些内容?
4. 选择期刊上的一篇文章,把以注释标注的改为参考文献著录形式,把以参考文献著录的改为注释标注形式。

第十章 毕业论文的答辩

学生进行论文写作训练的目的,最终是在其毕业的时候,能够写出一篇有价值的学术论文,通过答辩,完成学业,顺利毕业。答辩是学生完成学业必需的环节,要想在答辩时有更好的发挥,不仅要写出高水平的文章,还应了解答辩的程序,掌握答辩的技巧,积极地应对答辩。

第一节 论文答辩的重要性

毕业论文答辩是一种有组织、有准备、有计划、有鉴定的比较正规的审查论文的形式。答辩委员会就论文提出有关问题,由作者当面回答,或与答辩委员相互辩论。

一、论文答辩的特点

就毕业论文答辩而言,它不同于普通的回答问题,也不同于辩论,有其独特的特点。

论文答辩以答为主,以辩为辅。答辩是辩论的一种,就辩论而言,分为竞赛式辩论、对话式辩论和问答式辩论三种形式,答辩即问答式辩论的简称。答辩是由答辩委员会成员提出问题,论文作者作出回答。就某一问题,答辩委员会成员可能与作者持不同或者是相反的观点,这时论文作者可以依据自己的理解与答辩老师就某一问题进行辩论。总体来说,因为答辩委员会的成员一般为专业领域内的专家,其学识广博、见识高明,对某一问题的看法相对要成熟一些。因此,论文答辩时以问答的形式为主,以不同观点的辩论为辅。

论文答辩是对论文内容的现场评议。论文的作者是应试的考生,而考官是专家组成的答辩委员会,答辩委员会始终处于主动、审查的地位,论文的作者始终处于被动、被审查的地位。评议的内容就是答辩委员会成员一方面就文章提出问题,另一方面也可以就某一问题与作者进行辩论。

论文答辩需要作者做许多准备。论文作者一般是事先将论文送给答辩老师审阅,答辩老师有充足的时间来阅读文章和提出问题。由于作者不知道答辩老师会从哪些方面来提问,这就要求学生在答辩之前要做充分的准备,就自己所写的论文及有关问题进行广泛的思考与认真的准备。

二、论文答辩的目的

论文答辩的目的,对于组织者与答辩者是不同的。学位授予单位组织答辩的目的,是对学生论文的真实性和科研能力作出评判,就学生所要论述到的主题的认识程度和当场论证问题的能力作出检验,就论文作者对专业知识的广度和深度作出考查。

审查毕业论文的真实性是论文答辩的主要目的。审查论文的真实性,是检查毕业论文是否是作者独立完成的,有无抄袭或找枪手代笔等情况。论文写作不同于课程教学,是一项实践性极强的活动,不可能采取问卷考试的方式进行考核。个别学生平时不认真学习专业知识,理论水平差,也没有史料的积累,到写论文时,找不出合适的题目,无法写作,就拼凑别人的成果或是从网上下载现成的文章,甚至是直接找人代笔。答辩时,通过答辩委员会的提问,论文作者的当面回答,就能有效地检验毕业论文的真实性,有无抄袭现象。一般来说,一篇论文如果不是自己完成的,问及其所涉及内容方面的基本问题,答辩者肯定回答不上来,最终会露出马脚,这样的学生自然是不能通过答辩的。

答辩还可以考察学生对所研究问题的认识能力。通过论文,就能够基本反映学生对所研究问题的认识水平。但一篇文章的容量毕竟是有限的,不能全面反映出作者的所有研究心得。有些问题可能没有展开具体论述,有些问题可能与论述的主题关系很大,由于篇幅所限,虽然作者对此已有了深入的思考,但却未能在文章中反映出来。有些问题可能是作者未能深入研究而刻意回避的问题。通过提问和答辩,就可以进一步了解作者对所写问题的认识理解程度,进一步考察论文作者专业知识的深度和广度。

对于答辩者来说,答辩的直接目的就是能够顺利通过,按期毕业。学生要顺利通过答辩,就必须了解答辩的目的,做一些有针对性的准备工作,继续对论文中相关的问题作进一步的梳理,在答辩中用简练明快的语言口头表达出来。

三、论文答辩的重要性

顺利地通过答辩是学生参加毕业论文答辩的直接目的,但如果对答辩的认识仅仅局限于这一点上,以消极的态度对待,不利于充分发挥作者的能动性。只有充分认识毕业论文答辩的意义,才会以积极的姿态和满腔的热忱投入到答辩中,充分发挥自己的水平,答辩才能取得良好的效果。

第一,毕业论文答辩是全面展示个人素质的最佳机会。答辩时学生不仅展示自己的写作水平,更重要是通过陈述文章和回答答辩老师的提问,全面展示自己的勇气、自信、口才、风度、应变能力和表达能力等诸方面的素质。现代社会竞争激烈,就业压力大,在竞聘岗位时,大都要参加面试,需要面试者展现良好的个人素质。一个思维敏捷、口才极佳的学生比一个成绩良好、但性格孤僻内向的学生更受社会的欢迎,更易找到理想的工作。毕业论文的答辩是一次很好的锻炼机会,面对同专业领域内专家的提问,答辩者要做到镇定自若、客观理性地陈述自己的观点,以期获得专家们的认同。大学生应该珍惜这一难得的机会,努力应对,不可马虎从事、敷衍塞责。

第二,毕业论文答辩是学生向答辩老师学习的好机会。一篇论文写完后,由于受作者认识能力和语言表达能力的局限,不可避免地存在一些缺陷和不足之处。对于这些缺陷,有的学生意识到了,但由于自身的水平有限而无法继续深入地研究下去,而有些学生则根本没有意识到。答辩老师通过启发式的提问和针对性的点评,会使学生明白论文存在的问题和如何解决这些问题。对于自己还没有搞清楚的问题,答辩者还可以直接请求答辩老师予以指点。一篇水平不高的论文,经过答辩,听取老师的意见修改后,其质量会有一定的提高。有些已经写得较好的论文,经答辩老师的点拨,作者认真修改后,其学术价值也会有大的提高。总之,答辩会上提出的问题,不在于作者在当场是否能作出圆满回答,而在于通过回答这些问题,学到更多的知识,对论文进一步完善起到积极的作用。第三,通过毕业论文答辩,可以提升答辩者的专业素养。通过大学学习,学生掌握了专业理论与专业基础知识,具备了一定的理论水平和科研能力。在论文选题时,一般都会选择感兴趣、史料积累丰富的题目。为了应对答辩,在答辩前就得认真准备,仔细审查文章的基本观点是否有问题,论证是否充分,有无遗漏之处。如果发现问题,就得继续搜集与此相关的资料,这个过程本身就是积累知识、增长知识的过程。

毕业论文答辩委员会的成员有较高的专业素养,经过他们的指点,会使答辩者受益匪浅,能使文章的质量得到大幅度的提高。毕业论文的答辩,可以说是同领域的专家给答辩者论文的集体"会诊",能够发现问题,对其不足有较为准确的判断,有助于学生作进一步的思考。

第二节　毕业论文答辩的程序及应对

毕业论文答辩是一种特殊的教学活动,为了充分发挥论文答辩对学生论文质量和水平的考查和评价功能,答辩有着严格的组织程序,必须按照一定步骤和方式进行,学生只有了解了答辩的程序,按要求准备,才能在答辩中有较好的表现。

一、毕业论文答辩的一般程序

(一)预备工作阶段

答辩前由学位分委员会选定或指定相关专家组成答辩委员会,并从答辩委员中选出答辩委员会主席,确定答辩秘书和时间,安排答辩地点。答辩地点布置,总的要求是空间适中、庄重严肃,可以选择在会议室、办公室或教室。答辩地点要拥有较多的座位,以便旁听,最好配备多媒体设备,以便辅助答辩发言时使用。

学生在答辩前,将认真修改后并经过指导老师审查定稿的毕业论文打印若干份(确保每位答辩老师人手一份),提交给答辩委员,以便答辩委员审读文章,拟定问题。

(二)正式答辩阶段

宣布开始。由答辩委员会主席宣布答辩开始,并向学生介绍答辩小组成员的姓名、职务和职称等情况,说明答辩程序、相关要求和注意事项,规定答辩顺序。答辩开始后,由秘书负责全场答辩的记录工作。

学生陈述。答辩学生首先要向答辩委员会作以简单的自我介绍,接下来是对文章内容的陈述。包括概述文章选题的目的、依据和意义,介绍论文的主要论点和论据,文章的创新之点和已解决的问题。陈述时应采取口述的方式,做到观点明确、重点突出、思路清晰、详略得当。同时要做到语言清晰、语速适中、声音洪亮,态度镇定自若。此外,陈述还要做到简明扼要,时间应控制在答辩主席限定的范围之内。

老师提问。学生陈述结束后,由答辩老师就文章的内容提出问题。提问后,一种情况是让学生准备一段时间后再当面作答,另一种情况是要求学生立即回答。提问主要是与文章相关的内容,一般不会有偏题与怪题。

学生进行回答或申辩。学生就答辩委员会提出的问题逐一作出回答,如果答辩老师与自己的观点相左,可以申辩,但应注意说话的语气与方式。在学生回答完问题之后,答辩老师就学生的回答进行点评。双方交流完毕后,如果学生没有意见,答辩主席宣布学生退场,等待答辩委员会合议后宣布答辩评议结果。

(三)后续工作阶段

合议学生成绩。学生离场后,答辩老师就每位学生在答辩时的优点与缺点,以无记名投票的方式给答辩学生打分。答辩成绩一般实行"五等级制"成绩:优秀(90—100分);良好(80—90分);中等(70—79分);及格(60—69分);不及格(59分以下)。最后由秘书汇总每位学生的平均成绩。

宣布成绩。在合议结束后,召回答辩学生,由答辩主席宣布学生成绩,并就本次答辩进行总评。总评的内容包括对本场答辩的总体看法、取得的成绩、存在的不足、对学生的要求与期望等内容。

二、答辩老师的提问

答辩老师一般从以下方面提出问题:一是围绕毕业论文的真实性提出问题,如让作者介绍文章的主要思想,论文涉及的问题及其当前学术界的基本观点,以探测学生对相关问题的了解程度,从而考察论文是否为答辩者本人所写。二是围绕论文的薄弱环节提问,如属于该课题中必须涉及的问题,但论文中却没有论述或言之不详。三是围绕文章的创新之处的提问。论文的价值在于其所具备的创新之点,而不是对原有知识的重复,因此答辩老师一般会让作者介绍一下文章的创新之处。通过对这些问题的提问和答辩,答辩老师就可以了解到论文的真实性,使学生在答辩中补充论文的薄弱环节,启发学生对所研究的问题作更进一步的思考,在一问一答中,能够较好地认识学生的业务水平,同时对文章的质量和水平作出恰当的评价。

答辩老师提问宜贯彻先易后难的原则。答辩老师提出的第一个问题一般是学生答得出并且能答得好的问题,然后逐步深入。每个学生的功底不同,写出的论文水平高低不一,因而答辩老师会因人而提问,对基础较好、水平较高者,一般提出有深度的问题,不致使其产生骄傲的情绪;对基础相对薄弱、水平较低者,一般提出较易回答的问题,不致使其产生慌乱,影响答辩。这就要求学生在答辩时态度一定要诚恳,知道就详加回答,不知道时须委婉地予以说明。

答辩老师的提问,通常为诱导的方式。答辩中,答辩老师联系论文的内容与学术背景并针对论文的实际而提出与论文直接或间接相关的问题。仔细分析老师的提问,就会发现他们的提问其实就是对某一问题如何作答的界定,并且在学生回答不上来时,答辩老师会给予指点,学生要善于听取答辩老师的言外之意,理解答辩老师这样发问的目的。

三、学生的应对

了解了答辩的程序与答辩老师提问的特点,答辩学生应做一些有针对性的准备工作。

首先,要熟悉自己所写论文的全文,尤其是通过自己的研究,最终得出了一个什么样的结论或认识,特别是主体部分和结论部分要反复推敲,对主体部分各个论点和论据要反复地琢磨,看其是否有自相矛盾之处,弄清、弄懂论文中所使用的主要概念的确切涵义,对解释片面、模糊的地方要查漏补缺,认真设防,尽量不留漏洞。只有做了充分的准备,才能做到胸有成竹,临阵不慌。

其次,要准备好发言材料。发言材料包括简单的自我介绍及论文的陈述材料。开始答辩时,要有礼貌地先向答辩老师或主考官问好,接着作一个简单的自我介绍,然后再就主要问题进行陈述。论文答辩时的自我介绍的内容主要包括自己的姓名、学号、论文的题目、指导教师等信息。论文的陈述材料是对文章简明扼要地概括,主要包括:自己为什么要选择这个问题;对该问题代表性的学者及其观点;目前学术研究的情况如何;自己提出和解决了什么问题等,也就是对文章创新之处的陈述;集中论述研究这个题目的学术价值和社会价值;论文在研究中还有哪些应涉及因能力有限而未能完成的问题,也就是对文章研究的不足之处予以说明,以求得到专家的指点。陈述论文内容时,提纲挈领地把主要观点表述出来就可以了,不必展开细致的论证。

再次,认真做好应答准备。对论文中所涉及的重要引文,要知道版本及出处,准确地界定各种概念。对所研究的问题学术界已有的成果、已经解决的基本问题、存在的争议、代表性的观点、代表性的文章或著作等问题要进一步熟悉。

最后,要有良好的精神风貌。大学生是朝气蓬勃的,是青春和活力的代表,在答辩时要特别注意自己的精神风貌。参加答辩时,穿着要朴素大方、干净整洁,符合自己的身份,不能过于夸张和讲究,过分注重打扮则与学生的身份不太符合,与论文答辩的场所显得格格不入。也有一些同学不修边幅、蓬头垢面、衣着不整、过于随便,这是对答辩不重视的表现,这种态度会影响答辩老师对答辩学生的印象。

答辩时要有充分的自信,不能紧张怯场。在对论文内容全面掌握了解的基础上,树立正确的答辩态度,不要对答辩存在紧张心理,影响答辩的质量;也不要对答辩漫不经心,认为只要写好文章就足够了,把答辩看成是走过场。论文答辩是对自己几年学习效果的一次总的检阅,是大学期间完成的最后一张答卷,是一份独特而具有特殊意义的答卷。只有端正态度,以良好的精神风貌应对,才能顺利通过答辩,给自己交上一份满意的答卷。

第三节　答辩中应注意的问题

学生要顺利地通过答辩,除了了解答辩的程序,做好积极的应对外,还应了解和掌握答辩的技巧,在答辩时真正发挥出自己的水平。

一、携带答辩用品

在答辩时,一定要带上笔和稿纸,以便随时记录答辩老师的提问和有价值的信息,更好地作出回答。每个老师的提问都是不同的,记录下来,针对不同老师的提问,仔细推敲、分析问题的要害和实质,不至于出现忘记提问的问题、回答跑题等情况。

在答辩时可以带上论文的底稿和一些必需的参考资料。带上论文,当遇到一时反应不过来的问题时,稍微翻阅一下,就可以避免不必要的尴尬和慌乱。带上参考资料,回答问题时就有了依据,一定程度上可以增加学生的底气,缓解紧张的心理。

二、有针对性地回答问题

在答辩时,一定要认真听取答辩老师的提问,并快速记录下来。答题时一定要听清题意,切忌未听清题意就盲目作答。如果对答辩老师的问题没有听清楚,或对问题中某些概念理解不准确,可以要求答辩老师重复提问或详细解释,也可以先把自己对问题的理解说出来,再询问答辩老师是不是这个意思,得到肯定的答复后再作出回答。

答题时,一定要有针对性、条理清楚、逻辑分明、紧扣问题、就事论事、重点突出。一定要简明扼要,不可偏离主题、节外生枝,绕到别的问题上去。要充满自信地以流畅的语言和肯定的语气把自己的观点陈述出来,不要吞吞吐吐、瞻前顾后、犹豫不决。

在答辩中,答辩老师的有些问题会有难度,学生不必因此而患得患失,因为对专业领域的问题,答辩老师都做过专门的研究,学生被问住是很正常的。如果某个问题自己没有搞清楚,不太有把握,可以审慎地回答,能回答多少就回答多少,即使回答不准确也不要紧,只要与答辩老师所问的问题有关联,答辩老师一般会启发学生。如果确实不懂,就该实事求是地说明对该问题自己目前还没有研究清楚,坦诚地表示以后会认真研究此问题,不可进行狡辩或强词夺理。

三、有理有据据理力争

答辩虽然是以回答为主、辩论为辅,但并不意味着学生不可以发表不同的意见,一味地顺从答辩老师的观点。当答辩老师与你的主要观点不同时,可以进行辩论。因为答辩老师的提问有两种类型,一种是对基础知识的提问,这类问题是要求学生作出全面正确的回答,因而一般不用辩论。另一种是对有争议的学术问题的探讨,学术问题是没有统一固定答案的,持不同观点的人可以相互探讨。有的答辩老师提出与论文不同的观点,其实也不一定就是他本人的看法,而是站在相反立场上提出疑问,考察学生对某一问题认识的深度与广度,考察学生对自己观点的坚信程度与应变能力。遇到这种情况,答辩学生就要据理力争,与之展开辩论。

与答辩老师进行辩论一定要注意分寸,可以据理力争,但要注意说话的方式与辩论的技巧。一般来说应当在坚持自己观点的前提下,用尽可能委婉的语气,用请教、商谈、举反证来论证的办法,坚持自己的观点,让答辩老师认可你的观点,对你的创新作出肯定性的评价。

在论文答辩结束后,作者应当进一步分析、思考答辩老师提出的问题与给出的意见或建议,吸纳有用的成分,增加对问题认识的高度,精心修改论文,使自己的论文质量得到进一步的提高。

思考题

1. 谈谈你对毕业论文答辩必要性的认识。
2. 结合自己的毕业论文,试写一篇答辩时的陈述报告。
3. 参加一次高年级或研究生的论文答辩,谈谈自己的体会。
4. 与同学组成答辩委员会,进行论文的预答辩。
5. 选取同学的一篇论文,试写一份论文评语。

附录一　中华人民共和国著作权法

(1990年9月7日第七届全国人民代表大会常务委员会第十五次会议通过,根据2001年10月27日第九届全国人民代表大会常务委员会第二十四次会议《关于修改〈中华人民共和国著作权法〉的决定》修正)

第一章　总则

第一条　为保护文学、艺术和科学作品作者的著作权,以及与著作权有关的权益,鼓励有益于社会主义精神文明、物质文明建设的作品的创作和传播,促进社会主义文化和科学事业的发展与繁荣,根据宪法制定本法。

第二条　中国公民、法人或者其他组织的作品,不论是否发表,依照本法享有著作权。

外国人、无国籍人的作品根据其作者所属国或者经常居住地国同中国签订的协议或者共同参加的国际条约享有的著作权,受本法保护。

外国人、无国籍人的作品首先在中国境内出版的,依照本法享有著作权。

未与中国签订协议或者共同参加国际条约的国家的作者以及无国籍人的作品首次在中国参加的国际条约的成员国出版的,或者在成员国和非成员国同时出版的,受本法保护。

第三条　本法所称的作品,包括以下列形式创作的文学、艺术和自然科学、社会科学、工程技术等作品:

(一)文字作品;

(二)口述作品;

(三)音乐、戏剧、曲艺、舞蹈、杂技艺术作品;

(四)美术、建筑作品;

(五)摄影作品;

(六)电影作品和以类似摄制电影的方法创作的作品;

(七)工程设计图、产品设计图、地图、示意图等图形作品和模型作品;

(八)计算机软件;

(九)法律、行政法规规定的其他作品。

第四条 依法禁止出版、传播的作品,不受本法保护。

著作权人行使著作权,不得违反宪法和法律,不得损害公共利益。

第五条 本法不适用于:

(一)法律、法规,国家机关的决议、决定、命令和其他具有立法、行政、司法性质的文件,及其官方正式译文;

(二)时事新闻;

(三)历法、通用数表、通用表格和公式。

第六条 民间文学艺术作品的著作权保护办法由国务院另行规定。

第七条 国务院著作权行政管理部门主管全国的著作权管理工作;各省、自治区、直辖市人民政府的著作权行政管理部门主管本行政区域的著作权管理工作。

第八条 著作权人和与著作权有关的权利人可以授权著作权集体管理组织行使著作权或者与著作权有关的权利。著作权集体管理组织被授权后,可以以自己的名义为著作权人和与著作权有关的权利人主张权利,并可以作为当事人进行涉及著作权或者与著作权有关的权利的诉讼、仲裁活动。

著作权集体管理组织是非营利性组织,其设立方式、权利义务、著作权许可使用费的收取和分配,以及对其监督和管理等由国务院另行规定。

第二章　著作权

第一节　著作权人及其权利

第九条 著作权人包括:

(一)作者;

(二)其他依照本法享有著作权的公民、法人或者其他组织。

第十条 著作权包括下列人身权和财产权:

(一)发表权,即决定作品是否公之于众的权利;

(二)署名权,即表明作者身份,在作品上署名的权利;

(三)修改权,即修改或者授权他人修改作品的权利;

(四)保护作品完整权,即保护作品不受歪曲、篡改的权利;

(五)复制权,即以印刷、复印、拓印、录音、录像、翻录、翻拍等方式将作品制作一份或者多份的权利;

（六）发行权，即以出售或者赠与方式向公众提供作品的原件或者复制件的权利；

（七）出租权，即有偿许可他人临时使用电影作品和以类似摄制电影的方法创作的作品、计算机软件的权利，计算机软件不是出租的主要标的的除外；

（八）展览权，即公开陈列美术作品、摄影作品的原件或者复制件的权利；

（九）表演权，即公开表演作品，以及用各种手段公开播送作品的表演的权利；

（十）放映权，即通过放映机、幻灯机等技术设备公开再现美术、摄影、电影和以类似摄制电影的方法创作的作品等的权利；

（十一）广播权，即以无线方式公开广播或者传播作品，以有线传播或者转播的方式向公众传播广播的作品，以及通过扩音器或者其他传送符号、声音、图像的类似工具向公众传播广播的作品的权利；

（十二）信息网络传播权，即以有线或者无线方式向公众提供作品，使公众可以在其个人选定的时间和地点获得作品的权利；

（十三）摄制权，即以摄制电影或者以类似摄制电影的方法将作品固定在载体上的权利；

（十四）改编权，即改变作品，创作出具有独创性的新作品的权利；

（十五）翻译权，即将作品从一种语言文字转换成另一种语言文字的权利；

（十六）汇编权，即将作品或者作品的片段通过选择或者编排，汇集成新作品的权利；

（十七）应当由著作权人享有的其他权利。

著作权人可以许可他人行使前款第（五）项至第（十七）项规定的权利，并依照约定或者本法有关规定获得报酬。

著作权人可以全部或者部分转让本条第一款第（五）项至第（十七）项规定的权利，并依照约定或者本法有关规定获得报酬。

第二节　著作权归属

第十一条　著作权属于作者，本法另有规定的除外。

创作作品的公民是作者。

由法人或者其他组织主持，代表法人或者其他组织意志创作，并由法人或者其他组织承担责任的作品，法人或者其他组织视为作者。

如无相反证明，在作品上署名的公民、法人或者其他组织为作者。

第十二条 改编、翻译、注释、整理已有作品而产生的作品,其著作权由改编、翻译、注释、整理人享有,但行使著作权时不得侵犯原作品的著作权。

第十三条 两人以上合作创作的作品,著作权由合作作者共同享有。没有参加创作的人,不能成为合作作者。

合作作品可以分割使用的,作者对各自创作的部分可以单独享有著作权,但行使著作权时不得侵犯合作作品整体的著作权。

第十四条 汇编若干作品、作品的片段或者不构成作品的数据或者其他材料,对其内容的选择或者编排体现独创性的作品,为汇编作品,其著作权由汇编人享有,但行使著作权时,不得侵犯原作品的著作权。

第十五条 电影作品和以类似摄制电影的方法创作的作品的著作权由制片者享有,但编剧、导演、摄影、作词、作曲等作者享有署名权,并有权按照与制片者签订的合同获得报酬。

电影作品和以类似摄制电影的方法创作的作品中的剧本、音乐等可以单独使用的作品的作者有权单独行使其著作权。

第十六条 公民为完成法人或者其他组织工作任务所创作的作品是职务作品,除本条第二款的规定以外,著作权由作者享有,但法人或者其他组织有权在其业务范围内优先使用。作品完成两年内,未经单位同意,作者不得许可第三人以与单位使用的相同方式使用该作品。

有下列情形之一的职务作品,作者享有署名权,著作权的其他权利由法人或者其他组织享有,法人或者其他组织可以给予作者奖励:

(一)主要是利用法人或者其他组织的物质技术条件创作,并由法人或者其他组织承担责任的工程设计图、产品设计图、地图、计算机软件等职务作品;

(二)法律、行政法规规定或者合同约定著作权由法人或者其他组织享有的职务作品。

第十七条 受委托创作的作品,著作权的归属由委托人和受托人通过合同约定。合同未作明确约定或者没有订立合同的,著作权属于受托人。

第十八条 美术等作品原件所有权的转移,不视为作品著作权的转移,但美术作品原件的展览权由原件所有人享有。

第十九条 著作权属于公民的,公民死亡后,其本法第十条第一款第(五)项至第(十七)项规定的权利在本法规定的保护期内,依照继承法的规定转移。

著作权属于法人或者其他组织的,法人或者其他组织变更、终止后,其本法第十条第一款第(五)项至第(十七)项规定的权利在本法规定的保护期内，由承受其权利义务的法人或者其他组织享有；没有承受其权利义务的法人或者其他组织的，由国家享有。

第三节　权利的保护期

第二十条　作者的署名权、修改权、保护作品完整权的保护期不受限制。

第二十一条　公民的作品，其发表权、本法第十条第一款第(五)项至第(十七)项规定的权利的保护期为作者终生及其死亡后五十年，截止于作者死亡后第五十年的 12 月 31 日；如果是合作作品，截止于最后死亡的作者死亡后第五十年的 12 月 31 日。

法人或者其他组织的作品、著作权(署名权除外)由法人或者其他组织享有的职务作品，其发表权、本法第十条第一款第(五)项至第(十七)项规定的权利的保护期为五十年，截止于作品首次发表后第五十年的 12 月 31 日，但作品自创作完成后五十年内未发表的，本法不再保护。

电影作品和以类似摄制电影的方法创作的作品、摄影作品，其发表权、本法第十条第一款第(五)项至第(十七)项规定的权利的保护期为五十年，截止于作品首次发表后第五十年的 12 月 31 日，但作品自创作完成后五十年内未发表的，本法不再保护。

第四节　权利的限制

第二十二条　在下列情况下使用作品，可以不经著作权人许可，不向其支付报酬，但应当指明作者姓名、作品名称，并且不得侵犯著作权人依照本法享有的其他权利：

（一）为个人学习、研究或者欣赏，使用他人已经发表的作品；

（二）为介绍、评论某一作品或者说明某一问题，在作品中适当引用他人已经发表的作品；

（三）为报道时事新闻，在报纸、期刊、广播电台、电视台等媒体中不可避免地再现或者引用已经发表的作品；

（四）报纸、期刊、广播电台、电视台等媒体刊登或者播放其他报纸、期刊、广播电台、电视台等媒体已经发表的关于政治、经济、宗教问题的时事性文章，但作者声明不许刊登、播放的除外；

（五）报纸、期刊、广播电台、电视台等媒体刊登或者播放在公众集会上发

表的讲话,但作者声明不许刊登、播放的除外;

(六)为学校课堂教学或者科学研究,翻译或者少量复制已经发表的作品,供教学或者科研人员使用,但不得出版发行;

(七)国家机关为执行公务在合理范围内使用已经发表的作品;

(八)图书馆、档案馆、纪念馆、博物馆、美术馆等为陈列或者保存版本的需要,复制本馆收藏的作品;

(九)免费表演已经发表的作品,该表演未向公众收取费用,也未向表演者支付报酬;

(十)对设置或者陈列在室外公共场所的艺术作品进行临摹、绘画、摄影、录像;

(十一)将中国公民、法人或者其他组织已经发表的以汉语言文字创作的作品翻译成少数民族语言文字作品在国内出版发行;

(十二)将已经发表的作品改成盲文出版。

前款规定适用于对出版者、表演者、录音录像制作者、广播电台、电视台的权利的限制。

第二十三条 为实施九年制义务教育和国家教育规划而编写出版教科书,除作者事先声明不许使用的外,可以不经著作权人许可,在教科书中汇编已经发表的作品片段或者短小的文字作品、音乐作品或者单幅的美术作品、摄影作品,但应当按照规定支付报酬,指明作者姓名、作品名称,并且不得侵犯著作权人依照本法享有的其他权利。

前款规定适用于对出版者、表演者、录音录像制作者、广播电台、电视台的权利的限制。

第三章 著作权许可使用和转让合同

第二十四条 使用他人作品应当同著作权人订立许可使用合同,本法规定可以不经许可的除外。

许可使用合同包括下列主要内容:

(一)许可使用的权利种类;

(二)许可使用的权利是专有使用权或者非专有使用权;

(三)许可使用的地域范围、期间;

(四)付酬标准和办法;

(五)违约责任;

(六)双方认为需要约定的其他内容。

第二十五条 转让本法第十条第一款第(五)项至第(十七)项规定的权利,应当订立书面合同。

权利转让合同包括下列主要内容:

(一)作品的名称;

(二)转让的权利种类、地域范围;

(三)转让价金;

(四)交付转让价金的日期和方式;

(五)违约责任;

(六)双方认为需要约定的其他内容。

第二十六条 许可使用合同和转让合同中著作权人未明确许可、转让的权利,未经著作权人同意,另一方当事人不得行使。

第二十七条 使用作品的付酬标准可以由当事人约定,也可以按照国务院著作权行政管理部门会同有关部门制定的付酬标准支付报酬。当事人约定不明确的,按照国务院著作权行政管理部门会同有关部门制定的付酬标准支付报酬。

第二十八条 出版者、表演者、录音录像制作者、广播电台、电视台等依照本法有关规定使用他人作品的,不得侵犯作者的署名权、修改权、保护作品完整权和获得报酬的权利。

第四章 出版、表演、录音录像、播放

第一节 图书、报刊的出版

第二十九条 图书出版者出版图书应当和著作权人订立出版合同,并支付报酬。

第三十条 图书出版者对著作权人交付出版的作品,按照合同约定享有的专有出版权受法律保护,他人不得出版该作品。

第三十一条 著作权人应当按照合同约定期限交付作品。图书出版者应当按照合同约定的出版质量、期限出版图书。

图书出版者不按照合同约定期限出版,应当依照本法第五十三条的规定承担民事责任。

图书出版者重印、再版作品的,应当通知著作权人,并支付报酬。图书脱销后,图书出版者拒绝重印、再版的,著作权人有权终止合同。

第三十二条　著作权人向报社、期刊社投稿的,自稿件发出之日起十五日内未收到报社通知决定刊登的,或者自稿件发出之日起三十日内未收到期刊社通知决定刊登的,可以将同一作品向其他报社、期刊社投稿。双方另有约定的除外。

作品刊登后,除著作权人声明不得转载、摘编的外,其他报刊可以转载或者作为文摘、资料刊登,但应当按照规定向著作权人支付报酬。

第三十三条　图书出版者经作者许可,可以对作品修改、删节。

报社、期刊社可以对作品作文字性修改、删节。对内容的修改,应当经作者许可。

第三十四条　出版改编、翻译、注释、整理、汇编已有作品而产生的作品,应当取得改编、翻译、注释、整理、汇编作品的著作权人和原作品的著作权人许可,并支付报酬。

第三十五条　出版者有权许可或者禁止他人使用其出版的图书、期刊的版式设计。

前款规定的权利的保护期为十年,截止于使用该版式设计的图书、期刊首次出版后第十年的12月31日。

第二节　表演

第三十六条　使用他人作品演出,表演者(演员、演出单位)应当取得著作权人许可,并支付报酬。演出组织者组织演出,由该组织者取得著作权人许可,并支付报酬。

使用改编、翻译、注释、整理已有作品而产生的作品进行演出,应当取得改编、翻译、注释、整理作品的著作权人和原作品的著作权人许可,并支付报酬。

第三十七条　表演者对其表演享有下列权利:

(一)表明表演者身份;

(二)保护表演形象不受歪曲;

(三)许可他人从现场直播和公开传送其现场表演,并获得报酬;

(四)许可他人录音录像,并获得报酬;

(五)许可他人复制、发行录有其表演的录音录像制品,并获得报酬;

(六)许可他人通过信息网络向公众传播其表演,并获得报酬。

被许可人以前款第(三)项至第(六)项规定的方式使用作品,还应当取得著作权人许可,并支付报酬。

第三十八条 本法第三十七条第一款第(一)项、第(二)项规定的权利的保护期不受限制。

本法第三十七条第一款第(三)项至第(六)项规定的权利的保护期为五十年,截止于该表演发生后第五十年的12月31日。

第三节 录音录像

第三十九条 录音录像制作者使用他人作品制作录音录像制品,应当取得著作权人许可,并支付报酬。

录音录像制作者使用改编、翻译、注释、整理已有作品而产生的作品,应当取得改编、翻译、注释、整理作品的著作权人和原作品著作权人许可,并支付报酬。

录音制作者使用他人已经合法录制为录音制品的音乐作品制作录音制品,可以不经著作权人许可,但应当按照规定支付报酬;著作权人声明不许使用的不得使用。

第四十条 录音录像制作者制作录音录像制品,应当同表演者订立合同,并支付报酬。

第四十一条 录音录像制作者对其制作的录音录像制品,享有许可他人复制、发行、出租、通过信息网络向公众传播并获得报酬的权利;权利的保护期为五十年,截止于该制品首次制作完成后第五十年的12月31日。

被许可人复制、发行、通过信息网络向公众传播录音录像制品,还应当取得著作权人、表演者许可,并支付报酬。

第四节 广播电台、电视台播放

第四十二条 广播电台、电视台播放他人未发表的作品,应当取得著作权人许可,并支付报酬。

广播电台、电视台播放他人已发表的作品,可以不经著作权人许可,但应当支付报酬。

第四十三条 广播电台、电视台播放已经出版的录音制品,可以不经著作权人许可,但应当支付报酬。当事人另有约定的除外。具体办法由国务院规定。

第四十四条 广播电台、电视台有权禁止未经其许可的下列行为：

（一）将其播放的广播、电视转播；

（二）将其播放的广播、电视录制在音像载体上以及复制音像载体。

前款规定的权利的保护期为五十年，截止于该广播、电视首次播放后第五十年的12月31日。

第四十五条 电视台播放他人的电影作品和以类似摄制电影的方法创作的作品、录像制品，应当取得制片者或者录像制作者许可，并支付报酬；播放他人的录像制品，还应当取得著作权人许可，并支付报酬。

第五章 法律责任和执法措施

第四十六条 有下列侵权行为的，应当根据情况，承担停止侵害、消除影响、赔礼道歉、赔偿损失等民事责任：

（一）未经著作权人许可，发表其作品的；

（二）未经合作作者许可，将与他人合作创作的作品当作自己单独创作的作品发表的；

（三）没有参加创作，为谋取个人名利，在他人作品上署名的；

（四）歪曲、篡改他人作品的；

（五）剽窃他人作品的；

（六）未经著作权人许可，以展览、摄制电影和以类似摄制电影的方法使用作品，或者以改编、翻译、注释等方式使用作品的，本法另有规定的除外；

（七）使用他人作品，应当支付报酬而未支付的；

（八）未经电影作品和以类似摄制电影的方法创作的作品、计算机软件、录音录像制品的著作权人或者与著作权有关的权利人许可，出租其作品或者录音录像制品的，本法另有规定的除外；

（九）未经出版者许可，使用其出版的图书、期刊的版式设计的；

（十）未经表演者许可，从现场直播或者公开传送其现场表演，或者录制其表演的；

（十一）其他侵犯著作权以及与著作权有关的权益的行为。

第四十七条 有下列侵权行为的，应当根据情况，承担停止侵害、消除影响、赔礼道歉、赔偿损失等民事责任；同时损害公共利益的，可以由著作权行政管理部门责令停止侵权行为,没收违法所得,没收、销毁侵权复制品,并可处以罚款;情节严重的,著作权行政管理部门还可以没收主要用于制作侵权复制品的材料、工具、设备等;构成犯罪的,依法追究刑事责任:

(一)未经著作权人许可,复制、发行、表演、放映、广播、汇编、通过信息网络向公众传播其作品的,本法另有规定的除外;

(二)出版他人享有专有出版权的图书的;

(三)未经表演者许可,复制、发行录有其表演的录音录像制品,或者通过信息网络向公众传播其表演的,本法另有规定的除外;

(四)未经录音录像制作者许可,复制、发行、通过信息网络向公众传播其制作的录音录像制品的,本法另有规定的除外;

(五)未经许可,播放或者复制广播、电视的,本法另有规定的除外;

(六)未经著作权人或者与著作权有关的权利人许可,故意避开或者破坏权利人为其作品、录音录像制品等采取的保护著作权或者与著作权有关的权利的技术措施的,法律、行政法规另有规定的除外;

(七)未经著作权人或者与著作权有关的权利人许可,故意删除或者改变作品、录音录像制品等的权利管理电子信息的,法律、行政法规另有规定的除外;

(八)制作、出售假冒他人署名的作品的。

第四十八条 侵犯著作权或者与著作权有关的权利的,侵权人应当按照权利人的实际损失给予赔偿;实际损失难以计算的,可以按照侵权人的违法所得给予赔偿。赔偿数额还应当包括权利人为制止侵权行为所支付的合理开支。

权利人的实际损失或者侵权人的违法所得不能确定的,由人民法院根据侵权行为的情节,判决给予五十万元以下的赔偿。

第四十九条 著作权人或者与著作权有关的权利人有证据证明他人正在实施或者即将实施侵犯其权利的行为,如不及时制止将会使其合法权益受到难以弥补的损害的,可以在起诉前向人民法院申请采取责令停止有关行为和财产保全的措施。

人民法院处理前款申请,适用《中华人民共和国民事诉讼法》第九十三条至第九十六条和第九十九条的规定。

第五十条 为制止侵权行为,在证据可能灭失或者以后难以取得的情况下,著作权人或者与著作权有关的权利人可以在起诉前向人民法院申请保全证据。

人民法院接受申请后,必须在四十八小时内作出裁定;裁定采取保全措施的,应当立即开始执行。

人民法院可以责令申请人提供担保,申请人不提供担保的,驳回申请。

申请人在人民法院采取保全措施后十五日内不起诉的,人民法院应当解除保全措施。

第五十一条　人民法院审理案件,对于侵犯著作权或者与著作权有关的权利的,可以没收违法所得、侵权复制品以及进行违法活动的财物。

第五十二条　复制品的出版者、制作者不能证明其出版、制作有合法授权的,复制品的发行者或者电影作品或者以类似摄制电影的方法创作的作品、计算机软件、录音录像制品的复制品的出租者不能证明其发行、出租的复制品有合法来源的,应当承担法律责任。

第五十三条　当事人不履行合同义务或者履行合同义务不符合约定条件的,应当依照《中华人民共和国民法通则》、《中华人民共和国合同法》等有关法律规定承担民事责任。

第五十四条　著作权纠纷可以调解,也可以根据当事人达成的书面仲裁协议或者著作权合同中的仲裁条款,向仲裁机构申请仲裁。

当事人没有书面仲裁协议,也没有在著作权合同中订立仲裁条款的,可以直接向人民法院起诉。

第五十五条　当事人对行政处罚不服的,可以自收到行政处罚决定书之日起三个月内向人民法院起诉,期满不起诉又不履行的,著作权行政管理部门可以申请人民法院执行。

第六章　附则

第五十六条　本法所称的著作权即版权。

第五十七条　本法第二条所称的出版,指作品的复制、发行。

第五十八条　计算机软件、信息网络传播权的保护办法由国务院另行规定。

第五十九条　本法规定的著作权人和出版者、表演者、录音录像制作者、广播电台、电视台的权利,在本法施行之日尚未超过本法规定的保护期的,依照本法予以保护。

本法施行前发生的侵权或者违约行为,依照侵权或者违约行为发生时的有关规定和政策处理。

第六十条 本法自 1991 年 6 月 1 日起施行。

附录二　教育部关于加强学术道德建设的若干意见

教人〔2002〕4号

为了贯彻"三个代表"重要思想和《公民道德建设实施纲要》精神,在高等学校建设一支热爱祖国、具有强烈使命感、学术作风严谨、理论功底扎实、富有创新精神的高素质学术队伍,营造良好的学术氛围和制度环境,促进学术进步和科技创新,现就端正学术风气,加强学术道德建设的有关问题提出如下意见:

一、充分认识端正学术风气,加强学术道德建设的必要性和紧迫性随着科教兴国战略的实施和我国社会主义现代化建设事业的推进,教育的改革发展进入了一个新的阶段。教育战线教学科研队伍不断壮大,高等学校学术气氛空前活跃,学术研究成果丰硕,一个百花齐放、百家争鸣、新人辈出、学术繁荣的良好局面正在形成。高等学校为培养人才和发展科学技术作出了重要贡献。在促进学术进步的事业中,广大教育工作者献身科学、殚精竭虑、无私奉献,付出了艰辛的劳动,同时也为维护和发扬教育界良好的学风和学术道德传统作出了不懈努力,取得了可喜成绩,体现了良好的师德风范。

但是,我们也必须清醒地看到,当前在学术研究工作中存在着不容忽视、某些方面还比较严重的学术风气不正、学术道德失范的问题,主要表现为:研究工作中少数人违背基本学术道德,侵占他人劳动成果,或抄袭剽窃,或请他人代写文章,或署名不实;粗制滥造论文,个别人甚至篡改、伪造研究数据;受不良风气的影响,在研究成果鉴定、项目评审以及学校评估、学位授权审核等工作中也出现了一些弄虚作假,或试图以不正当手段影响评审结果的现象;有的人还利用权力为自己谋取学位、文凭,有些学校在利益驱动下降低标准乱发文凭。这些行为和现象严重损害了教育工作者和学校的形象,给教育事业带来了不良影响。如果听任其发展下去,将会严重污染学术环境,影响学术声誉,阻碍学术进步,进而影响社会发展和民族创新能力,应当引起我们的高度重视。

高等学校是人才培养和科技创新的重要基地。在高等学校倡导并形成崇尚诚实劳动、鼓励科研创新、遵循学术道德、保护知识产权的良好氛围，对于保护教学科研人员的积极性、主动性、创造性，保持高等学校的创新能力和科技竞争力，应对加入世界贸易组织之后国际竞争的挑战，具有重要意义。为此，端正学术风气，加强学术道德建设成为当前我国高等学校一项刻不容缓的重要任务。各级教育行政部门和高等学校要站在依法治国、以德治国，贯彻落实"三个代表"重要思想，实现中华民族伟大复兴的战略高度，充分认识当前端正学术风气，加强学术道德建设的必要性和紧迫性，提高工作的主动性、针对性和实效性，采取切实措施，规范学术行为，树立良好学术风气，促进和保障学术事业的健康发展。

二、端正学术风气，加强学术道德建设的基本要求

加强学术道德建设要以邓小平理论和党的十五届六中全会精神为指导，以国家有关法律法规为依据，针对学术工作中存在的不良现象和行为，建立和完善学术规范，形成有效的学术管理体制和工作机制，端正学术风气，营造良好的学术环境。当前要通过扎实有效的工作，加强对广大教师、教育工作者和学生的学术道德教育，培养求真务实、勇于创新、坚韧不拔、严谨自律的治学态度和学术精神，努力使他们成为良好学术风气的维护者，严谨治学的力行者，优良学术道德的传承者。

——增强献身科教、服务社会的历史使命感和社会责任感。广大教师和教育工作者要置身于科教兴国和中华民族伟大复兴的宏图伟业之中，以培养人才、繁荣学术、发展先进文化、推进社会进步为己任，努力攀登科学高峰。要增强事业心、责任感，正确对待学术研究中的名和利，将个人的事业发展与国家、民族的发展需要结合起来，反对沽名钓誉、急功近利、自私自利、损人利己等不良风气。

——坚持实事求是的科学精神和严谨的治学态度。要忠于真理、探求真知，自觉维护学术尊严和学者的声誉。要模范遵守学术研究的基本规范，以知识创新和技术创新，作为科学研究的直接目标和动力，把学术价值和创新性作为衡量学术水平的标准。在学术研究工作中要坚持严肃认真、严谨细致、一丝不苟的科学态度，不得虚报教育教学和科研成果，反对投机取巧、粗制滥造、盲目追求数量不顾质量的浮躁作风和行为。

——树立法制观念,保护知识产权、尊重他人劳动和权益。要严以(于)律己,依照学术规范,按照有关规定引用和应用他人的研究成果,不得剽窃、抄袭他人成果,不得在未参与工作的研究成果中署名,反对以任何不正当手段谋取利益的行为。

——认真履行职责,维护学术评价的客观公正。认真负责地参与学术评价,正确运用学术权力,公正地发表评审意见是评审专家的职责。在参与各种推荐、评审、鉴定、答辩和评奖等活动中,要坚持客观公正的评价标准,坚持按章办事,不徇私情,自觉抵制不良社会风气的影响和干扰。

——为人师表、言传身教,加强对青年学生进行学术道德教育。要向青年学生积极倡导求真务实的学术作风,传播科学方法。要以德修身、率先垂范,用自己高尚的品德和人格力量教育和感染学生,引导学生树立良好的学术道德,帮助学生养成恪守学术规范的习惯。

三、采取切实措施端正学术风气,加强学术道德建设

(一)各级教育行政部门、高等学校和有关单位要高度重视学术道德建设工作。高等学校校长要亲自抓学术道德建设,形成全面动员,齐抓共管,标本兼治的工作格局。要将端正学术风气,加强学术道德建设纳入学校校风建设的整体工作之中,进行统筹规划和实施,使这项工作真正落到实处。要充分发挥学校学术委员会、学位评定委员会等学术管理机构在端正学术风气、加强学术道德建设中的作用,明确其在学术管理和监督方面的职责,完善工作机制,保证学术管理机构的权威性、公正性。

(二)广泛深入地开展端正学术风气、加强学术道德建设教育。严守学术规范是师德的基本要求。必须加强对青年教师和青年教育工作者的自律和道德养成教育。当前,各级教育行政部门和高等学校要认真组织广大教师和教育工作者学习领会《公民道德建设实施纲要》提出的"爱国守法、明礼诚信、团结友善、勤俭自强、敬业奉献"的道德规范要求以及《著作权法》、《专利法》等相关法律法规,广泛深入地开展学术道德宣传教育活动。要将教师职业道德、学术规范和知识产权等方面的法律法规及相关知识作为青年教师岗前培训的重要内容,并纳入学生思想品德课教学内容。要大力宣传严谨治学的典型事例和学术道德建设成绩卓著的单位。鼓励开展健康的学术批评,努力营造良好的学术风气。

(三)加大人事制度改革力度,完善人事考核制度。积极推行教育职员制

度,建立强化高校党政管理人员管理职责的考核评价体系。改革职称评审,全面推进教师职务聘任制度,强化岗位、强化聘任。在实施教师职务聘任制和岗位责任制的改革中,积极探索研究制定科学合理的人才评价方法和指标体系,形成有利于端正学术风气、加强学术道德建设的制度环境和良好氛围。将教师职业道德作为一项重要内容纳入教师年度考核。考核结果作为其职务聘任、晋级晋职和评比先进的重要依据。学校领导对学术道德建设工作的重视程度和实际效果,应作为年度述职报告和群众民主测评的重要内容。

(四)建立和完善科学的学术发展与评价机制,鼓励学术创新。高等学校要根据国家有关法律法规,结合实际,认真研究制定规范学术研究行为的规章制度。同时要遵循学术发展的特点和规律,采取有效措施,鼓励创新,多出精品成果。在学位论文答辩、学术论文发表、学术著作出版、科研项目立项与评审、学术奖项评定等方面要体现正确的政策导向,防止重数量轻质量、形式主义,甚至弄虚作假等不良倾向,建立健全公开、公平、公正的学术评价制度。为促进学术研究水准的提高和学术的长远发展,高校出版社、学术期刊要积极探索建立一套专业的、稿件作者和审稿人双向匿名的外部人审稿制度。

(五)建立学术惩戒处罚制度。对违反学术道德的行为,各级教育行政部门和相关机构一经查实要视具体情况给予批评教育,撤销项目,行政处分,取消资格、学位、称号,直至解聘等相应的处理和处罚。根据需要,可聘请相关学科的校内外专家组成学术规范专家界定小组,具体负责对违反学术规范的不道德现象和行为进行界定。对严重违反学术道德、影响极其恶劣的行为,在充分了解事实真相的基础上,通过媒体进行客观公正的批评。触犯法律的,依法追究有关当事人的法律责任。

对学术活动中各种不良行为的调查处理要严格掌握政策尺度,既要坚持原则、严肃认真,又要科学公正、实事求是。要以防微杜渐、教育帮助为主,处罚为辅。要注意分清政策界限,弄清事实真相,保护科研探索的积极性,保护有发展潜力的青年学者。对经查证核实,没有不良行为、受到不正当指控的单位和个人要及时予以保护,采取适当措施加以澄清、正名,使有关调查处理工作真正起到扶正压邪的作用。

(六)加强学历文凭、学位证书的管理工作。高等教育学历文凭、学位证书是受教育者的学业凭证。学历文凭、学位证书的颁发是一项极为严肃的工作。各高等教育管理部门、高等学校要本着对国家和人民负责的态度,进一步完备管理措施,严格按照教育教学要求,规范文凭、证书的颁发工作。各级教育行政部门要采取有力措施,对乱办班、降低标准滥发学历文凭和学位证书,甚至用文凭和证书换取"赞助""捐资"等败坏学风和校风的行为,要严肃查处、决不姑息。对那些违反有关规定滥发学历、学位证书的学校、单位,要进行整顿,对有关责任人要严肃处理。对不具有学历教育资格的教育、培训单位举办的所谓学历班等,要坚决予以取缔。

附录三　中华人民共和国国家标准 GB/T 7713.2-2022《学术论文编写规则》

2022年12月30日,全国标准信息公共服务平台网站发布了GB/T 7713.2-2022《学术论文编写规则》,该标准于2023年7月1日起实施,部分代替GB/T 7713-1987《科学技术报告、学位论文和学术论文的编写格式》。

最新版《学术论文编写规则》由前言、引言、正文、附录与参考文献组成。前言与引言主要介绍该标准相较于GB/T7713-1987的技术变化、主要起草单位与负责人、修订版本、标准简介与适用范围等内容。标准正文内容主要分为五大部分:1.范围;2.规范性引用文件;3.术语和定义;4.组成部分(其中包括:一般要求、前置部分、正文部分、附录);5.编排格式(其中包括:一般要求、编号、量和单位、插图、表格、数字、数学式、注释、科学技术名词)。附录共有两个,分别为附录A(规范性)学术论文的构成元素与附录B(资料性)学术论文中使用的字号和字体,最后为该标准的参考文献。

附录三　中华人民共和国国家标准 GB/T 7713.2-2022《学术论文编写规则》

ICS 01.140.20
CCS A 14

中华人民共和国国家标准

GB/T 7713.2—2022
部分代替 GB/T 7713—1987

学术论文编写规则

Presentation of academic papers

2022-12-30 发布　　　　　　　　　　2023-07-01 实施

国家市场监督管理总局
国家标准化管理委员会　发布

GB/T 7713.2—2022

目　次

前言 .... Ⅲ
引言 .... Ⅳ
1 范围 1
2 规范性引用文件 1
3 术语和定义 1
4 组成部分 2
　4.1 一般要求 2
　4.2 前置部分 2
　4.3 正文部分 3
　4.4 附录部分 4
5 编排格式 4
　5.1 一般要求 4
　5.2 编号 5
　5.3 量和单位 5
　5.4 插图 6
　5.5 表格 7
　5.6 数字 7
　5.7 数学式 8
　5.8 注释 9
　5.9 科学技术名词 9
附录A(规范性) 学术论文的构成元素 10
附录B(资料性) 学术论文中使用的字号和字体 11
参考文献 12

Ⅰ

附录三　中华人民共和国国家标准 GB/T 7713.2-2022《学术论文编写规则》

GB/T 7713.2—2022

前　言

本文件按照 GB/T 1.1—2020《标准化工作导则　第 1 部分：标准化文件的结构和起草规则》的规定起草。

本文件是 GB/T 7713 的第 2 部分。GB/T 7713 已经发布了以下部分：
——第 1 部分：学位论文编写规则；
——第 2 部分：学术论文编写规则；
——第 3 部分：科技报告编写规则。

本文件部分代替 GB/T 7713—1987《科学技术报告、学位论文和学术论文的编写格式》，与 GB/T 7713—1987 相比，除结构调整和编辑性改动外，主要技术变化如下：

a) 将其适用范围扩展至印刷版、缩微版、电子版等所有传播形式的学术论文（见第 1 章）；
b) 将"引言"更改为"范围"，更改了相关表述（见第 1 章，1987 年版的第 1 章）；
c) 将"定义"更改为"术语和定义"，删除了与学术论文编写规则无关的术语和定义，更改了"学术论文"的定义，增加了"正文部分""参考文献"的定义（见第 3 章，1987 年版的第 2 章）；
d) 将"编写要求""编写格式"更改为"编排格式"（见第 5 章，1987 年版的第 3 章、第 4 章）；
e) 将"前置部分""主体部分""附录""结尾部分"更改为"组成部分""编排格式"（见第 4 章、第 5 章，1987 年版的第 5 章、第 6 章、第 7 章、第 8 章）；
f) "组成部分"的更改：关于题名字数，将"题名一般不宜超过 20 字"更改为"为便于交流和利用，题名应简明，一般不宜超过 25 字"；关于摘要，将"中文摘要一般不宜超过 200～300 字；外文摘要不宜超过 250 个实词"更改为"中文摘要的字数，原则上应与论文中的成果多少相适应，在一般情况下，报道性摘要以 400 字左右、报道/指示性摘要以 300 字左右、指示性摘要以 150 字左右为宜。中文摘要、外文摘要内容宜对应，为利于国际交流，外文摘要可以比中文摘要包含更多信息"，删除了"除了实在无变通办法可用以外，摘要中不用图、表、化学结构式"；在"其他项目"中，增加了学术论文前置部分要求、建议或允许标注的项目，如基金名称及项目编号、收稿日期、引用本论文的参考文献格式、论文增强出版的元素以及相关声明等（见 4.2.1、4.2.3、4.2.5，1987 年版的 5.5.1、5.7.4、5.7.5）；
g) 在"编排格式"中，选列了学术论文的编号、量和单位、插图、表格、数字、数学式、注释、科学技术名词的规范化要点及示例（见 5.2、5.3、5.4、5.5、5.6、5.7、5.8、5.9）；
h) 删除了附录 A"封面示例"和附录 B"相关标准"，增加了规范性附录 A"学术论文的构成要素"（见附录 A，1987 年版的附录 A、附录 B）。

请注意本文件的某些内容可能涉及专利。本文件的发布机构不承担识别专利的责任。

本文件由全国信息与文献标准化技术委员会（SAC/TC 4）提出并归口。

本文件起草单位：北京卓众出版有限公司、北京师范大学出版社（集团）有限公司、《中国科学》杂志社有限责任公司、中国科学院软件研究所、北京林业大学、上海大学、《中华医学杂志》社有限责任公司、机械工业信息研究院、中国科学技术信息研究所。

本文件主要起草人：张品纯、陈浩元、任胜利、方梅、张铁明、刘志强、刘冰、梁福军、刘春燕。

本文件及其所代替文件的历次版本发布情况为：
——1987 年首次发布为 GB/T 7713—1987；
——本次为第一次修订。

· 177 ·

GB/T 7713.2—2022

引　言

无论是学术论文、学位论文还是科技报告,其撰写和编排都需要遵循一定的规范,以利于信息系统的收集、存储、处理、加工、检索、利用、交流、传播。GB/T 7713—1987《科学技术报告、学位论文和学术论文的编写格式》,对学术论文、学位论文和科技报告的撰写要求及编排格式作了统一规定。鉴于三者的使用对象及使用目的不尽相同,撰写要求及编排格式差异较大,后来修订 GB/T 7713 时,将其分为3个部分分别进行修订。
——第1部分:学位论文编写规则。目的在于规定了学位论文的撰写格式和要求。
——第2部分:学术论文编写规则。目的在于规定了学术论文的撰写要求和编排格式。
——第3部分:科技报告编写规则。目的在于规定了科技报告的编写、组织、编排等要求。

本文件描述了撰写和编排学术论文的基本要求和格式规范。学术论文编写的标准化和规范化,是使其格式和体例规范化、语言、文字和符号规范化、技术和计量单位标准化,以便于学术论文的检索和传播,促进学术成果的交流和使用。

本文件的适用范围,包括一切反映自然、社会和人文等的科学体系的学术论文。然而,由于学科门类、选定课题、研究工作方法、工作进行阶段、观测和调查等各方面的差异,采用本文件进行学术论文编写时采取严肃性和灵活性相结合的原则。同时,人文社科类学术论文与科技类学术论文相比,具有内容表述丰富性和多样性等特征,人文社科类学术论文可在遵循本文件基本规定基础上,根据学科特点进一步制定具体的编写规范。

本文件对 GB/T 7713—1987 中的学术论文编写内容进行了必要的检查、更新,进而形成单独的学术论文编写规则,代替 GB/T 7713—1987 中的学术论文编写格式部分。

附录三 中华人民共和国国家标准 GB/T 7713.2-2022《学术论文编写规则》

GB/T 7713.2—2022

学术论文编写规则

1 范围

本文件规定了学术论文的组成部分以及撰写和编排的基本要求与格式。

本文件适用于印刷版、缩微版、电子版等所有传播形式的学术论文。不同学科或领域的学术论文可参考本文件制定本学科或领域的编写规范。

2 规范性引用文件

下列文件中的内容通过文中的规范性引用而构成本文件必不可少的条款。其中，注日期的引用文件，仅该日期对应的版本适用于本文件；不注日期的引用文件，其最新版本（包括所有的修改单）适用于本文件。

GB 3100 国际单位制及其应用
GB/T 3101 有关量、单位和符号的一般原则
GB/T 3102（所有部分） 量和单位
GB/T 6447 文摘编写规则
GB/T 7408 数据元和交换格式 信息交换 日期和时间表示法
GB/T 7714 信息与文献 参考文献著录规则
GB/T 8170 数值修约规则与极限数值的表示和判定
GB/T 15834 标点符号用法
GB/T 15835 出版物上数字用法
GB/T 19996 公开版纸质地图质量评定
GB/T 28039 中国人名汉语拼音字母拼写规则
CY/T 35 科技书刊的章节编号方法
CY/T 119 学术出版规范 科学技术名词
CY/T 121 学术出版规范 注释
CY/T 170 学术出版规范 表格
CY/T 171 学术出版规范 插图
CY/T 173 学术出版规范 关键词编写规则
ISO 80000-1 量和单位 第1部分：总则（Quantities and units—Part 1: General）
ISO 80000-2 量和单位 第2部分：数学（Quantities and units—Part 2: Mathematics）

3 术语和定义

下列术语和定义适用于本文件。

3.1
学术论文 academic paper

对某个学科领域中的学术问题进行研究后，记录科学研究的过程、方法及结果，用于进行学术交流、讨论或出版发表，或用作其他用途的书面材料。

GB/T 7713.2—2022

注：在不引起混淆的情况下，本文件中的"学术论文"简称为"论文"。

3.2
正文部分 main body
论文的核心部分，通常由引言开始，描述相关理论、实验(试验)、方法、假设和程序，陈述结果并进行讨论分析，阐明结论，以参考文献结尾。

3.3
参考文献 reference
对一个信息资源或其中一部分进行准确和详细著录的数据，位于文末或文中的信息源。
[来源：GB/T 7714—2015,3.1]

4 组成部分

4.1 一般要求

论文一般包括以下3个组成部分：
a) 前置部分；
b) 正文部分；
c) 附录部分。
论文各部分的构成及相关的元数据信息按照附录A进行。

4.2 前置部分

4.2.1 题名

题名是论文的总纲，是反映论文中重要特定内容的恰当、简明的词语的逻辑组合。

题名中的词语应有助于选定关键词和编制题录、索引等二次文献所需的实用信息，应使用标准术语、学名全称、药物和化学品通用名称，不应使用广义术语、夸张词语等。

为便于交流和利用，题名应简明，一般不宜超过25字。为利于国际交流，论文宜有外文(多用英文)题名。

下列情况允许有副题名：题名语义未尽，用副题名补充说明论文中的特定内容；研究成果分几篇报道，或是分阶段的研究结果，各用不同副题名以区别其特定内容；其他有必要用副题名作为引申或说明者。

题名在论文中不同地方出现时应保持一致。

4.2.2 作者信息

论文应有作者信息。作者信息具有以下意义：拥有著作权的声明；文责自负的承诺；联系作者的渠道。作者信息的内容，一般包括作者姓名、工作单位及通信方式等。为利于国际交流，论文宜有与中文对应的外文(多用英文)作者信息。

对论文有实际贡献的责任者应列为作者，包括参与选定研究课题和制订研究方案、直接参加全部或主要部分研究工作并作出相应贡献，以及参加论文撰写并能对内容负责的个人或单位。个人的研究成果，标注个人作者信息；集体的研究成果，标注集体作者信息，即列出全部作者的姓名，不宜只列出课题组名称。标注集体作者信息时，应按对研究工作贡献的大小排列名次。

如需标注中国作者的汉语拼音姓名，应执行GB/T 28039的规定，即姓在前名在后，双名连写，其间不加短横线，名不准许缩写。国外作者的姓名，应尊重其各自的姓名拼写规则。

作者信息的位置宜置于题名之下。

2

附录三 中华人民共和国国家标准 GB/T 7713.2-2022《学术论文编写规则》

论文可标注通信作者的有关信息。此项目也可标注在文末。

4.2.3 摘要

论文应有摘要。摘要是对论文的内容不加注释和评论的简短陈述，应具有独立性和自明性，即不阅读全文就可以获得必要的信息。为利于国际交流，宜有外文（多用英文）摘要。摘要的撰写应符合 GB/T 6447 的规定。

摘要的内容通常包括研究的目的、方法、结果和结论。宜采用报道性摘要，也可采用报道/指示性摘要、指示性摘要。报道性摘要可采用结构式。

摘要中可以有数学式、化学式、插图、表格等，但不应含有数学式、化学式、插图、表格、参考文献等的编号，不宜使用非公知公用的符号和术语。对摘要中首次出现非公知公用的简称、外文缩略语和缩写词，应给出全称、中文翻译或解释。

中文摘要的字数，原则上应与论文中的成果多少相适应。在一般情况下，报道性摘要以 400 字左右、报道/指示性摘要以 300 字左右、指示性摘要以 150 字左右为宜。中文摘要、外文摘要内容宜对应，为利于国际交流，外文摘要可以比中文摘要包含更多信息。

摘要宜置于作者信息之后。外文摘要可置于中文摘要之后，也可置于正文部分之后。

4.2.4 关键词

论文应有关键词。关键词是为便于文献检索从题名、摘要或正文部分选取出来用以表示论文主题内容的词或词组。关键词要有检索意义，不应使用太泛指的词，例如"方法""理论""分析"等。关键词的撰写应符合 CY/T 173 的规定。

关键词宜从《汉语主题词表》或专业词表中选取，未被词表收录的新学科、新技术中的重要术语以及地区、人物、产品等，可选作关键词。

为利于国际交流，宜标注与中文对应的外文（多用英文）关键词。

每篇论文以选取 3 个～8 个关键词为宜。

关键词宜置于摘要之后。

4.2.5 其他项目

论文前置部分要求、建议或允许标注的其他项目。
a) 基金资助项目产出的论文，应标注该基金名称及项目编号。
b) 宜标注收稿日期，可同时标注修回日期。此项目也可标注在文末。
c) 可标注引用本论文的参考文献格式。
d) 可标注论文增强出版的元素以及相关声明，如二维码、网址链接、作者声明等。此类元素也可标注在论文其他部分的适当处。

4.3 正文部分

4.3.1 一般要求

正文部分通常包括引言、主体、结论和参考文献等。正文的表述应科学合理、客观真实、准确完整、层次清晰、逻辑严密、文字顺畅。

4.3.2 引言

学术论文一般有引言。引言内容通常包含研究的背景、目的、理由、预期结果及其意义和价值。

引言的编写宜做到：切合主题，言简意赅，突出重点、创新点，客观评介前人的研究，如实介绍作者自

GB/T 7713.2—2022

己的成果。

4.3.3 主体

主体部分是论文的核心,占论文的主要篇幅,论文的论点、论据和论证均在此部分阐述或展示。

主体部分应完整描述研究工作的理论、方法、假设、技术、工艺、程序、参数选择等,清晰说明使用的关键设备装置、仪器仪表、材料原料,或者涉及的研究对象等,以便于本专业领域的读者可依据这些描述重复研究过程;应详细陈述研究工作的过程、步骤及结果,提供必要的插图、表格、计算公式、数据资料等信息,并对其进行适当的说明和讨论。

主体部分的结构,一般由具有逻辑关系的多章构成,如理论分析、材料与方法、结果和讨论等内容,均宜独立成章。

4.3.4 结论

结论是对研究结果和论点的提炼与概括,不是摘要或主体部分中各章、节小结的简单重复。宜做到客观、准确、精炼、完整。结论应编章编号。

如果推导不出结论,也可没有"结论"而写作"结束语",进行必要的讨论,在讨论中提出建议或待研究解决的问题等。

4.3.5 致谢

致谢是作者对论文的生成作过贡献的组织或个人予以感谢的文字记录,内容应客观、真实,语言宜诚恳、真挚、恰当。

致谢内容可用与正文部分相区别的字体,排在结论或结束语之后,一般不编章编号。

4.3.6 参考文献

论文中应引用与研究主题密切相关的参考文献。

参考文献的著录项目、著录符号、著录格式以及参考文献在正文中的标注法,应符合 GB/T 7714 的规定。

参考文献表既可采用顺序编码制,也可采用著者-出版年制,但全文统一。采用顺序编码制组织的参考文献表应置于文末,也可用脚注方式将参考文献置于当页地脚处。

列于文末的参考文献表可以编章编号。

4.4 附录部分

附录部分是以附录的形式对正文部分的有关内容进行补充说明。

论文一般不设附录;但那些编入正文部分会影响编排的条理性和逻辑性、有碍论文结构的紧凑性、对突出主题有较大价值的材料,以及某些重要的原始数据、数学推导、计算程序、设备、技术等的详细描述,可作为附录编排于论文的末尾。

5 编排格式

5.1 一般要求

论文应遵守《中华人民共和国国家通用语言文字法》,采用国务院发布的《通用规范汉字表》的规范汉字编写,遣词造句应符合汉语语法,标点符号使用应符合 GB/T 15834 的规定,文字表达做到题文相符,结构严谨、符合逻辑、用词准确、语言通顺。

论文涉及的编号、量和单位、插图、表格、数字、数学式、注释、科学技术名词等的表达,均应符合规范

4

· 182 ·

附录三　中华人民共和国国家标准 GB/T 7713.2-2022《学术论文编写规则》

GB/T 7713.2—2022

性引用文件的规定。

印刷版论文宜用 A4 幅面纸张。用纸、用墨、版面设计等应便于论文的印刷、装订、阅读、复制和缩微。

电子版论文应采用通用文件格式，并可提供音频、视频、数据集等数字化资料。

论文中各部分文字的字号和字体见附录B。

5.2　编号

5.2.1　一般要求

为使论文条理清晰，易于辨认和引用，章、节、条、款、项、段以及插图、表格、数学式等的编号方法符合 CY/T 35 的规定。

论文如有需要，也可采用传统的编号方法。

5.2.2　章节编号

正文部分应根据需要划分章节，一般不宜超过 4 级。章应有标题，节宜有标题，但在某一章或节中，同一层次的节，有无标题应统一。章节标题一般不宜超过 15 字。

章节的编号宜采用阿拉伯数字。不同层次章节数字之间用下圆点相隔，末位数字后不加点号，如：引言编号"0"；章编号"1""2"……；节编号"2.1""2.2"……，"3.2.1""3.2.2"……。各层次章节编号全部顶格排，其后空 1 个汉字的间隙接排标题，标题末尾不加标点，正文另起行。

章节的编号如选择传统方法，可混合使用汉字数字和阿拉伯数字。

注：如果引言部分不用"引言"二字，则不编章编号"0"。

5.2.3　列项说明编号

列项说明指论文的某些内容需要分条或分款来说明的一类表述形式。

列项说明时，宜在各项前添加采用阿拉伯数字或小写拉丁字母的编号，如："1)""2)"，"(1)""(2)"，"a)""b)"，"(a)""(b)"。如果论文中已经把形式为"(1)""(2)"的编号作为数学式的序号，则不宜将其用于列项说明。列项说明的各项前，也可采用符号，如"——""·"等。

5.2.4　插图、表格、数学式编号

插图、表格、数学式等一律用阿拉伯数字分别依序连续编号。

一般按出现先后顺序全文统一编号，如"图1""图2"、"表1""表2"、"式(1)""式(2)"等。

只有 1 幅插图、1 个表格时，应编为"图1""表1"。

5.2.5　附录编号

论文如有附录，采用大写拉丁字母依序连续编号，如附录 A、附录 B 等。

5.3　量和单位

5.3.1　论文中使用量和单位的名称、符号、书写规则都应符合 GB 3100、GB/T 3101、GB/T 3102(所有部分)的规定。

5.3.2　应采用标准化的量名称，不应使用已废弃的量名称(如"电流强度""定压质量热容""体积百分浓度"应分别为"电流""质量定压热容""体积分数")和用"单位＋数"构成的量名称(如"克数""天数""摩尔数"应分别为"质量""时间""物质的量")。

5.3.3　应采用标准化的量符号。量符号通常为单个拉丁字母或希腊字母，描述传递现象的特征数由 2

· 183 ·

GB/T 7713.2—2022

个字母组成,并一律用斜体(pH 除外)。为区别不同的使用情况,可按有关规定在量符号上附加下标或其他的说明性标记,并注意区分量的下标字母的正斜体、大小写。

5.3.4 应使用法定计量单位,不使用已废弃的非法定计量单位。个别科技领域如有特殊需要,且相关学科国际组织的规范中也允许使用,则可使用某些非法定计量单位,如可用 bar(巴)、var(乏)、Å(埃)、Ci(居里)、mmHg(毫米汞柱)等。

5.3.5 在插图、表格、数学式和文字叙述中,表达量值时,一律使用单位的国际符号,且无例外地用正体字母。单位符号与其前面的数值之间应留适当空隙,如 20 ℃、1.84 g/mL 不应写作 20 ℃、1.84g/mL。不准许对单位符号进行修饰,如添加上下标,或在组合单位符号中插入化学元素符号等说明性记号。

5.3.6 不应把单位英文名称的缩写(如 rpm、kmph、bps)和表示数量份额的缩写(如 ppm、pphm、ppb、ppt)作为单位符号使用。对 ppm 等缩写,宜采用 10 的乘方形式替代。

5.3.7 宜使用国际单位制(SI)词头构成十进倍数或分数单位,并应符合相关规则:
  a) 词头不准许独立使用,如 μm 不应写作 μ;
  b) 词头不准许重叠使用,如 GHz 不应写作 kMHz;
  c) 平面角单位°、′、″和时间单位 d、h、min 等不准许用 SI 词头构成倍数或分数单位;摄氏温度单位 ℃ 前允许加词头,如 k℃;
  d) 词头符号与所紧接的非组合单位的符号应作为一个整体对待,并具有相同的幂次,
     如:1 μs^{-1}=(10^{-6} s)$^{-1}$=10^{6} s^{-1}。

5.3.8 正确书写二进制倍数词头。依据 ISO 80000-1,8 个二进制倍数词头符号应分别为:Ki(2^{10})、Mi(2^{20})、Gi(2^{30})、Ti(2^{40})、Pi(2^{50})、Ei(2^{60})、Zi(2^{70})、Yi(2^{80})。

5.3.9 量和单位的使用还应注意以下问题:
  a) 量值相乘表示面积、体积等时,每个量的单位应重复写出,如 40 m×60 m 不应写作 40×60 m 或 40×60 m^{2};
  b) 单位相同的量值范围,前一个量的单位宜省略,如 1.5 ～3.6 mA 不必写作 1.5 mA～3.6 mA,但 20%～30% 等例外,前一个量的单位不应省略;
  c) 单位相同的一组量值中,可只保留最末一个量值的单位,如 15、20、25 ℃;
  d) "%""‰"是 1 的分数单位符号,"%"可用来替代 0.01 或 10^{-2},"‰"可用来替代 0.001 或 10^{-3}。

5.4 插图

5.4.1 插图是论文重要的组成部分,包括坐标曲线图、构造图、示意图、框图、流程图、记录图、地图、照片等。插图应具有自明性、简明性、科学性和艺术性,大小适当,图中文字清晰可见,其编排应符合 CY/T 171 的规定。

5.4.2 插图应有编号,编号方法见 5.2.4。

5.4.3 插图应有图题,置于图编号之后,并空 1 个汉字的间隙。图编号与图题应居中置于图的下方。必要时,可有简明的图例、图注或说明。图注或说明为多条并需编序号时,宜采用阿拉伯数字加后半圆括号或圈码,置于被注对象的右上角,如××××$^{1)}$ 或××××^{②}。图注或说明的末尾应加"。"。

5.4.4 不同类型的插图有不同的编排要求,编排时应符合下列要求。
  —— 坐标曲线图的标目应分别置于横、纵坐标轴的外侧,一般居中排。横坐标标目应自左至右;纵坐标标目应自下而上,"顶左底右";如有右侧纵坐标,其标目排法同左端。当标目同时用量和单位表示时,应采用"量的符号或名称/单位符号"的标准化形式,如 c_B/(mol/L)、B 的浓度/(mol/L)、BMI/(kg/m^{2})(BMI 为身体质量指数的缩写词)。
  —— 照片图的主题和主要显示部分应轮廓鲜明。如采用放大或缩小的复制品,应图像清晰、反差适中。照片上应有表示目的物尺寸的标度。

6

附录三　中华人民共和国国家标准 GB/T 7713.2-2022《学术论文编写规则》

GB/T 7713.2—2022

——构造图、装配图中的尺寸数据如具有相同的单位,宜将共同单位标注在图的右下角或左下角,写作"单位:××"。
——地图插图应确保准确无误,应符合 GB/T 19996 的规定。

5.4.5　插图宜紧置于首次提及该图编号的正文之后,先见文字后见图。由几个分图组成的插图如需转页接排,可在所有分图都排完之后排图编号、图题。

5.5　表格

5.5.1　表格是论文重要的组成部分,应具有自明性、简明性、规范性和逻辑性,其编排应符合 CY/T 170 的规定。

5.5.2　表格应有编号,编号方法见 5.2.4。

5.5.3　表格应有表题,置于表编号之后,并空 1 个汉字的空隙。表编号和表题应置于表格顶线上方,宜居中排。必要时,可将表中的符号、标记、代码及需要说明的事项,用简练的文字,作为表注置于表的下方。表注为多条并需编序号时,宜采用阿拉伯数字加后半圆括号或圈码,置于被注对象的右上角,如××××$^{1)}$或××××^{①}。表注的末尾加句"。"。

5.5.4　表格应有表头,表头中不准许使用斜线。表格的编排,宜将内容和测试项目由左至右横排,数据依序竖排。

表头栏目的标注应正确、齐全。表格中内容相同的相邻栏或上下栏,应重复写出,或以通栏表示,不应用"同左""同上"等字样代替。表身中的"空白"表示无此项或未测量,"—"表示测量过而未发现,"0"表示实测结果为零。

注:当"—"可能与代表阴性相混时,可用"…"。

当表中某一栏目同时用量和单位表示时,应采用"量的符号或名称/单位符号"的标准化形式,如 c_p/[J/(kg·K)]、质量定压热容/[J/(kg·K)]、CHT/kK(CHT 为临界高温的缩写词)。若全表格所有栏目的单位都相同,宜将共同单位标注在表格的右上方。

5.5.5　表格宜紧置于首次提及该表编号的正文之后,先见文字后见表。如果某个表格需要转页接排,则应在随后接排该表的表格上方加"表×(续)"或"续表"字样,续表应重复表头。

5.6　数字

5.6.1　数字用法应符合 GB/T 15835 的有关规定。鉴于阿拉伯数字具有笔画简单、结构科学、形象清晰、组数简短、国际通用等优点及科技语言的特殊性,论文中数字使用的总原则是:凡是可以使用阿拉伯数字,而且又很简明清晰的地方,宜使用阿拉伯数字。

5.6.2　为达到醒目、易于辨识的效果,下列场合应使用阿拉伯数字:
 a) 计量和计数的数字,如应写作 20 kg、35 m/s、30~40 mL、365、15.8%、2/3、4 人等;
 b) 编号的数字,如应写作 010-62736603、104 国道、国发〔2020〕8 号文件等;
 c) 表示公历世纪、年代、年份、日期和时刻的数字,应符合 GB/T 7408 和 GB/T 15835 的相关规定,如应写作 20 世纪 50—70 年代、2016—2020 年、2020 年 8 月 28 日 9 时 38 分 5 秒(也可采用全数字表示法写作 2020-08-28T09:38:05)等;
 d) 已定型名称中的数字,如应写作 5G 手机、$PM_{2.5}$ 质量浓度、维生素 B_{12}、97 号汽油、"3·15"消费者权益日等。

5.6.3　科学计量中的数值修约和极限数值的表示和判定,应符合 GB/T 8170 给出的规则。连续性数据分组时,每组数据的量值范围应准确表示,如长度 0~20 m 平均分为 4 组,应写作 0~<5 m、5~<10 m、10~<15 m、15~20 m,也可写作[0,5)m、[5,10)m、[10,15)m、[15,20]m,但不应写作 0~5 m、5~10 m、10~15 m、15~20 m。

5.6.4　阿拉伯数字的使用还应注意以下规范:

GB/T 7713.2—2022

a) 大于 999 的整数和多于 3 位数的小数，均宜采用三位分节法分节，即从小数点起向左或向右每 3 位留适当空隙，如写作 1 000、0.000 1；
b) 数值的有效数字应全部写出，如"1.50，1.75，2.00"不应写作"1.5，1.75，2"；
c) 阿拉伯数字不准许与除"万""亿"和 SI 词头中文符号以外的数词连用，如 3 500 元不应写作 3 千 5 百元，我国 2020 年人口普查人数 1 411 778 724 人可写作 14 亿 1 177 万 8 724 人；
d) 有起点和终点的时间段之间应采用一字线连接，如 2020-09-01—12-01 不应写作 2020-09-01～12-01。

5.6.5 下列场合应使用汉字数字：
a) 作为词素构成定型的词、词组、惯用语、缩略语等的数字，如二倍体、三叶虫、二元三次方程、四氧化三铁、十二指肠、五行、五运六气、三焦、"十四五"规划等；
b) 2 个数字连用表示的概数和"几"字前后的数字，如三五天、五六小时、七八十米、三十几摄氏度、几十吨等；
c) 非公历纪年的数字，如清咸丰十年九月二十日（1860 年 11 月 2 日）、民国二十七年（1938 年）。

5.7 数学式

5.7.1 数学式中的变量、变动的附标、函数、有定义的已知函数、其值不变的数学常数、已定义的算子、特殊集合符号、矢量或向量、矩阵以及说明性的字符等，编排时使用的大小写、正斜体、黑白体等，均应符合 GB/T 3102.11 的规定。

5.7.2 注意区分与单位无关的量关系式和与单位有关的数值关系式，二者之间宜首选前者。数学式应以正确的数学形式表示，由字母符号表示的变量，应随数学式对其含义进行解释。示例 1 和示例 2 分别为量关系式和数值关系式的式样。

示例 1：
$$v = l/t$$
式中：v 为匀速运动质点的速度，l 为运行距离，t 为时间间隔。

示例 2：
$$v = 3.6l/t$$
式中：v 为匀速运动质点的速度的数值，单位 km/h；l 为运行距离的数值，单位 m；t 为时间间隔的数值，单位 s。

注：在一篇论文中，同一个符号不应既表示一个物理量，又表示其对应的数值。

5.7.3 数学式不应使用量的名称或描述量的术语表示。量的名称或多字母缩略术语，不论正体或斜体，亦不论是否含有下标，都不应该用来代替量的符号。

示例：
正确
$$t_i = \sqrt{\frac{S_{ME,i}}{S_{MR,i}}}$$
式中：t_i 为系统 i 的统计量，$S_{ME,i}$ 为系统 i 的残差均方，$S_{MR,i}$ 为系统 i 由于回归产生的均方。

不正确
$$t_i = \sqrt{\frac{MSE_i}{MSR_i}}$$
式中：t_i 为系统 i 的统计量，MSE_i 为系统 i 的残差均方，MSR_i 为系统 i 由于回归产生的均方。

5.7.4 数学式一般串文排，下文要提及的编有式编号的公式、大公式（如繁分式、积分式、连乘式、求和式、矩阵、行列式等），应另行居中排，式编号标注于该式所在行（或转行式的末行）的最右端。居中排数学式的结尾，允许按其在行文中的语法关系添加标点符号。

依据 GB/T 3102.11，数学式需要断开转行排的首选规则为：在 =、≈、<、>、≠、≥ 等关系符号或 +、-、±、∓、×、·、÷、/ 等运算符号后断开，而在下一行开头不应重复这一符号。

8

附录三　中华人民共和国国家标准 GB/T 7713.2-2022《学术论文编写规则》

GB/T 7713.2—2022

示例1：

$$W(N_1) = H_{c,1} + \int_{r^{-1}}^{r^{-1}+1} L_c^* e^{-2\pi w N_1} d\alpha =$$

$$R(N_c) + \int_{r^{-1}}^{r^{-1}+1} L_c^* e^{-2\pi w N_1} d\alpha + O(P^{-\alpha-\varepsilon})$$

按照 ISO 80000-2,数学式也可在=、≈、≠、≤、≥等关系符号和+、-、×、/等运算符号前断开。上一行末尾不重复这一符号。

示例2：

$$f(x,y) = f(0,0) + \frac{1}{1!}\left(x\frac{\partial}{\partial x} + y\frac{\partial}{\partial y}\right)f(0,0)$$

$$+ \frac{1}{2!}\left(x\frac{\partial}{\partial x} + y\frac{\partial}{\partial y}\right)^2 f(0,0) + \cdots$$

$$+ \frac{1}{n!}\left(x\frac{\partial}{\partial x} + y\frac{\partial}{\partial y}\right)^n f(0,0) + \cdots$$

5.7.5 关于数学式表示的建议：

a) 在行文中宜避免使用多于1行的表示形式,如 m/V 优于 $\frac{m}{V}$；

b) 在数学式中宜避免使用多于1个层次的上标或下标符号,如 $P_{1,\min}$ 优于 $P_{1_{\min}}$；

c) 在数学式中宜避免使用多于2行的表示形式。

示例：

使用

$$\frac{\sin[(N+1)\alpha/2]\sin(N\alpha/2)}{\sin(\alpha/2)} = \cdots\cdots$$

不使用

$$\frac{\sin\left[\frac{(N+1)}{2}\alpha\right]\sin\left(\frac{N}{2}\alpha\right)}{\sin\frac{\alpha}{2}} = \cdots\cdots$$

5.8 注释

除图注、表注及参考文献的地脚注外,论文中的文字内容需要加以说明又不适于作正文来叙述时,可采用注释。

注释的标注应符合 CY/T 121 的规定。宜用文中编号加脚注的方式,置于所注释正文所在页的底部。注释编号应与参考文献脚注的圈码相区别。

5.9 科学技术名词

科学技术名词简称科技名词,也称术语,其使用应符合 CY/T 119 的如下规定。

a) 科学技术名词应首选全国科学技术名词审定委员会审定公布的规范名词。"全称"和"简称"均可使用,减少使用"又称",不宜使用"俗称"或"曾称"。

b) 不同机构公布的规范名词不一致时,可选择使用。同一机构对同一概念的定名在不同学科或专业领域不一致时,宜依论文所在学科或专业领域选择使用规范名词。

c) 尚未审定公布的科学技术名词,宜使用单义性强、贴近科学内涵或行业习惯的名词。

d) 尽量少用字母词。如果使用未经审定公布的字母词,应在首次出现时括注其中文译名,必要时还应同时括注其外文全称。

e) 同一篇论文使用的科学技术名词应保持前后一致。

GB/T 7713.2—2022

附　录　A
（规范性）
学术论文的构成元素

表 A.1 规定了学术论文的构成元素。

表 A.1　学术论文的构成元素

组成		必备性	功能
前置部分	题名	必备	提供题名元数据信息
	作者信息	必备	提供作者元数据信息
	摘要	必备	提供摘要元数据信息
	关键词	必备	提供关键词元数据信息
	其他项目	部分必备或可选	提供管理与利用元数据信息
正文部分	引言	必备	内容
	主体	必备	内容
	结论	有则必备	内容
	致谢	可选	内容
	参考文献	必备	结构元数据
附录部分	附录	有则必备	结构元数据

附录三　中华人民共和国国家标准 GB/T 7713.2-2022《学术论文编写规则》

GB/T 7713.2—2022

附　录　B
（资料性）
学术论文中使用的字号和字体

学术论文编写中各部分文字使用的字号和字体可参考表 B.1。

表 B.1　学术论文中使用的字号和字体

组成部分	文字内容	字号和字体
前置部分	中文题名	小 2 号黑体
	作者姓名	小 4 号楷体
	工作单位及通信方式	小 5 号宋体
	中文摘要、关键词	引题小 5 号黑体，内容小 5 号仿宋
	英文题名	4 号黑体
	英文作者姓名	5 号宋体
	英文工作单位及通信方式	小 5 号宋体
	英文摘要、关键词	引题小 5 号黑体，内容小 5 号宋体
	其他项目	小 5 号宋体
正文部分	引言、主体、结论的章编号和标题	小 4 号黑体
	引言、主体、结论的节编号和标题	5 号黑体
	引言、主体、结论的正文内容	5 号宋体
	插图、表格编号和标题	小 5 号黑体
	表格内容、表注和图注	小 5 号宋体
	致谢	引题 5 号黑体，内容 5 号楷体
	参考文献	引题（及章编号）小 4 号黑体，内容小 5 号宋体
附录部分	附录	编号、标题小 4 号黑体，内容 5 号宋体

GB/T 7713.2—2022

参 考 文 献

[1] GB/T 3179—2009 期刊编排格式
[2] 中国科学技术信息研究所,北京图书馆.汉语主题词表:工程技术卷:第1-13册[M].北京:科学技术文献出版社,2014.
[3] 中国科学技术信息研究所,北京图书馆.汉语主题词表:自然科学卷:第1-5册[M].北京:科学技术文献出版社,2018.
[4] 国际计量局.国际单位制(SD)[M].7版.北京:科学出版社,2000.
[5] 中华人民共和国国家通用语言文字法(中华人民共和国主席令第37号)
[6] 国务院关于公布《通用规范汉字表》的通知(国发〔2013〕23号)

附录四 中华人民共和国国家标准
GB/T 15834-2011 标点符号用法

ICS 01.140.10
A 19

中华人民共和国国家标准

GB/T 15834—2011
代替 GB/T 15834—1995

标 点 符 号 用 法

General rules for punctuation

2011-12-30 发布　　　　　　　　　2012-06-01 实施

中华人民共和国国家质量监督检验检疫总局
中国国家标准化管理委员会　发布

GB/T 15834—2011

前　言

本标准按照 GB/T 1.1—2009 给出的规则起草。
本标准代替 GB/T 15834—1995，与 GB/T 15834—1995 相比，主要变化如下：
——根据我国国家标准编写规则(GB/T 1.1—2009)，对本标准的编排和表述做了全面修改；
——更换了大部分示例，使之更简短、通俗、规范；
——增加了对术语"标点符号"和"语段"的定义(2.1/2.5)；
——对术语"复句"和"分句"的定义做了修改(2.3/2.4)；
——对句末点号(句号、问号、叹号)的定义做了修改，更强调句末点号与句子语气之间的关系(4.1.1/4.2.1/4.3.1)；
——对逗号的基本用法做了补充(4.4.3)；
——增加了不同形式括号用法的示例(4.9.3)；
——省略号的形式统一为六连点"……"，但在特定情况下允许连用(4.11)；
——取消了连接号中原有的二字线，将连接号形式规范为短横线"-"、一字线"—"和浪纹线"～"，并对三者的功能做了归并与划分(4.13)；
——明确了书名号的使用范围(4.15/A.13)；
——增加了分隔号的用法说明(4.17)；
——"标点符号的位置"一章的标题改为"标点符号的位置和书写形式"，并增加了使用中文输入软件处理标点符号时的相关规范(第5章)；
——增加了"附录"；附录 A 为规范性附录，主要说明标点符号不能怎样使用和对标点符号用法加以补充说明，以解决目前使用混乱或争议较大的问题。附录 B 为资料性附录，对功能有交叉的标点符号的用法做了区分，并对标点符号误用高发环境下的规范用法做了说明。
本标准由教育部语言文字信息管理司提出并归口。
本标准主要起草单位：北京大学。
本标准主要起草人：沈阳、刘妍、于泳波、翁姗姗。
本标准所代替标准的历次版本发布情况为：
——GB/T 15834—1995。

附录四　中华人民共和国国家标准:标点符号用法

GB/T 15834—2011

标点符号用法

1 范围

本标准规定了现代汉语标点符号的用法。
本标准适用于汉语的书面语(包括汉语和外语混合排版时的汉语部分)。

2 术语和定义

下列术语和定义适用于本文件。

2.1
标点符号　punctuation
辅助文字记录语言的符号,是书面语的有机组成部分,用来表示语句的停顿、语气以及标示某些成分(主要是词语)的特定性质和作用。
注:数学符号、货币符号、校勘符号、辞书符号、注音符号等特殊领域的专门符号不属于标点符号。

2.2
句子　sentence
前后都有较大停顿、带有一定的语气和语调、表达相对完整意义的语言单位。

2.3
复句　complex sentence
由两个或多个在意义上有密切关系的分句组成的语言单位,包括简单复句(内部只有一层语义关系)和多重复句(内部包含多层语义关系)。

2.4
分句　clause
复句内两个或多个前后有停顿、表达相对完整意义、不带有句末语气和语调、有的前面可添加关联词语的语言单位。

2.5
语段　expression
指语言片段,是对各种语言单位(如词、短语、句子、复句等)不做特别区分时的统称。

3 标点符号的种类

3.1 点号

点号的作用是点断,主要表示停顿和语气。分为句末点号和句内点号。

3.1.1 句末点号

用于句末的点号,表示句末停顿和句子的语气。包括句号、问号、叹号。

3.1.2 句内点号

用于句内的点号,表示句内各种不同性质的停顿。包括逗号、顿号、分号、冒号。

GB/T 15834—2011

3.2 标号

标号的作用是标明,主要标示某些成分(主要是词语)的特定性质和作用。包括引号、括号、破折号、省略号、着重号、连接号、间隔号、书名号、专名号、分隔号。

4 标点符号的定义、形式和用法

4.1 句号

4.1.1 定义

句末点号的一种,主要表示句子的陈述语气。

4.1.2 形式

句号的形式是"。"。

4.1.3 基本用法

4.1.3.1 用于句子末尾,表示陈述语气。使用句号主要根据语段前后有较大停顿、带有陈述语气和语调,并不取决于句子的长短。
  示例1:北京是中华人民共和国的首都。
  示例2:(甲)咱们走着去吧?)乙:好。
4.1.3.2 有时也可表示较缓和的祈使语气和感叹语气。
  示例1:请您稍等一下。
  示例2:我不由地感到,这些普通劳动者也同样是很值得尊敬的。

4.2 问号

4.2.1 定义

句末点号的一种,主要表示句子的疑问语气。

4.2.2 形式

问号的形式是"?"。

4.2.3 基本用法

4.2.3.1 用于句子末尾,表示疑问语气(包括反问、设问等疑问类型)。使用问号主要根据语段前后有较大停顿、带有疑问语气和语调,并不取决于句子的长短。
  示例1:你怎么还不回家去呢?
  示例2:难道这些普通的战士不值得歌颂吗?
  示例3:(一个外国人,不远万里来到中国,帮助中国的抗日战争。)这是什么精神?这是国际主义的精神。
4.2.3.2 选择问句中,通常只在最后一个选项的末尾用问号,各个选项之间一般用逗号隔开。当选项较短且选项之间几乎没有停顿时,选项之间可不用逗号。当选项较多或较长,或有意突出每个选项的独立性时,也可每个选项之后都用问号。
  示例1:诗中记述的这场战争究竟是真实的历史描述,还是诗人的虚构?
  示例2:这是巧合还是有意安排?
  示例3:要一个什么样的结局:现实主义的?传统的?大团圆的?荒诞的?民族形式的?有象征意义的?
  示例4:(他看着我的作品称赞了我。)但到底是称赞我什么?是有几处画得好?还是什么都敢画?抑或只是一种对

86

于失败者的无可奈何的安慰? 我不得而知。

示例5:这一切都是由客观的条件造成的? 还是由行为的惯性造成的?

4.2.3.3 在多个问句连用或表达疑问语气加重时,可叠用问号。通常应先单用,再叠用,最多叠用三个问号。在没有异常强烈的情感表达需要时不宜叠用问号。

示例:这就是你的做法吗? 你这个总理是怎么当的?? 你怎么竟敢这样欺骗消费者???

4.2.3.4 问号也有标号的用法,即用于句内,表示存疑或不详。

示例1:马致远(1250? —1321),大都人,元代戏曲家、散曲家。

示例2:钟嵘(? —518),颍川长社人,南朝梁代文学批评家。

示例3:出现这样的文字错误,说明作者(编者? 校者?)很不认真。

4.3 叹号

4.3.1 定义

句末点号的一种,主要表示句子的感叹语气。

4.3.2 形式

叹号的形式是"!"。

4.3.3 基本用法

4.3.3.1 用于句子末尾,主要表示感叹语气,有时也可表示强烈的祈使语气、反问语气等。使用叹号主要根据语段前后有较大停顿、带有感叹语气和语调或带有强烈的祈使、反问语气和语调,并不取决于句子的长短。

示例1:才一年不见,这孩子都长这么高啦!

示例2:你给我住嘴!

示例3:谁知道他今天是怎么搞的!

4.3.3.2 用于拟声词后,表示声音短促或突然。

示例1:咔嚓! 一道闪电划破了夜空。

示例2:咚! 咚咚! 突然传来一阵急促的敲门声。

4.3.3.3 表示声音巨大或声音不断加大时,可叠用叹号;表达强烈语气时,也可叠用叹号,最多叠用三个叹号。在没有异常强烈的情感表达需要时不宜叠用叹号。

示例1:轰!! 在这天崩地塌的声音中,女娲猛然醒来。

示例2:我要揭露! 我要控诉!! 我要以死抗争!!!

4.3.3.4 当句子包含疑问、感叹两种语气且都比较强烈时(如带有强烈感情的反问句和带有惊愕语气的疑问句),可在问号后再加叹号(问号、叹号各一)。

示例1:这么点困难就能把我们吓倒吗?!

示例2:他连这些最起码的常识都不懂,还说自己是高科技人才?!

4.4 逗号

4.4.1 定义

句内点号的一种,表示句子或语段内部的一般性停顿。

4.4.2 形式

逗号的形式是","。

GB/T 15834—2011

4.4.3 基本用法

4.4.3.1 复句内各分句之间的停顿，除了有时用分号（见4.6.3.1），一般都用逗号。

示例1：不是人们的意识决定人们的存在，而是人们的社会存在决定人们的意识。
示例2：学历史使人更明智，学文学使人更聪慧，学数学使人更精细，学考古使人更深沉。
示例3：要是不相信我们的理论能反映现实，要是不相信我们的世界有内在和谐，那就不可能有科学。

4.4.3.2 用于下列各种语法位置：

a) 较长的主语之后。
示例1：苏州园林建筑各种门窗的精美设计和雕镂功夫，都令人叹为观止。
b) 句首的状语之后。
示例2：在苍茫的大海上，狂风卷集着乌云。
c) 较长的宾语之前。
示例3：有的考古工作者认为，南方古猿生存于上新世至更新世的初期和中期。
d) 带句内语气词的主语（或其他成分）之后，或带句内语气词的并列成分之间。
示例4：他呢，倒是很乐意地，全神贯注地干了起来。
示例5：那是个没有月亮的夜晚。可是整个村子——白房顶啦，白树木啦，雪堆啦，全看得见。
e) 较长的主语中间、谓语中间或宾语中间。
示例6：母亲沉痛的诉说，以及亲眼见到的事实，都启发了我幼年时期追求真理的思想。
示例7：那姑娘头戴一顶草帽，身穿一条绿色的裙子，腰间还系着一条橙色的腰带。
示例8：必须懂得，对于文化传统，既不能不分青红皂白统统抛弃，也不能不管精华糟粕全盘继承。
f) 前置的谓语之后或后置的状语、定语之前。
示例9：真美啊，这条蜿蜒的林间小路。
示例10：她吃力地站了起来，慢慢地。
示例11：我只是一个人，孤孤单单的。

4.4.3.3 用于下列各种停顿处：

a) 复指成分或插说成分前后。
示例1：老张，就是原来的办公室主任，上星期已经调走了。
示例2：车，不用说，当然是头等。
b) 语气缓和的感叹语、称谓语或呼唤语之后。
示例3：哎哟，这儿，快给我揉揉。
示例4：大娘，您到哪儿去啊？
示例5：喂，你是哪个单位的？
c) 某些序次语（"第"字头、"其"字头及"首先"类序次语）之后。
示例6：为什么许多人都有长不大的感觉呢？原因有三：第一，父母总认为自己比孩子成熟；第二，父母总要以自己的标准来衡量孩子；第三，父母出于爱心而总不想让孩子在成长的过程中走弯路。
示例7：《玄秘塔碑》所以成为书法的范本，不外乎以下几方面的因素：其一，具有楷书点画、构体的典范性；其二，承上启下，成为唐楷的极致；其三，字如其人、爱人及字，柳公权高尚的书品、人品为后人所崇仰。
示例8：下面从三个方面讲讲语言的污染问题：首先，是特殊语言环境中的语言污染问题；其次，是滥用缩略语引起的语言污染问题；再次之，是空话和废话引起的语言污染问题。

4.5 顿号

4.5.1 定义

句内点号的一种，表示语段中并列词语之间或某些序次语之后的停顿。

88

GB/T 15834—2011

4.5.2 形式

顿号的形式是"、"。

4.5.3 基本用法

4.5.3.1 用于并列词语之间。

示例1：这里有自由、民主、平等、开放的风气和氛围。
示例2：造型科学、技艺精湛、气韵生动，是盛唐石雕的特色。

4.5.3.2 用于需要停顿的重复词语之间。

示例：他几次三番、几次三番地辩解着。

4.5.3.3 用于某些序次语（不带括号的汉字数字或"天干地支"类序次语）之后。

示例1：我准备讲两个问题：一、逻辑学是什么？二、怎样学好逻辑学？
示例2：风格的具体内容主要有以下四点：甲、题材；乙、用字；丙、表达；丁、色彩。

4.5.3.4 相邻或相近两数字连用表示概数通常不用顿号。若相邻两数字连用为缩略形式，宜用顿号。

示例1：飞机在6 000米高空水平飞行时，只能看到两侧八九公里和前方一二十公里范围内的地面。
示例2：这种凶猛的动物常常三五成群地外出觅食和活动。
示例3：农业是国民经济的基础，也是二、三产业的基础。

4.5.3.5 标有引号的并列成分之间、标有书名号的并列成分之间通常不用顿号。若有其他成分插在并列的引号之间或并列的书名号之间（如引语或书名号之后还有括注），宜用顿号。

示例1："日""月"构成"明"字。
示例2：店里挂着"顾客就是上帝""质量就是生命"等横幅。
示例3：《红楼梦》《三国演义》《西游记》《水浒传》，是我国长篇小说的四大名著。
示例4：李白的"白发三千丈"（《秋浦歌》）、"朝如青丝暮成雪"（《将进酒》）都是脍炙人口的诗句。
示例5：办公室里订有《人民日报》（海外版）、《光明日报》和《时代周刊》等报刊。

4.6 分号

4.6.1 定义

句内点号的一种，表示复句内部并列关系分句之间的停顿，以及非并列关系的多重复句中第一层分句之间的停顿。

4.6.2 形式

分号的形式是"；"。

4.6.3 基本用法

4.6.3.1 表示复句内部并列关系的分句（尤其当分句内部还有逗号时）之间的停顿。

示例1：语言文字的学习，就理解方面说，是得到一种知识；就运用方面说，是养成一种习惯。
示例2：内容有分量，尽管文章短小，也是有分量的；内容没有分量，即使写得再长也没有用。

4.6.3.2 表示非并列关系的多重复句中第一层分句（主要是选择、转折等关系）之间的停顿。

示例1：人还没看见，已经先听见歌声了；或者人已经转过山头望不见了，歌声还余音袅袅。
示例2：尽管人民革命的力量在开始时总是弱小的，所以总是受压的；但是由于革命的力量代表历史发展的方向，因此本质上又是不可战胜的。
示例3：不管一个人如何伟大，也总是生活在一定的环境和条件下；因此，个人的见解总难免带有某种局限性。

GB/T 15834—2011

示例4：昨天夜里下了一场雨，以为可以凉快些，谁知没有凉快下来，反而更热了。

4.6.3.3 用于分项列举的各项之间。

示例：特聘教授的岗位职责为：一、讲授本学科的主干基础课程；二、主持本学科的重大科研项目；三、领导本学科的学术队伍建设；四、带领本学科赶超或保持世界先进水平。

4.7 冒号

4.7.1 定义

句内点号的一种，表示语段中提示下文或总结上文的停顿。

4.7.2 形式

冒号的形式是"："。

4.7.3 基本用法

4.7.3.1 用于总说性或提示性词语（如"说""例如""证明"等）之后，表示提示下文。

示例1：北京紫禁城有四座城门：午门、神武门、东华门和西华门。
示例2：她高兴地说："咱们去好好庆祝一下吧！"
示例3：小王笑着点了点头："我就是这么想的。"
示例4：这一事实证明：人能创造环境，环境同样也能创造人。

4.7.3.2 表示总结上文。

示例：张华上了大学，李萍进了技校，我当了工人，我们都有美好的前途。

4.7.3.3 用在需要说明的词语之后，表示注释和说明。

示例1：(本市将举办首届大型书市。)主办单位：市文化局；承办单位：市图书进出口公司；时间：8月15日—20日；地点：市体育馆观众休息厅。
示例2：(做阅读理解题有两个办法。)办法之一：先读题干，再读原文，带着问题有针对性地读课文。办法之二：直接读原文，读完再做题，减少先入为主的干扰。

4.7.3.4 用于书信、讲话稿中称谓语或称呼语之后。

示例1：广平先生：……
示例2：同志们，朋友们：……

4.7.3.5 一个句子内部一般不应套用冒号。在列举式或条文式表述中，如不得不套用冒号时，宜另起段落来显示各个层次。

示例：第十条 遗产按照下列顺序继承：
第一顺序：配偶、子女、父母。
第二顺序：兄弟姐妹、祖父母、外祖父母。

4.8 引号

4.8.1 定义

标号的一种，标示语段中直接引用的内容或需要特别指出的成分。

4.8.2 形式

引号的形式有双引号""""和单引号"''"两种。左侧的为前引号，右侧的为后引号。

4.8.3 基本用法

4.8.3.1 标示语段中直接引用的内容。

90

GB/T 15834—2011

示例：李白诗中就有"白发三千丈"这样极尽夸张的语句。

4.8.3.2 标示需要着重论述或强调的内容。

示例：这里所谓的"文"，并不是指文字，而是指文采。

4.8.3.3 标示语段中具有特殊含义而需要特别指出的成分，如别称、简称、反语等。

示例1：电视被称作"第九艺术"。

示例2：人类学上常把古人化石统称为尼安德特人，简称"尼人"。

示例3：有几个"慈祥"的老板把捡来的菜叶用盐浸浸就算作工友的菜肴。

4.8.3.4 当引号中还需要使用引号时，外面一层用双引号，里面一层用单引号。

示例：他问："老师，'七月流火'是什么意思？"

4.8.3.5 独立成段的引文如果只有一段，段首和段尾都用引号；不止一段时，每段开头仅用前引号，只在最后一段末尾用后引号。

示例：我曾在报纸上看到有人这样谈幸福：

"幸福是知道自己喜欢什么和不喜欢什么。……

"幸福是知道自己擅长什么和不擅长什么。……

"幸福是在正确的时间做了正确的选择。……"

4.8.3.6 在书写带月、日的事件、节日或其他特定意义的短语（含简称）时，通常只标引其中的月和日；需要突出和强调该事件或节日本身时，也可连同事件或节日一起标引。

示例1："5·12"汶川大地震

示例2："五四"以来的话剧，是我国戏剧中的新形式。

示例3：纪念"五四运动"90周年

4.9 括号

4.9.1 定义

标号的一种，标示语段中的注释内容、补充说明或其他特定意义的语句。

4.9.2 形式

括号的主要形式是圆括号"（ ）"，其他形式还有方括号"［ ］"、六角括号"〔 〕"和方头括号"【 】"等。

4.9.3 基本用法

4.9.3.1 标示下列各种情况，均用圆括号：

a) 标示注释内容或补充说明。

示例1：我校拥有特级教师（含已退休的）17人。

示例2：我们不但善于破坏一个旧世界，我们还将善于建设一个新世界！（热烈鼓掌）

b) 标示订正或补加的文字。

示例3：信纸上用稚嫩的字体写着："阿夷（姨），你好！"。

示例4：该建筑公司负责的建设工程全部达到优良工程（的标准）。

c) 标示序次语。

示例5：语言有三个要素：(1)声音；(2)结构；(3)意义。

示例6：思想有三个条件：（一）事理；（二）心理；（三）伦理。

d) 标示引语的出处。

示例7：他说得好："未画之前，不立一格；既画之后，不留一格。"（《板桥集·题画》）

e) 标示汉语拼音注音。

GB/T 15834—2011

　　示例8:"的(de)"这个字在现代汉语中最常用。

4.9.3.2　标示作者国籍或所属朝代时,可用方括号或六角括号。

　　示例1:〔英〕赫胥黎《进化论与伦理学》

　　示例2:[唐]杜甫著

4.9.3.3　报刊标示电讯、报道的开头,可用方头括号。

　　示例:【新华社南京消息】

4.9.3.4　标示公文发文字号中的发文年份时,可用六角括号。

　　示例:国发〔2011〕3号文件

4.9.3.5　标示被注释的词语时,可用六角括号或方头括号。

　　示例1:〔奇观〕奇特的景象。

　　示例2:【爱因斯坦】物理学家。生于德国,1933年因受纳粹政权迫害,移居美国。

4.9.3.6　除科技书刊中的数学、逻辑公式外,所有括号(特别是同一形式的括号)应尽量避免套用。必须套用括号时,宜采用不同的括号形式配合使用。

　　示例:〔茸(róng)毛〕很细很细的毛。

4.10　破折号

4.10.1　定义

　　标号的一种,标示语段中某些成分的注释、补充说明或语音、意义的变化。

4.10.2　形式

　　破折号的形式是"——"。

4.10.3　基本用法

4.10.3.1　标示注释内容或补充说明(也可用括号,见4.9.3.1;二者的区别另见B.1.7)。

　　示例1:一个矮小而结实的日本中年人——内山老板走了过来。

　　示例2:我一直坚持读书,想借此唤起弟妹对生活的希望——无论环境多么困难。

4.10.3.2　标示插入语(也可用逗号,见4.4.3.3)。

　　示例:这简直就是——说得不客气点——无耻的勾当!

4.10.3.3　标示总结上文或提示下文(也可用冒号,见4.7.3.1、4.7.3.2)。

　　示例1:坚强,纯洁,严于律己,客观公正——这一切都难得地集中在一个人身上。

　　示例2:画家开始娓娓道来——
　　　　　　数年前的一个寒冬,……

4.10.3.4　标示话题的转换。

　　示例:"好香的干菜,——听到风声了吗?"赵七爷低声说道。

4.10.3.5　标示声音的延长。

　　示例:"嘎——"传过来一声水禽被惊动的鸣叫。

4.10.3.6　标示话语的中断或间隔。

　　示例1:"班长他牺——"小马话没说完就大哭起来。

　　示例2:"亲爱的妈妈,你不知道我多爱您。——还有你,我的孩子!"

4.10.3.7　标示引出对话。

　　示例:——你长大后想成为科学家吗?
　　　　——当然想了!

4.10.3.8　标示事项列举分承。

92

GB/T 15834—2011

示例：根据研究对象的不同，环境物理学分为以下五个分支学科：
——环境声学；
——环境光学；
——环境热学；
——环境电磁学；
——环境空气动力学。

4.10.3.9　用于副标题之前。

示例：飞向太平洋
——我国新型号运载火箭发射目击记

4.10.3.10　用于引文、注文后，标示作者、出处或注释者。

示例1：先天下之忧而忧，后天下之乐而乐。
——范仲淹

示例2：乐浪海中有倭人，分为百余国。
——《汉书》

示例3：很多人写好信后把信笺折成方胜形，我看大可不必。（方胜，指古代妇女戴的方形首饰，用彩绸等制作，由两个斜方部分叠合而成。——编者注）

4.11　省略号

4.11.1　定义

标号的一种，标示语段中某些内容的省略及意义的断续等。

4.11.2　形式

省略号的形式是"……"。

4.11.3　基本用法

4.11.3.1　标示引文的省略。

示例：我们齐声朗诵起来："……俱往矣，数风流人物，还看今朝。"

4.11.3.2　标示列举或重复词语的省略。

示例1：对政治的敏感，对生活的敏感，对性格的敏感，……这都是作家必须要有的素质。

示例2：他气得连声说："好，好……算我没说。"

4.11.3.3　标示语意未尽。

示例1：在人迹罕至的深山密林里，假如突然看见一缕炊烟，……

示例2：你这样干，未免太……！

4.11.3.4　标示说话时断断续续。

示例：她磕磕巴巴地说："可是……太太……我不知道……你一定是认错了。"

4.11.3.5　标示对话中的沉默不语。

示例："还没结婚吧？"
"……"他飞红了脸，更加忸怩起来。

4.11.3.6　标示特定的成分虚缺。

示例：只要……就……

4.11.3.7　在标示诗行、段落的省略时，可连用两个省略号（即相当于十二连点）。

示例1：从隔壁房间传来缓缓而抑扬顿挫的吟咏声——
床前明月光，疑是地上霜。

·201·

GB/T 15834—2011

……
示例2：该刊根据工作质量、上稿数量、参与程度等方面的表现，评选出了高校十佳记者站。还根据发稿数量、提供新闻线索情况以及对刊物的关注度等，评选出了十佳通讯员。
……

4.12 着重号

4.12.1 定义

标号的一种，标示语段中某些重要的或需要指明的文字。

4.12.2 形式

着重号的形式是"．"标注在相应文字的下方。

4.12.3 基本用法

4.12.3.1 标示语段中重要的文字。

示例1：诗人需要表现，而不是证明。
示例2：下面对本文的理解，不正确的一项是：……

4.12.3.2 标示语段中需要指明的文字。

示例：下边加点的字，除了在词中的读法外，还有哪些读法？
着急　子弹　强调

4.13 连接号

4.13.1 定义

标号的一种，标示某些相关联成分之间的连接。

4.13.2 形式

连接号的形式有短横线"-"、一字线"—"和浪纹线"～"三种。

4.13.3 基本用法

4.13.3.1 标示下列各种情况，均用短横线：
　　a) 化合物的名称或表格、插图的编号。
示例1：3-戊酮为无色液体，对眼及皮肤有强烈刺激性。
示例2：参见下页表2-8、表2-9。
　　b) 连接号码，包括门牌号码、电话号码，以及用阿拉伯数字表示年月日等。
示例3：安宁里东路26号院3-2-11室
示例4：联系电话：010-88842603
示例5：2011-02-15
　　c) 在复合名词中起连接作用。
示例6：吐鲁番-哈密盆地
　　d) 某些产品的名称和型号。
示例7：WZ-10直升机具有复杂天气和夜间作战的能力。
　　e) 汉语拼音、外来语内部的分合。
示例8：shuōshuō-xiàoxiào（说说笑笑）

94

GB/T 15834—2011

示例9：盎格鲁-撒克逊人
示例10：让-雅克·卢梭（"让-雅克"为双名）
示例11：皮埃尔·孟戴斯-弗朗斯（"孟戴斯-弗朗斯"为复姓）

4.13.3.2 标示下列各种情况，一般用一字线，有时也可用浪纹线：
　　a) 标示相关项目（如时间、地域等）的起止。
示例1：沈括（1031—1095），宋朝人。
示例2：2011年2月3日—10日
示例3：北京—上海特别旅客快车
　　b) 标示数值范围（由阿拉伯数字或汉字数字构成）的起止。
示例4：25～30 g
示例5：第五～八课

4.14 间隔号

4.14.1 定义

标号的一种，标示某些相关联成分之间的分界。

4.14.2 形式

间隔号的形式是"·"。

4.14.3 基本用法

4.14.3.1 标示外国人名或少数民族人名内部的分界。
示例1：克里丝蒂娜·罗塞蒂
示例2：阿依古丽·买买提

4.14.3.2 标示书名与篇（章、卷）名之间的分界。
示例：《淮南子·本经训》

4.14.3.3 标示词牌、曲牌、诗体名等和题名之间的分界。
示例1：《沁园春·雪》
示例2：《天净沙·秋思》
示例3：《七律·冬云》

4.14.3.4 用在构成标题或栏目名称的并列词语之间。
示例：天·地·人

4.14.3.5 以月、日为标志的事件或节日，用汉字数字表示时，只在一、十一和十二月后用间隔号；当直接用阿拉伯数字表示时，月、日之间均用间隔号（半角字符）。
示例1："九一八"事变　"五四"运动
示例2："一·二八"事变　"一二·九"运动
示例3："3·15"消费者权益日　"9·11"恐怖袭击事件

4.15 书名号

4.15.1 定义

标号的一种，标示语段中出现的各种作品的名称。

GB/T 15834—2011

4.15.2 形式

书名号的形式有双书名号"《 》"和单书名号"〈 〉"两种。

4.15.3 基本用法

4.15.3.1 标示书名、卷名、篇名、刊物名、报纸名、文件名等。
示例1：《红楼梦》(书名)
示例2：《史记·项羽本纪》(卷名)
示例3：《论雷峰塔的倒掉》(篇名)
示例4：《每周关注》(刊物名)
示例5：《人民日报》(报纸名)
示例6：《全国农村工作会议纪要》(文件名)

4.15.3.2 标示电影、电视、音乐、诗歌、雕塑等各类用文字、声音、图像等表现的作品的名称。
示例1：《渔光曲》(电影名)
示例2：《追梦录》(电视剧名)
示例3：《勿忘我》(歌曲名)
示例4：《沁园春·雪》(诗词名)
示例5：《东方欲晓》(雕塑名)
示例6：《光与影》(电视节目名)
示例7：《社会广角镜》(栏目名)
示例8：《庄子研究文献数据库》(光盘名)
示例9：《植物生理学系列挂图》(图片名)

4.15.3.3 标示全中文或中文在名称中占主导地位的软件名。
示例：科研人员正在研制《电脑卫士》杀毒软件。

4.15.3.4 标示作品名的简称。
示例：我读了《念青唐古拉山脉纪行》一文(以下简称《念》)，收获很大。

4.15.3.5 当书名号中还需要书名号时，里面一层用单书名号，外面一层用双书名号。
示例：《〈教育部关于提请审议《高等教育自学考试试行办法》〉的报告》

4.16 专名号

4.16.1 定义

标号的一种，标示古籍和某些文史类著作中出现的特定类专有名词。

4.16.2 形式

专名号的形式是一条直线，标注在相应文字的下方。

4.16.3 基本用法

4.16.3.1 标示古籍、古籍引文或某些文史类著作中出现的专有名词，主要包括人名、地名、国名、民族名、朝代名、年号、宗教名、官署名、组织名等。
示例1：孙坚人马被刘表军军围得水泄不通。(人名)
示例2：于是聚集冀、青、幽、并四州兵马七十多万准备决一死战。(地名)
示例3：当时乌孙及西域各国都向汉派遣了使节。(国名、朝代名)

96

附录四 中华人民共和国国家标准:标点符号用法

GB/T 15834—2011

示例4:从咸宁二年到太康十年,匈奴、鲜卑、乌桓等族人徙居塞内。(年号、民族名)

4.16.3.2 现代汉语文本中的上述专有名词,以及古籍和现代文本中的单位名、官职名、事件名、会议名、书名等不应使用专名号。必须使用标号标示时,宜使用其他相应标号(如引号、书名号等)。

4.17 分隔号

4.17.1 定义

标号的一种,标示诗行、节拍及某些相关文字的分隔。

4.17.2 形式

分隔号的形式是"/"。

4.17.3 基本用法

4.17.3.1 诗歌接排时分隔诗行(也可使用逗号和分号,见4.4.3.1/4.6.3.1)。
示例:春眠不觉晓/处处闻啼鸟/夜来风雨声/花落知多少。

4.17.3.2 标示诗文中的音节节拍。
示例:横眉/冷对/千夫指,俯首/甘为/孺子牛。

4.17.3.3 分隔供选择或可转换的两项,表示"或"。
示例:动词短语中除了作为主体成分的述语动词之外,还包括述语动词所带的宾语和/或补语。

4.17.3.4 分隔组成一对的两项,表示"和"。
示例1:13/14次特别快车
示例2:羽毛球女双决赛中国组合杜婧/于洋两局完胜韩国名将李孝贞/李敬元。

4.17.3.5 分隔层级或类别。
示例:我国的行政区划分为:省(直辖市、自治区)/省辖市(地级市)/县(县级市、区、自治州)/乡(镇)/村(居委会)。

5 标点符号的位置和书写形式

5.1 横排文稿标点符号的位置和书写形式

5.1.1 句号、逗号、顿号、分号、冒号均置于相应文字之后,占一个字位置,居左下,不出现在一行之首。

5.1.2 问号、叹号均置于相应文字之后,占一个字位置,居左,不出现在一行之首。两个问号(或叹号)叠用时,占一个字位置;三个问号(或叹号)叠用时,占两个字位置;问号和叹号连用时,占一个字位置。

5.1.3 引号、括号、书名号中的两部分标在相应项目的两端,各占一个字位置。其中前一半不出现在一行之末,后一半不出现在一行之首。

5.1.4 破折号占两个字位置,上下居中,不能中间断开分处上行之末和下行之首。

5.1.5 省略号占两个字位置,两个省略号连用时占四个字位置并须单独占一行。省略号不能中间断开分处上行之末和下行之首。

5.1.6 连接号中的短横线比汉字"一"略短,占半个字位置;一字线比汉字"一"略长,占一个字位置;浪纹线占一个字位置。连接号上下居中,不出现在一行之首。

5.1.7 间隔号标在需要隔开的项目之间,占半个字位置,上下居中,不出现在一行之首。

5.1.8 着重号和专名号标在相应文字的下边。

5.1.9 分隔号占半个字位置,不出现在一行之首或一行之末。

5.1.10 标点符号排在一行末尾时,若为全角字符则应占半角字符的宽度(即半个字位置),以使视觉效果更美观。

97

GB/T 15834—2011

5.1.11 在实际编辑出版工作中,为排版美观、方便阅读等需要,或为避免某一小节最后一个汉字转行或出现在另外一页开头等情况(浪费版面及视觉效果差),可适当压缩标点符号所占用的空间。

5.2 竖排文稿标点符号的位置和书写形式

5.2.1 句号、问号、叹号、逗号、顿号、分号和冒号均置于相应文字之下偏右。
5.2.2 破折号、省略号、连接号、间隔号和分隔号置于相应文字之下居中,上下方向排列。
5.2.3 引号改用双引号"﹃""﹄"和单引号"﹁""﹂",括号改用"︵""︶",标在相应项目的上下。
5.2.4 竖排文稿中使用浪线式书名号"︴",标在相应文字的左侧。
5.2.5 着重号标在相应文字的右侧,专名号标在相应文字的左侧。
5.2.6 横排文稿中关于某些标点不能居行首或行末的要求,同样适用于竖排文稿。

98

GB/T 15834—2011

附 录 A
（规范性附录）
标点符号用法的补充规则

A.1 句号用法补充规则

图或表的短语式说明文字，中间可用逗号，但末尾不用句号。即使有时说明文字较长，前面的语段已出现句号，最后结尾处仍不用句号。
示例1：行进中的学生方队
示例2：经过治理，本市市容市貌焕然一新。这是某区街道一景

A.2 问号用法补充规则

使用问号应以句子表示疑问语气为依据，而并不根据句子中包含有疑问词。当含有疑问词的语段充当某种句子成分，而句子并不表示疑问语气时，句末不用问号。
示例1：他们的行为举止、审美趣味，甚至读什么书，坐什么车，都在媒体掌握之中。
示例2：谁也不见，什么也不吃，哪儿也不去。
示例3：我也不知道他究竟躲到什么地方去了。

A.3 逗号用法补充规则

用顿号表示较长、较多或较复杂的并列成分之间的停顿时，最后一个成分前可用"以及（及）"进行连接，"以及（及）"之前应用逗号。
示例：压力过大、工作时间过长、作息不规律，以及忽视营养均衡等，均会导致健康状况的下降。

A.4 顿号用法补充规则

A.4.1 表示含有顺序关系的并列各项间的停顿，用顿号，不用逗号。下例解释"对于"一词用法，"人""事物""行为"之间有顺序关系（即人和人、人和事物、人和行为、事物和事物、事物和行为、行为和行为等六种对待关系），各项之间应用顿号。
示例：〔对于〕表示人，事物，行为之间的相互对待关系。（误）
　　　〔对于〕表示人、事物、行为之间的相互对待关系。（正）

A.4.2 用阿拉伯数字表示年月日的简写形式时，用短横线连接号，不用顿号。
示例：2010、03、02（误）
　　　2010-03-02（正）

A.5 分号用法补充规则

分项列举的各项有一项或多项已包含句号时，各项的末尾不能再用分号。
示例：本市先后建立起三大农业生产体系：一是建立甘蔗生产服务体系。成立糖业服务公司，主要给农民提供机耕等服务；二是建立蚕桑生产服务体系。……；三是建立热作服务体系。……。（误）

99

GB/T 15834—2011

　　本市先后建立起三大农业生产体系：一是建立甘蔗生产服务体系，成立糖业服务公司，主要给农民提供机耕等服务。二是建立蚕桑生产服务体系。……三是建立热作服务体系。……（正）

A.6 冒号用法补充规则

A.6.1 冒号用在提示性话语之后引起下文。表面上类似但实际不是提示性话语的，其后用逗号。

示例1：郦道元《水经注》记载："沼西际山枕水，有唐叔虞祠。"（提示性话语）
示例2：据《苏州府志》，苏州城内大小园林约有150多座，可算名副其实的园林之城。（非提示性话语）

A.6.2 冒号提示范围无论大小（一句话、几句话甚至几段话），都应与提示性话语保持一致（即在该范围的末尾要用句号点断）。应避免冒号涵盖范围过窄或过宽。

示例：艾滋病有三个传播途径：血液传播，性传播和母婴传播，日常接触是不会传播艾滋病的。（误）
　　　艾滋病有三个传播途径：血液传播，性传播和母婴传播。日常接触是不会传播艾滋病的。（正）

A.6.3 冒号应用在有停顿处，无停顿处不应用冒号。

示例1：他头也不抬，冷冷地问："你叫什么名字？"（有停顿）
示例2：这事你得拿主意，光说"不知道"怎么行？（无停顿）

A.7 引号用法补充规则

　　"丛刊""文库""系列""书系"等作为系列著作的选题名，宜用引号标引。当"丛刊"等为选题名的一部分时，放在引号之内，反之则放在引号之外。

示例1："汉译世界学术名著丛书"
示例2："中国哲学典籍文库"
示例3："20世纪心理学通览"丛书

A.8 括号用法补充规则

　　括号可分为句内括号和句外括号。句内括号用于注释句子里的某些词语，即本身就是句子的一部分，应紧跟在被注释的词语之后。句外括号则用于注释句子、句群或段落，即本身结构独立，不属于前面的句子、句群或段落，应位于所注释语段的句末点号之后。

示例：标点符号是辅助文字记录语言的符号，是书面语的有机组成部分，用来表示语句的停顿、语气以及标示某些成分（主要是词语）的特定性质和作用。（数学符号、货币符号、校勘符号等特殊领域的专门符号不属于标点符号。）

A.9 省略号用法补充规则

A.9.1 不能用多于两个省略号（多于12点）连在一起表示省略。省略号须与多点连续的连珠号相区别（后者主要是用于表示目录中标题和页码对应和连接的专门符号）。

A.9.2 省略号和"等""等等""什么的"等词语不能同时使用。在需要读出来的地方用"等""等等""什么的"等词语，不用省略号。

示例：含有铁质的食物有猪肝、大豆、油菜、菠菜……等。（误）
　　　含有铁质的食物有猪肝、大豆、油菜、菠菜等。（正）

A.10 着重号用法补充规则

　　不应使用文字下加直线或波浪线等形式表示着重。文字下加直线为专名号形式（4.16）；文字下加

100

GB/T 15834—2011

浪纹线是特殊书名号(A.13.6)。着重号的形式统一为相应项目下加小圆点。

示例：下面对本文的理解，<u>不正确</u>的一项是（误）

下面对本文的理解，不正确的一项是（正）

A.11 连接号用法补充规则

浪纹线连接号用于标示数值范围时，在不引起歧义的情况下，前一数值附加符号或计量单位可省略。

示例：5公斤～100公斤（正）

5～100公斤（正）

A.12 间隔号用法补充规则

当并列短语构成的标题中已用间隔号隔开时，不应再用"和"类连词。

示例：《水星·火星和金星》（误）

《水星·火星·金星》（正）

A.13 书名号用法补充规则

A.13.1 不能视为作品的课程、课题、奖品奖状、商标、证照、组织机构、会议、活动等名称，不应用书名号。下面均为书名号误用的示例：

示例1：下学期本中心将开设《现代企业财务管理》《市场营销》两门课程。

示例2：明天将召开《关于"两保两挂"的多视觉理论思考》课题立项会。

示例3：本市将向70岁以上（含70岁）老年人颁发《敬老证》。

示例4：本校共获得《最佳印象》《自我审美》《卡拉OK》等六个奖杯。

示例5：《闪光》牌电池经久耐用。

示例6：《文史杂志社》编辑力量比较雄厚。

示例7：本市将召开《全国食用天然色素应用研讨会》。

示例8：本报将于今年暑假举行《墨宝杯》书法大赛。

A.13.2 有的名称应根据指称意义的不同确定是否用书名号。如文艺晚会指一项活动时，不用书名号；而特指一种节目名称时，可用书名号。再如展览作为一种文化传播的组织形式时，不用书名号；特定情况下将某项展览作为一种创作的作品时，可用书名号。

示例1：2008年重阳联欢晚会受到观众的称赞和好评。

示例2：本台将重播《2008年重阳联欢晚会》。

示例3："雪域明珠——中国西藏文化展"今天隆重开幕。

示例4：《大地飞歌艺术展》是一部大型现代艺术作品。

A.13.3 书名后面表示该作品所属类别的普通名词不标在书名号内。

示例：《我们》杂志

A.13.4 书名有时带有括注。如果括注是书名、篇名等的一部分，应放在书名号之内，反之则应放在书名号之外。

示例1：《琵琶行(并序)》

示例2：《中华人民共和国民事诉讼法(试行)》

示例3：《新政治协商会议筹备会组织条例》(草案)

101

GB/T 15834—2011

　　示例4:《百科知识》(彩图本)
　　示例5:《人民日报》(海外版)
A.13.5　书名、篇名末尾如有叹号或问号,应放在书名号之内。
　　示例1:《日记何罪!》
　　示例2:《如何做到同工又同酬?》
A.13.6　在古籍或某些文史类著作中,为与专名号配合,书名号也可改用浪线式"﹏﹏",标注在书名下方。这可以看作是特殊的专名号或特殊的书名号。

A.14　分隔号用法补充规则

　　分隔号又称正斜线号,须与反斜线号"\"相区别(后者主要是用于编写计算机程序的专门符号)。使用分隔号时,紧贴着分隔号的前后通常不用点号。

附录四　中华人民共和国国家标准：标点符号用法

GB/T 15834—2011

附　录　B
（资料性附录）
标点符号若干用法的说明

B.1 易混标点符号用法比较

B.1.1 逗号、顿号表示并列词语之间停顿的区别

逗号和顿号都表示停顿，但逗号表示的停顿长，顿号表示的停顿短。并列词语之间的停顿一般用顿号，但当并列词语较长或其后有语气词时，为了表示稍长一点的停顿，也可用逗号。

示例1：我喜欢吃的水果有苹果、桃子、香蕉和菠萝。
示例2：我们需要了解全局和局部的统一，必然和偶然的统一，本质和现象的统一。
示例3：看游记最难弄清位置和方向，前啊，后啊，左啊，右啊，看了半天，还是不明白。

B.1.2 逗号、顿号在表列举省略的"等""等等"之类词语前的使用

并列成分之间用顿号，末尾的并列成分之后用"等""等等"之类词语时，"等"类词前不用顿号或其他点号；并列成分之间用逗号，末尾的并列成分之后用"等"类词时，"等"类词前应用逗号。

示例1：现代生物学、物理学、化学、数学等基础科学的发展，带动了医学科学的进步。
示例2：写文章前要想好：文章主题是什么，用哪些材料，哪些详写，哪些略写，等等。

B.1.3 逗号、分号表示分句间停顿的区别

当复句的表述不复杂、层次不多，相连的分句语气比较紧凑、分句内部也没有使用逗号表示停顿时，分句间的停顿多用逗号。当用逗号不易分清多重复句内部的层次（如分句内部已有逗号），而用句号又可能割裂前后关系的地方，应用分号表示停顿。

示例1：她拿起钥匙，开了箱上的锁，又开了首饰盒上的锁，往老地方放钱。
示例2：纵比，即以一事物的各个发展阶段作比；横比，则以此事物与彼事物相比。

B.1.4 顿号、逗号、分号在标示层次关系时的区别

句内点号中，顿号表示的停顿最短、层次最低，通常只能表示并列词语之间的停顿；分号表示的停顿最长、层次最高，可以用来表示复句的第一层分句之间的停顿；逗号介于两者之间，既可表示并列词语之间的停顿，也可表示复句中分句之间的停顿。若分句内部已用逗号，分句之间就应用分号（见B.1.3示例2）。用分号隔开的几个并列分句不能由逗号统领或总结。

示例1：有的学会烤烟，自己做挺讲究的纸烟和雪茄；有的学会蔬菜加工，做的番茄酱能吃到冬天；有的学会蔬菜腌渍、窖藏，使秋菜接上春菜。
示例2：动物吃植物的方式多种多样，有的是把整个植物吃掉，如原生动物；有的是把植物的大部分吃掉，如鼠类；有的是吃掉植物的要害部位，如鸟类吃掉植物的嫩芽。（误）
动物吃植物的方式多种多样：有的是把整个植物吃掉，如原生动物；有的是把植物的大部分吃掉，如鼠类；有的是吃掉植物的要害部位，如鸟类吃掉植物的嫩芽。（正）

B.1.5 冒号、逗号用于"说""道"之类词语后的区别

位于引文之前的"说""道"后用冒号。位于引文之后的"说""道"分两种情况：处于句末时，其后用句

GB/T 15834—2011

号;"说""道"后还有其他成分时,其后用逗号。插在话语中间的"说""道"类词语后只能用逗号表示停顿。

示例1:他说:"晚上就来家里吃饭吧。"
示例2:"我真的很期待。"他说。
示例3:"我有件事忘了说……"他说,表情有点为难。
示例4:"现在请皇上脱下衣服,"两个骗子说,"好让我们为您换上新衣。"

B.1.6 不同点号表示停顿长短的排序

各种点号都表示说话时的停顿。句号、问号、叹号都表示句子完结,停顿最长。分号用于复句的分句之间,停顿长度介于句末点号和逗号之间,而短于冒号。逗号表示一句话中间的停顿,又短于分号。顿号用于并列词语之间,停顿最短。通常情况下,各种点号表示的停顿由长到短为:句号=问号=叹号>冒号(指涵盖范围为一句话的冒号)>分号>逗号>顿号。

B.1.7 破折号与括号表示注释或补充说明时的区别

破折号用于表示比较重要的解释说明,这种补充是正文的一部分,可与前后文连读;而括号表示比较一般的解释说明,只是注释而非正文,可不与前后文连读。

示例1:在今年——农历虎年,必须取得比去年更大的成绩。
示例2:哈雷在牛顿思想的启发下,终于认出了他所关注的彗星(该星后人称为哈雷彗星)。

B.1.8 书名号、引号在"题为……""以……为题"格式中的使用

"题为……""以……为题"中的"题",如果是诗文、图书、报告或其他作品可作为篇名、书名看待时,可用书名号;如果是写作、科研、辩论、谈话的主题,非特定作品的标题,应用引号。即"题为……""以……为题"中的"题"应根据其类别分别按书名号和引号的用法处理。

示例1:有篇题为《柳宗元的诗》的文章,全文才2 000字,引文不实却达11处之多。
示例2:今天一个以"地球·人口·资源·环境"为题的大型宣传活动在此间举行。
示例3:《我的老师》写于1956年9月,是作者应《教师报》之约而写的。
示例4:"我的老师"这类题目,同学们也许都写过。

B.2 两个标点符号连用的说明

B.2.1 行文中表示引用的引号内外的标点用法

当引文完整且独立使用,或虽不独立使用但带有问号或叹号时,引号内句末点号应保留。除此之外,引号内不用句末点号。当引文处于句子停顿处(包括句子末尾)且引号内未使用点号时,引号外应使用点号;当引文位于非停顿处或者引号内已使用句末点号时,引号外不用点号。

示例1:"沉舟侧畔千帆过,病树前头万木春。"他最喜欢这两句诗。
示例2:书价上涨令许多读者难以接受,有些人甚至发出"还买得起书吗?"的疑问。
示例3:他以"条件还不成熟,准备还不充分"为由,否决了我们的提议。
示例4:你这样"明日复明日"地要拖到什么时候?
示例5:司马迁为了完成《史记》的写作,使之"藏之名山",忍受了人间最大的侮辱。
示例6:在施工中要始终坚持"把质量当生命"。
示例7:"言之无文,行而不远"这句话,说明了文采的重要。
示例8:俗话说:"墙头一根草,风吹两边倒。"用这句话来形容此辈再恰当不过。

104

附录四 中华人民共和国国家标准:标点符号用法

GB/T 15834—2011

B.2.2 行文中括号内外的标点用法

括号内行文末尾需要时可用问号、叹号和省略号。除此之外,句内括号行文末尾通常不用标点符号。句外括号行文末尾是否用句号由括号内的语段结构决定:若语段较长、内容复杂,应用句号。句内括号外是否用点号取决于括号所处位置:若句内括号处于句子停顿处,应用点号。句外括号外通常不用点号。

示例1:如果不采取(但应如何采取呢?)十分具体的控制措施,事态将进一步扩大。
示例2:3分钟过去了(仅仅才3分钟!)在眼前穿梭而过的出租车竟达32辆!
示例3:她介绍时用了一连串比喻(有的状如树枝、有的貌似星海……),非常形象。
示例4:科技协作合同(包括科研、试制、成果推广等)根据上级主管部门或有关部门的计划签订。
示例5:应把夏朝看作原始公社向奴隶制国家过渡时期。(龙山文化遗址里,也有俯身葬。俯身者很可能就是奴隶。)
示例6:问:你对你不喜欢的上司是什么态度?
　　　答:感情上疏远,组织上服从。(掌声,笑声)
示例7:古汉语(特别是上古汉语),对于我来说,有着常人无法想象的吸引力。
示例8:由于这种推断尚未经过实践的考验,我们只能把它作为假设(或假说)提出来。
示例9:人际交往过程就是使用语词传达意义的过程。(严格说,这里的"语词"应为语词指号。)

B.2.3 破折号前后的标点用法

破折号之前通常不用点号;但根据句子结构和行文需要,有时也可分别使用句内点号或句末点号。破折号之后通常不会紧跟着使用其他点号;但当破折号表示语音的停顿或延长时,根据语气表达的需要,其后可紧接问号或叹号。

示例1:小妹说:"我现在工作挺好,老板对我不错,工资也挺高。——我能抽支烟吗?"(表示话题的转折)
示例2:我不是自然主义者,我主张文学高于现实,能够稍稍居高临下地去看现实,因为文学的任务不仅在于反映现实,光描写现存的事物还不够,还必须记住我们所希望的和可能产生的事物,必须使现象典型化。应该把微小而有代表性的事物写成重大的和典型的事物。——这就是文学的任务。(表示对前几句话的总结)
示例3:"是他——?"石一川简直不敢相信自己的耳朵。
示例4:"我终于考上大学啦!我终于考上啦——!"金石开兴奋得快要晕过去了。

B.2.4 省略号前后的标点用法

省略号之前通常不用点号。以下两种情况例外:省略号前的句子表示强烈语气、句末使用问号或叹号时;省略号前不用点号就无法标示停顿或表明结构关系时。省略号之后通常也不用点号,但当句末表达强烈的语气或感情时、当省略号后还有别的话、省略的文字和后面的话不连续且有停顿时,应在省略号后用点号;当表示特定格式的成分虚缺时,省略号后可用点号。

示例1:想起这些,我就觉得一辈子都对不起你,你亲梁家的好,我感激不尽!……
示例2:他进来了,……一身军装,一张朴实的脸,站在我们面前显得很高大、很年轻。
示例3:这,这是……?
示例4:动物界的规矩比人类多,野骆驼、野猪、黄羊……,直至塔里木兔、跳鼠,都是各行其路,决不混淆。
示例5:大火被渐渐扑灭,但一片片油污又旋即出现在遇难船务……。清污船迅速赶来,并施放围栏以控制油污。
示例6:如果……,那么……。

B.3 序次语之后的标点用法

B.3.1 "第""其"字头序次语,或"首先""其次""最后"等做序次语时,后用逗号(见4.4.3.3)。

GB/T 15834—2011

B.3.2 不带括号的汉字数字或"天干地支"做序次语时,后用顿号(见 4.5.3.2)。
B.3.3 不带括号的阿拉伯数字、拉丁字母或罗马数字做序次语时,后面用下脚点(该符号属于外文的标点符号)。

示例1:总之,语言的社会功能有三点:1.传递信息,交流思想;2.确定关系,调节关系;3.组织生活,组织生产。
示例2:本课一共讲解三个要点:A.生理停顿;B.逻辑停顿;C.语法停顿。

B.3.4 加括号的序次语后面不用任何点号。

示例1:受教育者应履行以下义务:(一)遵守法律、法规;(二)努力学习,完成规定的学习任务;(三)遵守所在学校或其他教育机构的制度。
示例2:科学家很重视下面几种才能:(1)想象力;(2)直觉的理解力;(3)数学能力。

B.3.5 阿拉伯数字与下脚点结合表示章节关系的序次语末尾不用任何点号。

示例:3 停顿
　　　3.1 生理停顿
　　　3.2 逻辑停顿

B.3.6 用于章节、条款的序次语后宜用空格表示停顿。

示例:第一课　春天来了

B.3.7 序次简单、叙述性较强的序次语后不用标点符号。

示例:语言的社会功能共有三点,一是传递信息,二是确定关系,三是组织生活。

B.3.8 同类数字形式的序次语,带括号的通常位于不带括号的下一层。通常第一层是带有顿号的汉字数字;第二层是带括号的汉字数字;第三层是带下脚点的阿拉伯数字;第四层是带括号的阿拉伯数字;再往下可以是带圈的阿拉伯数字或小写拉丁字母。一般可根据文章特点选择从某一层序次语开始行文,选定之后应顺着序次语的层次向下行文,但使用层次较低的序次语之后不宜反过来再使用层次更高的序次语。

示例:一、……
　　　(一)……
　　　　1.……
　　　　(1)……
　　　　①/a.……

B.4 文章标题的标点用法

文章标题的末尾通常不用标点符号,但有时根据需要可用问号、叹号或省略号。

示例1:看看电脑会有多聪明,让它下盘围棋吧
示例2:猛龙过江:本店特色名菜
示例3:严防"电脑黄毒"危害少年
示例4:回家的感觉真好
　　　——访大赛归来的本市运动员
示例5:里海是湖,还是海?
示例6:人体也是污染源!
示例7:和平协议签署之后……

106